天

Borderless

下

博稽古今 融汇天下

天
Borderless
下

博观

本书根据亨利 · 霍尔特出版公司 1906 年版本翻译

ANCIENT
LAW

古代法

[英] 亨利 · 梅因 著

郭 亮 译

法律出版社 LAW PRESS · CHINA

作 者 简 介

亨利 · 梅因 Henry Maine，1822~1888

生于1822年，1829年进入基督公学，1840年直通剑桥大学彭布罗克学院。在剑桥学业出众，获最高学位，并被推选为三一学院的本科生导师。1847年起在剑桥担当罗马法教授。1850年被著名的林肯律师公会和中殿律师公会召任出庭律师。1861年出版巨著《古代法》。1862年受邀远奔，成为印度总督最高议事会的法律专员。在此期间被推选为加尔各答大学校长。1869年返英格兰，被推选为牛津大学法理学教授。1871年出版《东西方之村社》。1877年被一致推举为剑桥三一学院院长。1883年成为法兰西学院外籍院士。1885年出版《论平民政府》。1887年被推举为剑桥大学国际法教授；同年成为彭布罗克学院荣誉教授。当逢学术上劲头正足之时，逝于1888年。

译 者 简 介

郭　亮

湖北公安县人。少小远璀璨，近稼穑，不出县域。长成后负笈京华，先学洋文，后修法律，得几张文凭，有三五见闻。幸为公派留学基金所取，为中国政法大学与巴黎第二大学之比较法专业联合培养博士生。曾在书业参办华洋版权诸事和编整书稿，在实业担当法律顾问。

目录

译者序：一千个“从身份到契约”与两个体系 / 001

梅因小传　郭　亮 / 001

第 10 版自序 / 001

第 5 版自序 / 001

第 3 版自序 / 001

第 1 版自序 / 001

弗雷德里克·波洛克爵士序介 / 001

第一章　古法典 / 001

第二章　法律上的拟制 / 015

第三章　自然法与衡平法 / 030

第四章　自然法的现代化进程 / 048

第五章　古代社会与古代法 / 074

第六章　遗嘱继承之远史 / 113

第七章　遗嘱和继承之古今观 / 143

第八章　物权之远史 / 161

第九章　契约之远史 / 197

第十章　不法行为与犯罪行为之远史 / 235

弗雷德里克·波洛克爵士后批 / 257

索引 / 258

译者序：一千个“从身份到契约”与两个体系

郭　亮

超乎寻常的亲族，漠不相干的路人。[1]

——题记

一、两个体系

博登海默在其1940年首版《法理学》中即赞扬梅因有关“从身份到契约”之社会演化规律的总结具有普适性，哈佛大学教授悉尼·辛普森（Sidney Post Simpson）对此进行了批评，他认为梅因的本意是，该演化规律只适用于改革型社会，不能适用于全人类。[2]很明显，博登海默对此批评置之不理，因为他在1974年版《法理学》

---

〔1〕［英］莎士比亚：《哈姆莱特》，朱生豪译，大众文艺出版社2008年版，第23页。

〔2〕See Sidney Post Simpon, *Book Review of Jurisprudence by Edgar Bodenheimer*, 54 Harv. L. Rev. 1090 (1941).

中坚持了自己的表达："梅因在其名著《古代法》中，陈述了他认为自己已经发现了法律进化的普遍规律之一……"[3]又说："梅因'从身份到契约'的理论，并不是他对法理学作出的仅有的杰出贡献。"[4]与博登海默一样，何兆武教授也赞美梅因之总结的普适性，认为梅因"就以这样一句话，概括了人类的文明史"。[5] 何兆武教授注意到梅因将社会形态区分为停滞型和改革型两类，也欣赏梅因关于停滞型社会是常态、而改革型社会是例外这一评价，[6]不过，由于他已经认为"从身份到契约"之总结具有普适性，所以他对梅因提出了两个方面的质疑：一是，既然改革型社会只是一个特例，梅因是如何将此规律普适于全人类的？[7]二是，如果只有"从身份到契约"的社会才是改革型社会，那么，改革型社会与"从身份到契约"不就造成同义反复了吗？[8]

本文大胆认为，博登海默和何兆武教授都过于"放荡不羁爱自由"，以至于不约而同在各自的内心深处将它普遍适用于全人类了。梅因本人倒没有作出如是"扩大解释"，他在第五章最后一段说："迄今为止，所有改革型社会的进程都是一场从身份到契约的运动。"他所谓"从身份到契约"的社会演化只发生在改革型社会。应当说辛普森教授的理解更为正确。可以毫不夸张地说，正因为梅因的总结过于精练，以至于读者在拍案叫绝之时，热情压倒了理

---

[3] [美]E. 博登海默：《法理学：法律哲学与法律方法》，邓正来译，中国政法大学出版社1998年版，第91页。该译本的底本即1974年哈佛修订版。

[4] [美]E. 博登海默：《法理学：法律哲学与法律方法》，邓正来译，中国政法大学出版社1998年版，第92页。

[5] 参见何兆武：《重评梅茵的公式：从身份到契约》，载《史学理论研究》1992年第1期。题中"梅茵"即"梅因"。

[6] 同上，第124页。

[7] 同上。

[8] 同上，第122页。

性，与梅因所厌恶的“人人生而平等”信条的吟诵者为伍，将“从身份到契约”变成了政治宣言。读者选择性遗忘梅因冷静的限定，这该是造成前述误读的一个原因，但还不是全部原因。前引何兆武教授发表在《史学理论研究》的评文更有一个早前的版本，发表在《读书》上。从《读书》版的评文内容（尤其是结尾部分）来看，他所参阅的《古代法》译本可能误导了他。〔9〕 梅因对改革型社会的定义是明确的，他在《古代法》第二章中说，在改革型社会，法律总是自觉趋于满足社会需求和主张的演化之中；而在静止型社会，酋长式的判决自发演化至习惯法，习惯法又自发演化至成文的法典，此后，该等社会再也没有了自觉的变化。何兆武教授所参阅的译本可能没有在第二章强调这两个对立概念，又可能让读者在第五章结尾将“一切进步社会”错解成“一切社会的进步”，这是比较遗憾的。

当然，本文的意义并不在此。以我粗浅的体会，“从身份到契约”之演化规律及其限用条件是一把钥匙，至少能帮助读者思考甚至解决两个大问题。先说第一个。梅因在《古代法》第二章提出改革型社会这个概念之后，顺势提出了法律演化工具理论。在梅因看来，法律演化工具的运用是改革型社会得以浩荡前行的原因——这自然也包括“从身份到契约”之前行。关于“从身份到契约”之变迁规律是不是流淌于全书的血液，在此先不下结论，但是，梅因对法律演化工具理论的阐释绝对是支撑全书的骨架之一。掌握了这一理论，读者一定可以更加深刻地观察法律现象，理解制度与法理内涵，比如，我们或许能够更为深邃地理解占有与所有权之间的是非恩怨。要做到这一点，我们不仅需要像朗诵“物竞天择，

〔9〕 参见何兆武：《从身份到契约：梅恩〈古代法〉读后书感》，载《读书》1991年第8期。题中“梅恩”即“梅因”。

适者生存”一样朗诵“从身份到契约”,还需要具备“顶层思维”能力,高屋建瓴地把握《古代法》一书的布局、内容和体系。

再说第二个问题。从《古代法》一书的结构上来看,梅因所讨论的主要是古代民法。本文随后要说明,其第十章其实是侵权行为法与刑法的交叉,而除此之外,梅因检讨的法律部门包括人法、继承法、物权法和契约法。读者内心可能会升起一团疑云:作者在第五章已经提炼出“从身份到契约”之演化规律,为什么在第九章还要考查契约法的变迁?“从身份到契约”这个规律也适用于其他民事法律部门吗?他又基于何等考量而布局和察看其他部门?他是如何理解民法体系的?或者换一个方式提问:“从身份到契约”中的“契约”究竟是什么契约?这并不是在玩文字游戏,庞德就评论认为,这里的契约是法律行为,包括物权行为和债权合同,还包括信托合同。[10] 如果庞德换在今天作如是评,时值新中国第五次尝试制定民法典之际,他的话可以马上点燃民法学各个理论阵营最为暴烈的争吵,从法学阶梯到潘德克顿,从《法国民法典》到《德国民法典》,甚至到颜色革命。[11]

英国法律史学家波洛克的评论比起庞德虽然更匪夷所思,但也更发人深省。他认为,无论怎么扩大解释,“从身份到契约”都不能适用于人法,而只能适用于财产法。[12] 当然我们马上就能知道,他这里的财产法就是物权法。但即便如此,初次听来,波洛克对“从身份到契约”的解读比弗洛伊德关于“叔叔代替哈姆莱特完成

〔10〕［美］罗斯科·庞德:《法理学》(第1卷),余履雪译,法律出版社2007年版,第168页。此处应当将 legal transaction 译为“法律行为”,将 conveyance 译为“物权行为”或“物权合同”。

〔11〕参见杨立新:《人格权立法独立成编不会引起颜色革命》,载基层法治研究网:http://www.jcfzw.cn/?p=5785,最后访问日期:2015年10月26日。

〔12〕Sir Fredrick Pollock noted, *Ancient Law* by Henry Maine, 4th edition, Henry Holt and Company, 1906, p.422.

了杀父娶母的儿时心愿"[13]的解读一样令人瞠目结舌。波洛克在与梅特兰合著之《爱德华一世前的英国法律史》中说,在13世纪,当事人通过"用益"(use)契约而绕过了领主的所有权,完成了土地的封授;因其在土地问题上的重要性,后世的衡平法赋予用益之权益人以衡平法所有权,他因此说13世纪是自由契约的黄金时代。[14] 不仅如此,他又说契约法击退了物权法。[15] 波洛克敏锐地注意到,梅因确实强调过封建社会的契约性,所以他尤其赞同"从身份到契约"在物权法领域的适用性。在梅因看来,封建委身制就是契约,自主地所有权人以土地所有权和效忠换得领主之庇护以及对该土地的保有权;赐封采邑同样在领主和封臣之间建立了契约关系。他在《古代法》第七章检讨长子继承制时和第九章考查契约变迁史的章末都表明了自己关于封建社会是契约社会的立场。但是,梅因有没有如同庞德和波洛克一般,将契约法之领地扩张到物权法?这是一个很复杂的问题,又牵涉上一段有关民法体系的各种疑问。

本文提出,要考察"从身份到契约"演化规律及其限定问题,可以从如下两大体系中得出答案:一是梅因对于《古代法》的行文体系和演化工具理论的运用思路,二是梅因如何理解民法体系。下文首先对《古代法》一书的结构和内容进行概览,再讨论这两大体系。

二、《古代法》的结构和内容

《古代法》全书分为十章,分别名为:第一章古法典、第二章法

---

〔13〕 [英]莎士比亚:《哈姆莱特》,朱生豪译,大众文艺出版社2008年版,第301页。

〔14〕 Sir Fredrick Pollock and Fredric William Maitland, *The History of English Law Before the Time of Edward I*, Vol. II, Liberty Fund, 2008, pp. 237 – 243.

〔15〕 Pollock, *supra* note 12, p. 423.

律上的拟制、第三章自然法与衡平法、第四章自然法的现代化进程、第五章古代社会与古代法、第六章遗嘱继承之远史、第七章遗嘱和继承之古今观、第八章物权之远史、第九章契约之远史和第十章不法行为与犯罪行为之远史。从题目上看，梅因忽古忽今，忽民忽刑，有些内容显得重复，而有些内容又似乎语焉不详，很难把握行文脉络。故有必要将各章内容逐一笔记，并夹议作者的思路，以图重描出作者的"顶层设计图"。

1. 关于第一章"古法典"

尽管梅因或者原书编辑并没有标注"导论"之字眼，但在实质上，本章是全书的导论。他有关社会进化史的方法论在第二章才亮相和贯穿余文。

梅因认为荷马史诗在人类所能认识之文明的最远端，以此为基础，他分析道，人类在英雄时代将"判决"一词附会到神祇忒弥斯身上，而这与彼时之自然现象由各路神仙掌管的观念相一致，于是他认为，在古人的观念中，判决也是由专门的神祇来分管的业务；不仅如此，只有氏族的头人才能感应神意并对案件做出判决。由此，梅因认为判决是法律演化史的起点。在此，梅因专门解释了他与分析法学派之观点的差异，他认为"法是主权者的命令"之观念站不住脚，在他看来，远古没有立法者，只有审判官，而统治者神秘莫测的威权才是最好的统治之术。

随着头人的王权被贵族所夺，法律也失去了神话色彩，而转由贵族看护。他们所看护的法律是习惯法。梅因认为，习惯法由少数贵族所垄断和解释，能保证法律的准确性。习惯法时代是法律演化史的第二个阶段。

文字被发明后，贵族将习惯法公布在碑文上，于是人类文明从习惯法时代进入成文法时代。梅因在此处认为，印度贵族没有像罗马贵族一样及时将习惯法成文化，反而抢先确立种姓制，这是罗马人和印度人幸与不幸的根由。

2. 关于第二章“法律上的拟制”

本章才是全书的总纲，在此梅因描绘出了全书的“顶层设计图”。本章标题所述之拟制内容只是其设计图中的骨架之一。

梅因紧接着第一章的演化思路说，从法律成文化以来，法的演化就从自发变成自觉。他马上提出了两个重要的全局性概念，将社会分成停滞型社会和改革型社会两种形态。在停滞性社会中，法律观念和其他社会观念没能够分离，法律没能根据社会需求的改变而改变；在改革型社会中，法律总能跟上社会的进步。梅因认为在全人类的社会中，西欧社会是改革型社会，这样的社会形态十分罕见，而印度、中国属于停滞性社会，这样的社会形态十分常见。梅因关于社会形态的分类非常重要，是理解全书至高名言“从身份到契约”的关键，关于这一点，后文还要详述。

在完成“停滞型社会—改革型社会”的分类后，梅因开始讨论：在改革型社会中，法律的演化是如何与社会的进步保持一致步调的呢？他认为，法律上的拟制、衡平法和直接立法这三种法律演化工具先后起到了非常重要的作用。这里实际上又提出了四个重要的全局性概念：法律演化工具、法律上的拟制、衡平法和直接立法。梅因随之比较了这三种法律演化工具的差异。法律上的拟制和衡平法的差别在于，根据法律上的拟制，法律规定本身是不变的，而衡平法却公开要求变法。衡平法与直接立法的差别在于，衡平法的权威不是来自立法机构，而是认为自身具有比实在法更为高明的指导原则。此外，制定法承接了衡平法。

梅因在本章后文主要考察了拟制工具。他首先解释了什么是法律上的拟制。梅因笔下的拟制有两层含义，一是狭义的，也是传统意义上的拟制，即在古罗马和英格兰的程序法上，法院为了获得案件的管辖权，允许原告做出虚假陈述；二是广义的拟制，即在法的运行中，法律规范的严格字面意义不变，但其效力却慢慢地改变了。在此，梅因运用比较法律史的方法，考查和比较了法律史上的两个现象，即罗马法上的法学家的解答如何改变了《十二表法》以及英格兰法官在援引判例的过程中如何改变了判例法。梅因认为，罗马法和英格兰法能够保持鲜活的力量，拟制工具起到了应有的作用，但在现代社会，拟制是比较低级的工具，会对法律的体系化起到负面作用。

梅因跳过衡平法工具，从法律上的拟制谈到直接立法这一工具的功能。他举例说明了直接立法对于罗马法的快速提升作用。他额外强调了一点，罗马由共和转向帝制之后，法学家的解答不再风光，皇帝一方面大量立法，另一方面将法学家管了起来，只有御准的评注方才具有制定法的效力。

3. 关于第三章“自然法与衡平法”

本章接续上一章的法律演化工具论，集中讨论了衡平法这一工具。梅因在简述一般意义下的英格兰衡平法之后，提出罗马衡平法的概念和内涵，他将罗马人所努力适用的万民法解释为罗马衡平法，作为英格兰衡平法的对称。而在万民法这一罗马观念中，自然的内涵又被挖掘出来。梅因提出，罗马人的自然法观念深受古希腊之斯多葛主义的影响。在此，梅因梳理了斯多葛主义的成形过程。他说，在希腊先哲看来，物质和精神世界都是某一终极原则的表象，应当具有简洁性，于是后世的斯多葛学派认为人类生活应当朴素简单。斯多葛主义为罗马的法律人所继承和坚守，他们开始认为万民法就是失落的自然法。有了自然法思想的指引和万民法的目标，罗马人对市民法所进行的改革就朝着简单匀称的方向努力，而其工具就是衡平法。

此时衡平法这个拉丁概念的词义发生了变化，开始趋向万民法的精神内核。罗马人对市民法中的复杂分类予以齐平化，废除要式转移物和略式转移物、宗亲与血亲的区别。行文至此，梅因又回望道，拉丁概念中的衡平法具有“齐平化”之思路，这与希腊人在总结自然现象时使用的直线、平面、距离等的认识和等分观念相一致。鉴于万民法不是先验的，罗马人就认为他们在改革市民法时所适用的衡平法等于他们所推崇的希腊式自然法。

梅因重述了第一章中所提出的王权被贵族架空的规律，称罗马裁判官在此历史节点上有权改革市民法，裁判官告示就是罗马衡平法的载体。他认为裁判官与英国的御前大臣一样受限于法律职业操守，并且裁判官还有同业竞争的压力，所以他们不会大尺度改变市民法，而是努力调和，并挖掘出实在法背后的自然法原则，使法律简洁而匀称。

梅因最后类比了罗马和英格兰衡平法的两个共通之处。第一，这两种法都会落后于道德观念的进步，而变得像普通法一样保守，于是需要使用直接立法这一法律演化工具进行改革。第二，无论是罗马人还是英格兰人，都认为远古的道德最为高尚，而衡平法是追求这些最高标准的，所以衡平法比实在法高明。梅因认为这些理由不正确。为什么呢？梅因在余下各章中会通过“个人不被古代社会视为社会的单元”和“远古的自然状态并不存在”等结论来给出答案。

4. 关于第四章“自然法的现代化进程”

本章有关自然法思想的进一步考察工作是上一章衡平法理论的继续。梅因在本章开头便犀利地比较出，古罗马的自然法思想是从实在法中提炼出来的，而现代自然法思想却强调描绘过去的自然状态或者将来的圆满状态。梅因虽然不满意古罗马的回望式自然法思想,但他认为,罗马人至少在努力改革实在法,使之简约和匀称,而现代的自然法思想比罗马的更糟,它们不关注实在法,或回望,或前瞻,都是空想。

尽管如此,梅因从衡平法工具的"顶层设计"思路出发,认为自然法思想非常重要。梅因不愧是英国历史法学派的奠基人,他在论述自然法思想的重要性时所使用的论据都是史实,而其方法都是历史学方法。他从三个方面论证了自然法对社会运动的重要性。

他首先提出,社会与法的脱节有两种方式,它们都会制造社会崩溃的险情。第一类是古希腊式的,人们只关心抽象的正义,随意颠覆实在法;第二类是古印度式的,人们只关心僵硬的神法,不思法律改革。罗马比希腊先进的地方在于他们的自然法思想是救济性的,而不是颠覆性的;罗马比印度先进的地方在于,他们因为自身的自然法观念而一直在追求良法。写到这里,梅因开始对边沁边打边拍,他认为边沁的改革思想促进英格兰法律进步,但他认为,罗马式的改革目标是希望法律的简约和匀称,这是对的;而边沁的改革目标是人类的最大福祉,这就比较困难。

为了进一步解释自然法思想的重要性,梅因检讨了法国自然法思想的演化过程。首先,他指出,16 世纪之前法国法律人的头脑比较分裂,一方面,他们利用自己与王权的紧密关系,严密地罗织了封建法,并对之进行周密的防护;而另一方面,他们成为思想启蒙式的自然法追求者。其次,梅因比较了卢梭和孟德斯鸠的自然法思想,他认为卢梭强调的不是自然法,而是自然状态,但他的自然状态论没有联系社会实践;而孟德斯鸠使用了历史学方法,其自然法思想具有更大的实在性。最后,梅因通过叙述认为,由自然状态说所导向的平等观已不是罗马式的法律规范，而变成了政治信条，对美国和法国自身的社会革命产生了深刻的影响。关于最后一点，梅因表现出克制的赞美之情，他欢迎平等观念的普及，但理性告诉他，人们不应当脱离罗马式自然法思想的实在法基础，转而空谈自然状态，空喊"人应当生而平等"的口号。在此，梅因没有失控，他紧紧地把握了法律演化的衡平法工具，始终坚持认为，稳健的法律改革才是促进改革型社会进步的唯一正确方案。

梅因最后提出，自然法思想帮助构成了现代国际法理论的基础。梅因指出，国际法理论的成形基于两个假说：第一，自然法是确实存在的；第二，国与国之间的关系受自然法调整。梅因认为，以格劳秀斯为首的国际法奠基人在论证第一个假说时采用的依然是历史学方法，借用的是罗马万民法，而在论证第二个假说时，他们错将调整各个氏族之经贸关系的万民法类比为调整各个国家之关系的自然法，并推论出国家平等观。尽管如此，国家平等观有其巨大的进步意义。

梅因并没有满足和止步于总结自然法对构建国际法的重要性上，他以超越格劳秀斯的眼光指出，国际法理论大厦能够构筑，还有一个历史基础需要夯实，即领土主权观需要建立起来。梅因阐释道，罗马帝国崩溃以后，西欧社会的主权观具有两面性，一面是氏族主权观，据此，领袖都自称是其族人的王，而不是其所占领的领土的王；另一面是皇帝主权观，据此，有能力的领袖必须称帝。梅因认为打破这种两面主权观并建立领土主权观的有两个因素：一是封建制度，尤其是封建土地法结合罗马物权法帮助领主将权利与土地联系起来；二是皇帝和教皇权势的下降，让大领主有意识和机会在自己的土地上称王，于是有了君主制，有了领土主权观。领土主权观建立以后，国与国之上没有了更高级的规制力量，如此才有了格劳秀斯所打造的自然法和国家平等观的国际法基础。

5. 关于第五章“古代社会与古代法”

梅因以批评所有的自然法思想流派作为本章的开头，他认为这些思想无论如何一致或对立，都是非实证的揣测。他又认为，即便以孟德斯鸠和边沁的思想因采用了历史学方法而有所不同，可是，孟德斯鸠却没有重视人性的稳定，曲解了法律产生和社会变革的原因，而边沁的功利主义学说只是表达出了人性中对于法律改革的意愿，而无法总结社会变革的规律。

梅因提出，所有的法学思想都没有考查过古代社会的真面目，而为了查明法律演化的过程，应当以这个考查为起点。为了让自己的考查具有实证性，他首先分析，可采用三种证据进行还原：一是对同时代之劣等文明的考查结论；二是特定民族对自身之远史的记载；三是古代法的文本。他认为，对同时代的劣等文明进行考查过程往往因为考查者自身的情绪而失去客观性，而特定民族对自身远史的记载史料很少。经过排除，梅因认为应当对第三种证据，即古代法文本进行考查。

不过，梅因首先采用的古代法文本却是《圣经》和荷马史诗，也许在他看来，这些文件记载了古代法，只是需要对文件进行提取。在《圣经》关于以撒及其二子以扫和雅各的记载中，梅因有了对父权社会的朦胧感受，他对此行文尤其谨慎，认为这些记载可能反映了父权社会的情况，也可能给人以家庭拢合为国家之过程的暗示。梅因接着援引了《奥德赛》中有关库克罗普斯族人的生存状态，并指出此时的社会还没有演化到他在第一章中所述的判决时代，家庭是社圈的基本形态，家庭与家庭之间没有法律上的联系，彼时视对方为异类。在家庭之内，家长是唯一领袖，他的言辞就是法律。在家庭生发为氏族之后，酋长用以治理氏族的法律工具才是判决。

在判决时代，家庭是社会的基本单元，这与现代社会的基本单元是个人不同。法律只对家长生效，家内成员仍听命于家长的家法。在此为了更精确表述家庭的法律地位，梅因做了两个法律上的类比，一是将氏族领导人的判决比作现代国际法，将家庭比作主权国家，二是将家庭类比为法人。他又强调，家人不被视为独立的人，他的过错要由法人及其全部成员承担责任。接下来，梅因结合雅各之子的各个家庭集合为犹太民族的情形以及人类学家对希腊和罗马人活动过的遗址形态提出一个观点：家庭慢慢扩大为宗族，宗族扩大为氏族，氏族扩大为国家。他认为国家的形成需要两个过程，一是人类使用法律上的拟制工具将陌生人收养为拟制亲属，以扩大社圈，二是家长式贵族会拒绝继续扩大亲属，之后利用地邻接触原则将下等的陌生人吸纳为团体成员。梅因当然不是为了讨论国家的形成，他希望阐述父权在古代社会的至高重要性，他认为社圈的扩大要以父权的行使为基础。说到底他还是在阐述其在第二章中想讨论的法在社会演化中的作用。

梅因接着讨论父权。他提出，罗马法上的家长权就是典型的父权。家长权起初无所不包，子女的人身和财产都由家长专制。从罗马四处讨伐开始，需要家子为国效力，家长权就收缩至私法领域，并在财产权层面首先放松下来。但尽管如此，梅因依旧牢牢把握一点，他认为相对于人身解放，子女财产独立的过程要缓慢得多，程度也轻柔得多。他注意到家子和奴隶有了特有产、军人储蓄以及准军人储蓄，但这种财产起初仍受家长监管，只是在国家和家长的持久对抗中，家长渐渐只对其孳息有收益权。在帝国覆亡之后，尽管蛮族没有自觉适用家长权，但罗马法上的人法制度仍然播撒四方，家长权对家庭的管束依然严格，军人储蓄制度是家长权唯一摆脱家长权束缚的制度。

在描述家长对家人财产的控制力慢慢减弱的过程之后，梅因检讨了妻、子、奴隶从家长的人身束缚中得以解放的过程。他从探讨宗亲和血亲的区别开始，一方面，这种探讨重述了家长权问题；另一方面，作者可以讨论妇女的身份问题及其解放过程。妇女嫁入夫家后，成为夫家的宗亲，并以其丈夫的女儿的身份处于其家长权下，这就是妇女终身监护制。这一制度不仅在罗马法上存在，在其他民族也存在。在罗马法上，共食婚、时效婚和买卖婚这三种婚姻方式都维护妇女终身监护制。但在后来的无夫权婚姻中，妻子可以由父母指定监护人，她们取得了人身和财产权的独立地位，丈夫的家长权衰落了。在中世纪，有两套妇女监护制度，一是根据蛮族习惯法，丈夫通过向岳家支付一笔费用，可要求其将监护权转入夫家；二是根据后期罗马法，未婚女子已经得到解放。这两套制度造成了奇异的后果：未婚女子是自由的，但已婚妇女却没有财产权，被夫家奴役。虽然欧洲慢慢瓦解了前述习惯法，试图解放妇女，但却受到教会法的阻碍。妇女解放的在欧洲进度不一。《拿破仑法典》赋予妇女财产权，但苏格兰、丹麦、瑞典和英格兰尚未突围。

接下来梅因从妇女监护制度引入男孤监护制度，以简单陈述家子之身份的古今之别。这两套监护制的目的一致，都要维护家长的权威，而现代法上的监护制度是为了保护未成年人。梅因从这个角度暗示了家子解放的演化动态。

最后梅因考查了奴隶的身份问题。梅因认为古罗马的奴隶有继承权，是家庭的成员，但美国人如果也持有这种观点，那他们的动机就是为了维护蓄奴制。但梅因又转而认为，如果奴隶具有家人之身份，社会对他们更加宽容和优待，而如果他们没有这一身份，其境遇要更加悲惨。

梅因总结道，在古代社会，家庭是社会的单元，氏族的判决管辖不到家庭成员身上，家庭是家父的帝国，家长对外严密防护国家法的入侵，对内严苛管制家人。但法律演化工具的次第适用使得国家法慢慢开始接手，适用于个人，并削弱家长权。由此，在改革型社会中，个人慢慢开始建立契约关系，个人缓缓替代家庭成为社会的基本单元。奴隶的身份消失了，家长和他的关系变成了主仆契约，妇女以前处于被监护的身份中，如今她自适婚年龄开始可以自由缔约。成年子女与父母要具有法律关系，也需要缔约。梅因顺势说出了全书最高明的话：迄今为止，所有改革型社会的进程都是一场从身份到契约的运动。

本章的题目是“古代社会和古代法”，这令人对内容有些疑惑，但通过以上对本章脉络的梳理以及作者的直接表态，我们会了解，梅因在本章中专门探讨了人法的变迁，以此得出改革型社会“从身份到契约”的演化规律。为了进行论证，他仍然强调了法律上的拟制和直接立法这两种法律演化工具在人法上的适用情况和对改革型社会进步的作用。

6. 关于第六章“遗嘱继承之远史”

梅因的开场白很简单，他说，遗嘱继承制度比其他法律部门更具有从古罗马延续下来的历史连贯性，对此基督教会在客观上起到了积极作用。接着他使用“提出问题—解决问题”的论文模式，提出两个命题：第一，现代法上的遗嘱是死因行为，必须对继承人保密，并可以撤销，而这三个特点在古制中并不存在；第二，17 世纪的法学认为遗嘱处分权属于自然法上的权力，而只有遗嘱制度失效的情形下才适用无遗嘱继承法，梅因认为这不符合遗嘱继承制度的流变过程。

梅因认为要考查遗嘱继承，要先考查概括承受和法律上的集合物这两个概念。他认为现代破产法上的资产承受制度只是对罗马概括承受制度的修正,而罗马法上最重要的概括承受制度就是法律地位的概括继承,当于此,被继承人的全部权利义务同时转移到继承人身上。为了弄清法律地位概括继承的本质,他引入了第五章的一个结论,个人不被视为他本人,而被普遍认为是家庭的一个成员,由此,家庭被拟制为法人,而家长就是法定代表人,继承人所继承的是家庭法人的全部权利和全部义务。故法律地位概括继承是家庭的传承方式,也是家长权的传承方式。但是,逝者和继承人具有法律人格的统一性,家庭成员的去世不会影响家庭法人的存续性,所以,为了解决这个逻辑上的缺憾,罗马公民被拟制赋予了家庭的权能,由此,法律地位概括继承中的"家庭—家庭"之传承关系演化成了"个人—个人"之传承关系。为了更清楚阐释这一点,梅因将罗马公民比作英国法上的独体法人(如国王),虽然国王会死亡,有人会继承王位,但国王作为独体法人的地位和能力不发生改变,王国的基业不受惊扰。同样,经过前述拟制,罗马公民之间的继承不会改变罗马家庭的永续。如此一来,家长不仅代表家庭,他还等于家庭。总结至此,我们可以开个玩笑说,"朕即国家"不是妄言,倒是真理。

由此,梅因提出,鉴于罗马式的概括承受观导致逝者与继承人的人格统一性,如果一个罗马人没有遗嘱,其后裔得以披上他的外衣,成为家庭的新代表;如果他订立了遗嘱,但该遗嘱破坏了家庭之永续,则该遗嘱当归无效,其后裔或亲属得以继承,故无遗嘱继承制度比遗嘱继承制度更为古老。至此,梅因顺势论证了本章开头提出的第二个命题。他进一步认为,遗嘱的原始面貌就是为了选定继任的家长,这与更为古老的罗马家礼的目标是一致的。梅因在此类比了罗马和印度的家礼,指出罗马的法律和宗教分离了,他们将家祭交由祭祀团处理，而用法律处理家长继承人问题。印度法中的宗教因素导致他们没能结出遗嘱继承之果，而转用收养之拟制代替，养子有扶灵和延绵家庙的责任，以阻击家庭传承断流的风险。

遗嘱是选定新家长的方式，必须在卡拉塔大会（贵族民众大会）上签署，这可以与无遗嘱继承制度的继承顺位结合解释。根据无遗嘱继承制，第一顺位的继承人是未解放的直系卑亲属，其次是亲等最近的宗亲，最后是族亲。族亲热衷于在卡拉塔大会上行使对遗嘱的审核和否决权，通过这种规制，可以预防家产被外姓人继承，而为自己分得逝者之家产保留了可能性。

由此，遗嘱设立权只归贵族垄断，而平民遗嘱不生法律上的效力，直到《十二表法》确认以遗嘱处分财产的效力，平民遗嘱才获得认可，遗嘱继承制度取得了小胜利。又过了几百年，经由衡平法工具和直接立法等法律演化工具的作用，在卡拉塔大会上诵念遗嘱之情事缓和而至消亡，卡拉塔大会变成类似于英国法上的遗嘱检验法庭，只具有形式上的意义。梅因接下来考查了此等演化过程。

平民订立遗嘱的方式最初叫作铜秤式遗嘱，它具有要式买卖的外形，继承人具有家产买受人的身份。由此，这等家庭之传承是活人之间的让与，是公开的，也是不可撤销的。梅因就此顺势论证了本章开头提出的第一个命题。

裁判官改革了铜秤式遗嘱，他保留了要式买卖的程序，只是要求其中的五名证人、一名司秤和家产买受人这七个人一起作为遗嘱的见证人。梅因暗示到，如此一来，这种立嘱方式既保留了铜秤式遗嘱的庄重感，又简化了手续。裁判官将这种立嘱方式加入裁判官告示之中，又因为裁判官告示在每一任裁判官之间接力而延续有效，于是铜秤式遗嘱演化成裁判官式遗嘱。这是衡平法工具的演化力量。裁判官不能明显改变市民法,此时通过遗嘱转让的权利是对家产的占有,家产买受人需要经过占有时效之后才能取得所有权。

在公元98～192年间,皇帝立法去掉裁判官法中的要式买卖程序,遗嘱设立时不必再通知家产买受人。于是遗嘱开始具有保密性质,财产权转让不需要占有时效之届满,并且遗嘱慢慢变得可以撤销了。

7. 关于第七章"遗嘱和继承之古今观"

本章是对上一章主题的延续。梅因首先提出一个问题:为什么家长的遗嘱权自由受到撤销遗嘱之诉的限制?他的答案是,遗嘱设立者的感情与法律制度之间存在紧张关系。彼时之无遗嘱继承制度所规定的三个顺位的继承人(未解放的家子、亲等最近的宗亲、族亲)排除了家长的自由意志。已经解放的家子不被家庭认可为一分子,但家长解放该子,是因为这个孩子是他最疼爱的,家长希望他能继承遗产。家长还希望给妻子以及母系长辈的亲属若干遗产份额。如果家长死亡时并无子嗣,他或者希望自主安排家产的流向。但家长的前述情感都是对家庭与宗族之古制的破坏,也是对无遗嘱继承制度的抵制。前述撤销遗嘱之诉的法律现象是感情与法律之冲突的表象。

在此,梅因再一次提出了衡平法这一法律演化工具的重要性。裁判官不能随意改变市民法,但他在发明撤销遗嘱之诉从而限制家长之遗嘱自由的同时,在无遗嘱继承制度前述三个顺位的继承人中增加了更多亲属,以满足家长的感情,客观上促进了遗嘱自由。梅因又认为,信托遗赠制度也是对妇女继承无能制度的规避。这一类衡平法工具促进了法律的进步。

梅因接下来梳理了长子继承制的源流。当然,他不是为介绍而介绍，而是带有深刻的问题意识。梅因指出，由宗法关系而凝聚的社圈在公权力的继承上一直采取的是长子继承制，但就家产继承而言，任何社会的古代法都没能容纳长子继承制，而是不约而同地主张诸子平分。为什么封建社会出现了长子继承制？梅因的答案是，在封建社会的初期，国王的孱弱让社会重入宗法秩序，只有土地集中才能保证家庭的安全，于是，梅因提出了一个与一般历史学家不同的观点，长子继承制不是领主为了征召的方便，而是封臣为了自己的家庭利益而施行的。在这种过程中，封臣通过家庭财产协议而将采邑交由长子继承。

梅因又比较了长子继承制在封建社会中期与晚期的不同。在早期和中期，长子继承制的目的是罗马式的，是要保护家人，而在封建社会晚期，长子享有对采邑的绝对权利，其他孩子只能离家自行谋生。

梅因最后对比了公权力之长子继承制与私权之长子继承制的差异，指出前者有以下几个特点：第一，被继承人死亡时，如果长子尚未成人，王太后或其他人有监护和摄政之权，又或者先王同辈之长男会抢先继承；第二，长子继承不能的，被继承人的次子优先长子的长子而继承；第三，被继承人未必会选择长子作为继承人。

8. 关于第八章“物权之远史”

梅因开篇表明了其对自然法上的先占理论进行了批判。他认为，现代国际法学者将罗马自然法上的先占制度适用于国际法上的俘获物法，这有其积极意义。根据这一原则，交战双方可视敌产为无主物，可以通过先占而取得所有权，这对于震慑好战者和促进和平有巨大的意义。但梅因同时认为，格劳秀斯学派又将先占制度适用于领土取得，这只能带来争议，而不是和平。

尽管梅因非常克制地表扬了国际法学的丌创者对先占制度的

运用,但他仍然批评了古今自然法思想中的先占原则。根据罗马的自然法思想,先占是物权取得的自然模式;现代的自然法学者认为,人在自然状态下可以将无主物为先占,以此取得所有权。梅因通过对布莱克斯通在《英国法释义》中的类似解释进行批评,提出另外一个假设:对某一块土地进行先占的人如果被一位更为健壮的敌人赶走,这个敌人安宁地保有土地一段时间并获得世人的敬意之后,就成为所有权人。梅因因此认为经过一定时效的对立占有才是物权创设的原因。至于为什么时效经过之后世人会对对立占有人所占有之物产生敬意,这不是法学能够解释的。他进一步猜想:对无主物的先占者得享有所有权,这是法学昌明之后所凝练出来的一条法则,更早之前,人们需要经过漫长的岁月对所有权的敬意进行累积。

梅因又用第五章的观点反驳自然法学派的原始取得说:古代社会的单元不是个人,而是家庭。以此为基础,梅因考查印度和沙俄的村社,并认为它们的形态在财产法层面上与罗马的宗族具有相似性;他又考查了塞尔维亚、克罗地亚、斯拉沃尼亚以及其他的社会形态,并得出结论说,在古代社会,人法与物法相互牵缠,财产权的主体既不是个人,又不是家庭,而是村社或宗族,这些财产权都基于宗亲关系而不可分,换言之,物权最初归集体所有,单独所有权要从亲属共有的形态中缓缓剥离出来,必须与"家庭扩大为宗族—宗族又分离为家庭—家庭最后分解为个人"这个过程保持一致性。

物权为亲属共有,这就导致了物权转让需要举行繁复的仪式。物权法作为法律演化工具对社会进化的一大作用就是对物进行划分,以简化流转手续。罗马法将物分为要式转移物和略式转移物,这令略式转移物的流转方便起来。此后,法律人先后使用拟制和衡平法两种工具,慢慢去掉要式物之转移所需要让与议程和时效,使之与略式转移物的流转具有相同的便利感。优帝最后使用直接立法工具去掉了要式物和略式物的区分,交付得以成为物之流转的唯一方式。

不仅罗马物权法具有进步意义,其他社会的物权法也开始对物进行分类,以促进物的流转。印度将个人继承而来但混于村社中的财产份额称为继承物,而将出生之后取得的物称为取得物,取得物的流转就不需要通过亲属的同意。日耳曼法中有所谓赔命价和转嫁费,这些财产不属于家产,宗亲不可对此提出主张。西欧封建社会建立之后,物的分类就只剩下动产与不动产。

梅因又提到,除了物的分类之立法,罗马人的时效取得之立法也起到了改良作用。占有要式转移物至多两年,要式买卖程序的空白得以填补或瑕疵得以祛除,占有人得以变成市民法上的所有权人。

在阐释物的分类和时效取得制度等立法的进步作用后,梅因讨论了拟制和衡平法工具对物权变迁史的意义。他首先评价了罗马法上的拟诉弃权,并将之与英国法相比较。他指出,拟诉弃权绕过了要式买卖手续的繁重,通过这个程序,实际履行了交付的买卖双方立刻转移了所有权。梅因在评论衡平法工具时指出,通过另一个拟制的诉讼——他没有点名,其实说的是布布里其诉讼——对时效并未届满而被剥夺占有之正当占有人被裁判官虚假地宣布时效已经届满,于是此人在诉讼中马上取得所有权。裁判官将这等诉讼形式加到裁判官告示中,慢慢使前述正当占有人的权利变成善意所有权。布布里其诉讼既是拟制的功劳,也是衡平法的功劳。

关于衡平法工具的作用,梅因又讨论罗马法上的占有令状。

占有令状的起源本是裁判官用来保护作为对立占有人的贵族对于罗马公地的占有。这里梅因采信了萨维尼和尼布尔关于占有令状之起源的观点。这当然是有争议的,感兴趣的读者可以参考耶林的反驳。梅因附带性地用之与英国法进行对比,认为罗马裁判官和英国法官为了诉讼的便利而将所有权人也拟制为占有人,而不大经常使用更为复杂的所有权返还之诉,这破坏了法律的尊严。

根据前述占有令状和布布里其诉讼而取得物权的方式使罗马法的所有权开始具有二元性。梅因发现,衡平法工具对罗马物权法和英国财产法的各自作用力上具有历史的相似性,并且都结出了二元所有权之果。裁判官法产生了对应于市民法所有权的善意所有权,这与英国普通法所有权与衡平法所有权的对应性具有异曲同工之妙。梅因将善意所有权与永租人的物权形态并举,并认为,正是西罗马帝国之永租权制度中所体现的所有权二元性深刻影响了彼时的日耳曼蛮族,并影响了封建制度的所有权制度。他指出,帝国在莱茵河和多瑙河畔设置了大片的划界地,以罗马老兵为永租人,用驻防之役务取代交租之义务。这种做法被后世的日耳曼君主所效仿,也是恩惠保有土地的由来,并为封建制度的建立选定了模式。封建土地法中的所有权二元性由此而来。

9. 关于第九章"契约之远史"

梅因在第三章的结尾批评了那种认为过去比现在更纯真这一假定的道德观。作为第九章的开篇,他重拾了该批判。梅因认为,在古代社会,人类的道德是粗糙的,家庭才是社会的单元,故人与人之间的允诺不具有道德强制力。基于此,罗马法学家所构想出的万民法契约实际上不属于失落的自然法,而是在允诺被法律赋予债的拘束力并因此具有道德强制力之后才总结出来的。同样,以卢梭、孟德斯鸠、洛克等人为代表的现代自然法学派对古代社会之天真状态的描述是一种谬误，以这种谬误为基础而构建的社会契约学说是不正确的。梅因认为，自然法学派虽然了解，社会契约论虽然是政治宣言，但它的充足性需要在法学中寻找，但他们以为强行法在古代只是契约自由的补充，这与实情恰恰相反，契约法在古代恰恰以强行法为主导，而契约自由是慢慢形成的。

以社会契约论为靶子，梅因就需要论证，当事人的允诺最初没有道德强制力。他指出，在古代社会，个人没有独立地位，他们的允诺不被家庭所认可。他举例说《伊利亚特》中的尤利西斯狡诈多变，这反倒是一种美德。

要论证允诺的道德强制力缓缓增强，梅因的论证思路是：债是法锁，最初关注的不是允诺，而是带有庄重议程的允诺；议程缓缓淡化，法锁观念慢慢转移至允诺之上。法锁观的来历跟契约相同，都与铜秤式买卖相关。梅因以铜秤式买卖为起点进行论证。他可能受到了萨维尼的启发而提出，铜秤式买卖最初既包含物权让与，又包含契约。原始人的观念很粗糙，一个术语中往往指代好几个观念，如家长权观念在后世罗马生发出所有权、夫权、买主权等不同观念。铜秤式买卖在演化过程中，如果仅有物之交付，而无钱之支付，则人们开始称这种进行物之交付仪式的行为为“要式买卖”，而继续称未履行金钱支付的交易行为为“铜秤式买卖”。在要式买卖尚未脱胎于铜秤式买卖之阶段，未履行物之交付和未履行金钱之支付义务的当事人都是债务奴隶；在要式买卖独立出来之后，铜秤式买卖的当事人在仪式举行完毕之后、钱款支付完毕之前都被延展拟制为债务奴隶。这名债务奴隶被卖方所牵系，其强制力量来自法律，所以罗马人将这种强制牵系力量形象地比喻为法锁，也就是债。铜秤式买卖与铜秤式遗嘱具有很大的相似性，起初都是人类为了体现物权转移的庄重感而发明的。第六章已经提到，遗嘱形式自由化的过程是一个脱离要式买卖之繁重手续的过程，契约形式自由化也要经历摆脱繁琐议程的过程。这是契约观念演化史的第一阶段。

根据古罗马的法律观念，当事人的允诺不具有法律效力，而只能被称为简约。将当事人拘束起来的不是允诺，而是带有议程的允诺，而这种拘束力由债之法锁观赋予。引起债的效力的只有四种形式的契约：口头契约、文书契约、要物契约和诺成契约。这四种契约的共同点就是它们的形式性，这是债的外观。于是，简约加上债就等于契约。梅因依次检讨了这四种契约中的债。

在铜秤式买卖这一古老的契约中，允诺以相当繁冗的议程而外化出来。裁判官就像改革铜秤式遗嘱一样改革了铜秤式买卖，将它变成要式口约，这是口头契约中最为主流的一种形式。要式口约需要受诺人将全部契约条款以设问方式在公堂上提出，允诺人只须允诺。如此，受诺人的提问成为一种郑重的仪式，达到债之法锁的拘束效果。文书契约的立约形式是债权人将应收账款计入账簿的借方。这种契约的一大进步是，有了记账之要件，就不需要交易仪式了。要物契约的特点是，物之交付成为立约形式。这又是一大进步，因为契约法中第一次有了道德的因素。诺成契约专门指代买卖、租赁、合伙和委任这四种交易。在诺成契约中，当事人的合意，即相互允诺，成为契约成立的唯一要件。如此一来，简约即允诺本身就有了债的拘束力。梅因认为这就是允诺慢慢具有拘束力的历史过程，也是万民法契约能够在经贸关系得以活跃、诺成契约得以出现的年代能够被总结和抽象出来的原因。在经过了前述演化之后，表意行为具有独立的拘束力，其外在化的形式只具有了证明意义。尽管如此，裁判官法还是不能直接对抗市民法而直接宣布简约的合法性，于是他们在程序上想办法，在裁判官告示中宣布，当简约有对价但未能发展成契约时，当事人可以提起衡平法之诉。

接下来，梅因简单批判了君权神授论的契约法基础，并花费了相当大的力气检讨了罗马债法观念在西方哲学史上的巨大作用。他认为，基督教在东罗马帝国兴起时，其神学观念具有形而上学的色彩，而西方在这三百年间没有哲学上的成果，对东方的神学不加思辨地予以吸收。但由于西方具有深厚的罗马债法观念基础，于是东方和西方在神学上的差异得以体现出来：希腊式的形而上的神学不讨论自由意志和强制力问题，罗马式的伦理学以基督教义为外壳，吸收了契约法的精神，讨论自由意志和强制力问题，在逻辑推理上将法律原因和法律后果通过罗马之债法观念连接起来。根据西方的道德神学，基督代人赎了原罪，于是上帝与人达成和解，这个观念为西方人所理解，是因为罗马式的债之法锁观使西方人相信上帝与自己的契约存在拘束力。梅因认为，罗马法中的债法观念、概括继承观念、刑法观念等对消除希腊式神学思想要素和发展西方神学起到了积极的作用。

经由西班牙学派的改革，西方道德神学即伦理学中的罗马法因素大大减少，并增加了希腊式逻辑因素。在宗教改革期间，伦理学分为决疑派和改革派两个分支，决疑派是传统天主教的阵营，而改革派继承了格劳秀斯的自然法衣钵。教会基于改革派的压力而继续改革了伦理学，为天主教的思想减负，但这种改革模糊了是非，虽然能够暂时阻挡新教的传播力度，但改革派以罗马式自然法的逻辑作为回击，击垮了决疑论者，使之一蹶不振。

梅因最后表扬了契约观念对封建社会的作用。他说，虽然封建制度下的人法和物权之交缠程度与古代社会的村社或宗族相差不离，但古代社会的聚合依靠的是因血缘而生的感情，而封建社会的聚合靠的是领主和封臣之间的契约,这就是人类的一大进步。

10. 关于第十章“不法行为与犯罪行为之远史”

梅因开篇就解释了为何古代法中的刑法篇幅要大大超过民法。他认为民法主要由人法、物权、继承和契约构成,人法就是身份法,人法和物权法不发达是因为家庭作为社会单元的现象并未消亡,而契约法干脆就缺位了。

梅因又提出,人身伤亡最初不被认为是对国家的侵害,故现代法所认为的犯罪行为多被古代法所归为不法行为,即侵权行为,而这类行为多以金钱损害赔偿为后果。古人另将渎神行为也视作侵权行为。所以,梅因讨论的起点是犯罪行为是从不法行为中演化而来的。

梅因认为,国家第一次认为自身遭到侵害的,会采取立法行动制定一个处刑法案,专门惩戒这一犯罪行为,这是刑法的起源。行文至此,梅因通过查找誓金之诉在荷马史诗中的原型而分析认为,审判权行使应参照了上古之民事仲裁的模式。除此之外,梅因还另外列举了一个证据,他认为,古代法不约而同地区分现行犯和非现行犯,这应当是参照私人对不法行为的报复心态以及相应的报复尺度而为。

梅因接着考查刑法演化史。他指出,以贵族立法会处罚单一的犯罪行为为起点,古代的立法会慢慢开始通过不同的处刑法案而设立若干个刑事审问处。由于古人逐渐有了对犯罪行为进行归类的观念,这些机构从偶设到常设,变成类似于现代议会的某个常务委员会,它们各自负责某一个特别的犯罪行为,自行其是,分别行使侦查和审判权。公元前 149 年,人们根据《公职官员敲诈勒索审判法》的规定设立了一个常设刑事法庭,由此,法官和刑事法院专门化了,这标志着刑事审判权的正式确立。

梅因顺势表达了自己对废除死刑的态度。他考查出,罗马共和时代没有死刑的原因在于,彼时最高权力不在民众大会,而在由军政府控制的森都里亚大会。虽然民众大会所控制的刑事审问处没有判处和执行死刑的权力,但森都里亚大会有这个权力。梅因说,古罗马没有存在过死刑废除的历史。他又举例说,当罗马刑事法庭无权科处死刑时,民众渴望报复而没有出口,于是就发生了暴乱。总之梅因认为废除死刑会压抑报应观和威慑观这两大人性。

另外,作者指出刑事审问的一个特点是它们的并置带来管辖权的混乱,这带来了犯罪行为之分类的随意性。不仅如此,对同一犯罪行为也存在多次处罚的问题。犯罪学的进步要待到《学说汇纂》对特别犯罪行为的规定。此时,从不法行为到犯罪行为的演化史才告完成,刑法与侵权行为法才有了根本的界限。

顺着前述考查过程,梅因又总结了君主对审判权的垄断过程。起初皇帝没有废掉刑事审问处,只是将刑事审判权移交给元老院,而皇帝和其他元老一样只有一票表决权。皇帝后来设立了专门的刑事法院,并将其转至帝国枢密院,于是,君主是审判权之源的观念得以确立。在中世纪,教会在保留若干审判权的同时,也利用教义帮助世俗的君主巩固了对重罪的审判权。

三、梅因的法律演化工具理论

1.《古代法》的逻辑体系

通过对《古代法》各章内容的了解,我们现在可以总结出梅因之行文的"逻辑总路线"。梅因希望总结出改革型社会的进化规律,而这个规律需要使用法律演化工具方能实现。为了明确法律演化工具能够起作用的时代起点,他用第一章阐释了这个起点到来之前的人类社会普遍进化情形。此外,梅因还要确定其能够发挥作用的社会形态。他将自发进化为成文法时代之后的社会分类为改革型社会和停滞型社会,并认为只有在改革型社会,法律的演化才能趋向于满足上社会需求和主张,法与社会才处于追赶和被追赶的动态中。

在限定好法律演化工具能够发挥作用的时间起点和社会形态之后,梅因正式提出了其法律演化工具理论。他认为,法律上的拟制、衡平法和直接立法这三个工具先后出现,推进社会之进化。第二章的余文阐释了拟制和直接立法工具,第三章阐释了衡平法工具,第四章有关自然法的现代化进程是对衡平法的延续,因为罗马人所使用的衡平法工具须臾不可与自然法思想相分离,而现代自然法思想是对罗马自然法的传承。从第五章开始,梅因分别考查了人法、继承法、物权法、契约法和刑法的变迁。其中继承法的内容占据了第六章和第七章的篇幅,其余各占一章。在前述法律部门的变迁史探讨过程中,梅因全部使用了他的法律演化工具理论。

似乎可以这样搭建《古代法》的结构。第一章是导论,目的是引出改革型社会的概念,提出法律演化工具理论。第二章到第四章是总论,分别阐释各个工具的内涵,而这又以拟制和衡平法为重点。第五章到第十章是分论,重点检讨古代私法各个部门之变迁的规律,兼论刑法。而在这些法律部门中,法律演化工具起到了绝对关键的作用。

2. 梅因的拟制理论

拟制是一种粗糙观念下的演化工具,通过它,人类偷偷地曲解法律的本义。梅因在拟制的总论部分提出,罗马法学家的解答改变了《十二表法》僵化的字面意义,改变了它的效力。在英格兰法中,法官在援引判例过程中借用罗马法原则改变了判例法。

拟制工具在法律变迁史中的作用主要在对家庭的拟制和对程

序的拟制。先说家庭方面。当家庭凝聚为宗族和氏族时,外乡人被家长用收养之拟制而接纳为亲属,使家长成为贵族,这与后来的地邻接触原则一起成为国家形成的原因。收养之拟制在印度还有确定家庭传承人的功能。在罗马式法律地位概括继承制度中,继承的目的是传承家庭,此处罗马人将家庭拟制为法人;其次,逝者和继承人具有法律人格的统一性,并都被家庭所吸收,所以罗马公民又被拟制为独体法人,被赋予了家庭法人的权能。经过这两层拟制,家长不仅代表家庭,他本身就变成了家庭。由此,法律地位概括继承中的家庭传承关系演化成了个人传承关系。

拟制的作用还体现在对程序的拟制,这有三个具体表现:一是,在裁判官通过拟诉弃权程序立即赋予已经进行交付手续的买受人以现实的所有权,这摆脱了要式买卖的繁琐。《十二表法》之立法是对裁判官前述拟制的认可。二是,时效未届满而被剥夺占有的正当占有人被裁判官在布布里其诉讼中拟制认为其占有时效立即届满并马上取得所有权。在这种程序被收入裁判官告示后,该等正当占有人被赋予了善意所有权。三是,买受人原本在铜秤式买卖之中才是债务奴隶,后来,他在交易程序之后、债务清偿之前的期间也被延展拟制为债务奴隶,直到债务清偿,这是契约的起源。

3. 梅因的衡平法理论

如果法律演化工具理论是支撑《古代法》全书的骨架,梅因对于衡平法工具的偏爱就令它成为脊梁。在梅因看来,衡平法代表了人类对良法的美好愿景。这种愿景不同于自然法式的空想,因为衡平法既尊重实在法,又救济实在法,要通过制定法的接力而完成使命。衡平法代表了法律进步的方向,是社会演化的稳健动力。

梅因认为,裁判官告示是衡平法的载体,通过它,罗马人将万民法当作失落的自然法来追求,并改革了市民法这一实在法。以下先总结它如何改革实在法。

在继承法的变迁上，衡平法的作用主要体现在两处。第一处是对铜秤式遗嘱的改革。平民遗嘱原本具有要式买卖的外形，它叫铜秤式遗嘱，被继承人和继承人分别处于出卖人和家产买受人的位置。还要有一名司秤和五名证人。这个制度显得繁冗。裁判官改革了铜秤式遗嘱，将司秤和家产买受人也变成证人。遗嘱设立人只需要在证人面前按照要式买卖的若干方式做出意思表示。铜秤式遗嘱的手续被简化了。裁判官将这等改革加入其入职告示，一年又一年，慢慢得名"裁判官式遗嘱"。根据这个制度，家产买受人只能取得占有权，还需要等待时效的届满以取得所有权。但裁判官的这一改革为后世立法彻底取消要式买卖之手续以及继承人立即取得所有权奠定了基础。第二处是对无遗嘱继承制度的改革。根据法定继承之古制，公民无遗嘱或遗嘱不生效力的情形下，家产将由三个顺位的继承人来继承，分别是被继承人死亡时未解放的家子、亲等最近的宗亲、族亲。这个制度湮没了公民对已解放之家子和其他血亲的情感。裁判官在顺应无遗嘱继承制的前提下在继承人的顺位中增加了其他亲属，满足了被继承人的情感需求。这为后世立法取消宗亲和血亲的区别也打下了观念基础。

在物权制度的变迁上，衡平法的作用有两处体现。一是，裁判官通过布布里其诉讼赋予时效未届满之正当占有人以现实的物权，而不必等待时效的届满，这是善意所有权的由来。裁判官又通过拟诉弃权绕过要式买卖的手续，使得买受人立即取得市民法所有权。裁判官通过这两个拟制而体现的衡平法思想为后世之立法去掉要式买卖程序并确认交付为物权取得要件奠定了基础。二是，裁判官通过占有令状而赋予对立占有人以现实的物权，这为永租权的确立奠定了基础。布布里其诉讼和占有令状所衍生出来的善意所有权和永租权构建了罗马法上的二元所有权观念。

衡平法在契约变迁史上的作用也很关键。根据梅因的考查，允诺的强制力是债法在慢慢剥离了契约形式要件的同时缓缓植入当事人的观念的，但允诺（简约）摆脱议程之后，市民法没有马上承认它具有契约的效力，于是裁判官同意，如果简约有对价，当事人可以提起衡平法之诉。这在事实上承认简约具有契约之效力，但又不违反实在法的规定，这就是“裁判官法上的简约”。

在梅因看来，衡平法工具的效用最终需要体现在立法工具起作用上。后世之立法取消要式物和略式物、宗亲和血亲的区分，确定交付成为物权让与的方式，确定遗嘱不需要要式买卖的手续、确定允诺具有债的效力，确定物权的二元性，这一切的一切都依靠衡平法对实在法的改革和指引来完成。二元的所有权当然没有全部在成熟罗马法中直接体现，而是部分以限制物权的方式体现——如梅因明确指明的永租权、抵押权——部分被立法者吸收为一元所有权，但无论如何，这也不能抵消衡平法的改革和指引作用。

梅因对衡平法之改革和指引作用的牢牢把握决定了他对自然法思想的复杂感情，他认为罗马人所适用的衡平法工具结出了自然法思想的酸果。由于古代法将家庭视为社会的单元，罗马人所回望的失落的自然法是不存在的，现代自然法所回望的自然状态或展望的天真“梦幻岛”也是不存在的。梅因一边批评罗马人和现代人对自然法的各自妄念，一边总结了自然法通过罗马人的衡平法实践而给改革型社会之进步带来的巨大影响：第一，通过裁判官告示而追求的自然法是救济性的，不会颠覆市民法，也不会僵化市民法，只会让市民法稳稳趋向于万民法之简洁和匀称。只有这一种改革才具有稳健的气质。第二，受罗马法影响的现代自然法思想是空虚的，但它凝练出“人人平等”的政治信条，对法国和美国革命产生了深远的影响。第三,格劳秀斯以古典自然法为基础创设了现代国际法大厦。

本文很难一一列举直接立法工具对于改革型社会进步的具体作用,不过,除了前文所述衡平法最终造成的立法改革之外,还有一些典型的实例值得一提。一是《十二表法》对拟诉弃权的承认,这代表实在法对拟制工具的认可;二是《学说汇纂》提出了特别犯罪行为的概念,这是罗马人对犯罪行为进行分类之累世经验的总结和概括,这种立法成果并不是衡平法工具起作用的结果。这说明直接立法不必然与拟制和衡平法具有因果关系。

4. 衡平法与权利的平衡

梅因反复批判自然法的空想,而他在总结现代自然法思想的影响力时,额外强调这种影响力的广泛性,他指出,自然法思想衍生出"人人平等"之政治信条,但并未用一个字眼来赞美由深入人心的此等观念所引发的法国大革命本身。可以说,梅因热爱改革性的衡平法,而讨厌颠覆性的现代自然法。是什么造成了改革性的衡平法与颠覆性的自然法之对立呢?对此,梅因没有正面回答。本文认为,衡平法带来的土地二元所有权观念可能是一个原因。梅因在第八章中赞赏罗马法对所有权的二分法,认为永租权中体现的二元所有权观念为封建制度下领主和封臣的二元所有权奠定了基础。法国大革命为什么会发生?托克维尔敏锐地观察到其中一个因素。他说,一般人认为法国大革命造成了将土地分给人民之后果,但实情却是,农民在大革命之前已经拥有了土地所有权,只是,领主虽然失去了土地所有权,也失去了政治权力,但农民依然对他们履行着沉重的封建役务。[16] 显然,领主和封臣的二元土

〔16〕 参见[法]托克维尔:《旧制度与大革命》,冯棠译,商务印书馆 1997 年版,第 64~73 页。

地所有权已经消失了,从偏向领主转而偏向封臣,但领主却在土地所有权之外维持着经济特权。这带来了社会心理上的普遍失衡,具体而言就是大量土地所有权人的普遍心理失衡。

梅因在第七章讨论长子继承制时指出英国土地法与封建制度的亲密性。这种亲密性带来什么后果呢?梅特兰认为,中世纪的土地法是英国公法的基础。[17] 简单地说,二元所有权是1215年《大宪章》第14条规定议事召集方式[18]的社会基础,而该条的规定又是1295年英国议会成立的历史基础。[19] 可以说,封臣以二元所有权为倚背,稳稳参与政治协商,各个人群的权利趋向于一种平衡状态。[20] 也许这能够解释法国式大革命没有在英国发生。限于篇幅,以上只是局部性的探讨,可能不具有全局视野,但衡平法思维下的二元所有权与大陆物权法可能会形成价值上的分野。二元所有权体现了分权观,而一元所有权极有可能展现出对权利专一归属的推崇,形成了孟勤国所谓“拜所有权教”[21]的迷信。对绝对物权(不管其主体是谁)的崇拜,容易引发争吵,一个例子是法国大革命,另一个例子是我国物权法制定中的公开信事件。家庭联产承包责任制的推行具有“梅因式衡平法”的功能,它放松了农村土地

---

〔17〕 Frederic William Maitland, *The Constitutional History of England*, Cambridge University Press, 1908, p. 38.

〔18〕 1215年《大宪章》第14条规定:“为实现评估封建协助金(前条所列三种情形除外)或军役替代税金额之共议,国王应以函文逐一召集大主教、主教、修道院长、伯爵、较大的男爵,还应至少提前40天通过郡长和百户长而将直接封臣于确定的日期统一召集至确定的地点。全部召集函均应列明召集之缘由。国王召集之后,即便有人不奉召,列席的人员亦当议定日期,以推动前述事项。”此处参考了霍尔特以拉丁文为底本所进行的英文翻译。See J. C. Holt, *Magna Carta*, Cambridge University Press, 1965, pp. 321 – 323.

〔19〕 Maitland, *supra* note 17, pp. 74 – 75.

〔20〕 读者如对从二元所有权到英国议会成形之历史过程感兴趣,可参阅拙文《〈大宪章〉的私法属性及其意义》。

〔21〕 孟勤国:《物权二元结构论——中国物权制度的理论重构》,人民法院出版社2004年版,第7页。

的集体所有权,实现了土地耕收孳息“从公社到家庭”的进步,并且这种进步为《物权法》所吸收。从这个权利形态出发,《物权法》对限制物权的规定实质上就是对二元所有权的承认。好比是“一中各表”的表述人一样,对限制物权进行衡平法解读的解读人与“拜所有权教”的教众可以对同一台物权法作出符合各自口味的解读,前者取了忒弥斯的天平,后者夺了她的长剑,拿她的青布蒙住世人的眼。前者像董彦斌所形容的“走不出洪流”〔22〕的邹泮芹,后者像1793年的巴黎市民,又像1793年的中国皇帝。一旦后者所代表的观念具备普遍性,革命就随之而来。

四、“从身份到契约”与民法体系

1.“从身份到契约”适用的法律部门

梅因在第五章的结尾总结出“从身份到契约”的演化规律。我们已经在前文简述了第五章的内容。很显然,梅因检讨的是人法变迁史,是妻、子、奴隶从家长权中解放的过程,梅因的讨论分两个层面,财产和人身层面。妻、子、奴隶慢慢取得人身自由和财产自由的过程就是家庭关系现代化的过程。按照梅因在第九章所体现的契约观,契约应当是具有强制力的允诺,这种强制力像一根束带或一条法锁强行将人与人牵系起来。在家人解放之前,家人与家人之间只靠家长权的强制力所牵系,契约起不到强制牵系作用。在家人解放之后,家人和家人之间需要依靠契约牵系起来:家主与奴隶的关系变成主仆契约关系,适婚女子通过契约来结婚,家长与成年子女通过契约牵系起来。梅因只想表述家人之间的契约关系,而不涉及家人与外人的契约关系。根据梅因的观点,在家人解

〔22〕 董彦斌:《现代法政的起源:1900—1919》,法律出版社2015年版,第235页。

放之前,家长和家长之间本身就依靠契约关系所牵系。梅因在契约变迁史中认为,从铜秤式买卖中分离出要式买卖制度和契约观念,此时,这种观念还不能在名称上称为契约,它只是未履行钱款之支付的铜秤式买卖。这种买卖只有家长可以进行。所以梅因总结“从身份到契约”演化规律时,原本只希望用它来表述人法在改革型社会中的转型。

这样的结论让人特别失望。如果还不死心,我们可以检查“从身份到契约”演化规律是否通用于其他法律部门的变迁史。先看契约。显然,根据梅因的考察,契约的变迁是一个从充满高度议程感的允诺演变成纯粹允诺的过程。上一段也讲了,家长在家人解放之前和之后都是可以立约的。虽然契约和要式买卖是从铜秤式买卖中分离出来的,但分离之前和之后都只能由家长进行操作。这里没有讨论妻、子、奴隶“从身份到契约”的余地。继承制度变迁史首先分析遗嘱的功能是传承家庙,其次指出法定继承的效力大于遗嘱,最后梳理遗嘱形式的简化过程。这个过程依靠了衡平法和直接立法的力量。作者又讨论了衡平法对法定继承制度的改革和长子继承制的变迁。这些与契约的关系很小。物权变迁史先讨论了物权的起源,接着讨论了物权由村社或宗族共有的古制,并指出这导致物权流转的困难。作者接着考察了物权流转困难程度减轻的过程及其对封建制度的影响。在考察物权流转便捷化过程时,没有指出契约的功能,只是强调拟制、衡平法、直接立法工具的交叉作用。在刑法变迁史中,犯罪行为慢慢从不法行为中分离和归类,罗马人依靠经验而通过立法工具不断总结出犯罪学理论,使之与侵权法相区别。

“从身份到契约”原本不是梅因在《古代法》一书中最热爱的最高规律,只是凝练地反映了人法的转型。但人可以从家庭中解放出来和自由立约,这个总结实在是过于精妙,它的光芒不仅盖过了梅因的衡平法思想,而且变成了一句类似于"人人生而平等"的政治口号,被人圆熟地、不加节制地套用于对自由和个人主义的乐观向往中。[23] 有人借用这句名言呼吁改革婚姻制度,提出同性婚姻的合法性。[24] 这都在人法领域,也就罢了,但更多学者径自将它解释为政治上的"从奴役到自由",[25] 这可能是梅因在写作时所始料未及的。梅因因为这句名言受到吹捧,当然也就会受到攻击。早在一百多年前,西方人就用劳动法领域的强制赔偿制度作为反例来沾沾自喜地总结出"从契约到身份"的"规律",[26] 这真是颠倒红尘。

话又说回来,对于中国社会,这句名言正是在人法领域才有极其重要的历史意义和现实意义,而这种意义往往被理性所忽视,被道德所轻贱。秦晖教授指出,"五四"以来反爹反妈的人摆脱了家庭小共同体,却投身国家大共同体,这是伪个人主义,对于建立契约式宪政有害无益。[27] 五四青年式的解放也不是稳健的、改革式的,而是暴烈的、法国大革命式的,没有经由梅因所提炼的法律演化工具而渐进完成。他们好似逃出种植园的黑奴,社会观念还一度还认为他具有奴隶的身份。后来,这种狂风暴雨般的社会运动

---

〔23〕 Stephen Nayak - Young, *Revising the Roles of Master and Servant: A Theory of Work Law*, 17, U. Pa. J. Bus. L, 1233 (2015).

〔24〕 Schwenzer, *Editorial: the Evolution of Family Law—from Status to Contract and Relation*, 3 E. J. L. R. 199 (2001).

〔25〕 如庞德认为,美国整体社会观念都将法律上的"从身份到契约"解读为政治上的"从奴役到自由"。参见庞德,前引书,第 166 页。波洛克也认为梅因这句话表达出一种政治上的个人主义。See Pollock, *supra* note 12, p. 424.

〔26〕 Dicey, "Law and Public Opinion in England", p. 283, noted from Pollock, *supra* note 12, p. 425.

〔27〕 参见秦晖:《秦晖对话刘仲敬:如何摆脱大共同体至上的路径依赖》,载共识网:http://www.21ccom.net/articles/thought/bianyan/20150803127519_all.html,最后访问日期:2015 年 8 月 3 日。

与其他观念合力割裂了家人之间的亲情,甚至将他们对立起来,延绵不绝地造成了太多家庭悲剧。这并不符合现代人法的旨趣。梅因指出妻、子、奴隶从家长权中的解放意义,但他并不赞成解构家庭本身。卡拉卡拉敕令赋予所有臣民以市民籍,对此,梅因在第五章中评价道,其更大的意义不在于对社会进步的推动,而在于家庭关系因此变得紧密。梅因在第七章中批评不近人情的法定继承制度时认为家庭就是要相亲相爱,共享天伦。从家长权中解放出来这种社会进步情态不代表家人之间一定要彼此“拉黑”,甚至彼此仇视,相反,他们应当彼此“点赞”,相亲相爱。还有一点要说明,脱身小共同体,投身大共同体,只是换了一个家长来操纵,这位五四青年一样缺少人身自由和财产自由,梅因从人身和财产两个层面所展示的社会运动没有一个层面在五四青年身上实现过。

在当下,主政者出于养老义务家庭化的考虑,重提孝道,甚至闹出了赞美“郭巨埋儿”之精神垃圾的宣传丑闻,这种一半“反五四式”的宣扬让人进入家子身份和子民身份的双重藩篱。未成年子女继续成为家长的财产,家长可以站在道德高地虐待他、侮辱他,甚至杀害他。“听话”的成年子女被家长的精神所强制,没有择校、择业、择偶的自由,只好用道德的麻醉剂或兴奋剂忘记伤痛,像方鸿渐接受周淑英一样嘲笑“世间哪有恋爱?压根儿是生殖冲动”,[28]或者,他们又在父母因为自己的牺牲而接纳自己、感谢自己的渺茫期待中苟延残喘。

2. 从身份到什么契约?

我们已经从前文对《古代法》的解剖中发现,梅因对他所查看的各个法律部门变迁史的分类代表了他对民法体系的看法,即他

〔28〕 钱钟书:《围城》,人民文学出版社1991年版,第8页。

认为民法包括人法、继承法、物权法和契约法。关于这一点,另一个证据更为直接,他在第十章中说:“为文明社会所践行的民事法律部门十有八九倒是由人法、物权法、继承法和契约法所构成。”这只是形式化的论证,不涉及梅因的逻辑内核。初观之,梅因的民法体系观是法学阶梯式的。《盖尤斯法学阶梯》对民法的分类即人、财产、讼,财产又分为物权、债权(契约和私犯)、继承。[29]《优士丁尼法学阶梯》也说:“我们所有的法或者涉及人,或者涉及物,或者涉及诉讼。”[30]这与《盖尤斯法学阶梯》的体系相一致。《古代法》一书处处都讨论程序法,裁判官法中相当多的内容都具有衡平法之精妙,这在前文已经反复说明,但该书将作为法律部门的诉讼法舍弃了。现代法本身就将程序法从实体法中独立出来,故梅因的操作方式无可厚非。梅因又为债法中的契约、侵权(有关刑法的专章讨论的是侵权行为与犯罪行为从重合到分离的过程,从这个意义上说,这也是侵权法的专章)各设一章,为人法、物权法各设一章,为继承法设了两章。尽管如此,梅因在契约远史中反复认为契约和侵权都受到债法之法锁强制力的牵系,他说:“法锁这一形象通贯了罗马法上的契约和侵权的每一角落,大增其色。”这样看来,梅因心目中的民法体系应当是由人法、物权、债权、继承构成。另一个问题:梅因在第五章讨论的人法属于法国式的人编还是德国式的亲属编?在看到《古代法》第五章对家庭中的人身和财产问题所进行的通盘讨论之后,熟悉《法国民法典》和《德国民法典》的人很容易回答,他说的就是亲属法,是德国式的。截至 2015 年 10 月

---

〔29〕 参见[古罗马]盖尤斯:《盖尤斯法学阶梯》,黄风译,中国政法大学出版社 2008 年版。

〔30〕 [英]巴里·尼古拉斯:《罗马法概论》,黄风译,法律出版社 2010 年版,第 55 页。

17日修订，《法国民法典》的人编中只涉及家庭人身关系，而家庭财产关系体现在第三编"取得财产的各种方法"中，[31]而这种分拆不令德国人满意。[32]《德国民法典》的亲属编既包括婚姻人身关系又包括财产关系。[33]

所以，实际上看，梅因将法律演化工具理论分别运用到了亲属法、继承法、物权法和债法上，如此解析，梅因所遵循的民法体系已经接近潘德克顿式。根据本文之前的表述，庞德认为"从身份到契约"中的"契约"是法律行为，包括物权行为和债权合同。如果庞德的观点为真，那么，梅因就变成了潘德克顿体系的拥趸。这不符合梅因的本意。在考察契约的起源时，梅因认为，如果在铜秤式买卖手续完成之后，买受人尚未付款，罗马人开始一直将他拟制为债务奴隶，直至债务清偿，于是，物之交付手续变成要式买卖，而这一债务未得清偿的铜秤式买卖变成契约。波洛克在任职牛津大学的演讲中说，萨维尼将口头契约从物权让与制度中演绎出来了，而对于梅因而言，萨维尼的演绎是结论性的。[34] 本文大胆认为梅因不仅与萨维尼不同，而且比萨维尼走得更远。在梅因的考察中，铜秤式买卖、铜秤式遗嘱以及要式买卖都经历了一个去形式化的历史过程，在这种过程之后，它们分别演化成现代意义上的契约、遗嘱和交付。梅因从来没有说交付是物权合同、物权行为或任何意义上

---

〔31〕 读者可访问法国政府公布法律的官方网站 légifrance（http://legifrance.gouv.fr）。

〔32〕 参见［德］K. 茨威格特、H. 克茨：《比较法总论》，潘汉典、米健、高鸿钧、贺卫方译，法律出版社2003年版，第142～143页。

〔33〕 参见《德国民法典》（第3版），陈卫佐译注，法律出版社2010年版，第413～461页。

〔34〕 See Sir M. E. Grant Duff, *Sir Henry Maine: A Brief Memoir of His Life*, Henry Holt & Company, 1892, p. 21.

的契约，而且，即便交付、遗嘱和契约具有同一个祖宗，它们经过历史的沉积之后也变成了不同的观念。这就像梅因说的，家长权的粗糙观念在后世引发出夫权、买主权等不同观念，我们不能还说它们仍然具有现实的同质性。从历史演化意义上看，即便萨维尼得出口头契约脱胎于物权让与制度的结论，也不能就此认为现代社会依然可以接受物权合同或曰物权行为这种法律行为的存在。法律行为的价值之魂是意思自治，落脚点在自治，但在梅因那里，契约的灵魂是带有法律强制力的自由允诺，落脚点在法锁。

本文因此大胆认为，庞德对“从身份到契约”中的“契约”的理解是不正确的，作为《德国民法典》总则编“精神领袖”的法律行为不能被梅因所认同。如果让梅因提出民法体系，他极有可能提出一个序编，然后依次陈列亲属、继承、物权、债权，它接近潘德克顿体系，但不具有“提取公因式”式的法律行为学说之内核。

五、结语

为了解读“从身份到契约”的内核和适用范围，本文以两大体系——梅因的法律演化工具理论体系和梅因所认可的民法体系——为线索，对《古代法》的内容予以笔记和解构。“从身份到契约”原本只能适用于亲属法的演化和转型，但它由于契合了政治上的个人主义和自由主义思想而接受了更热烈的掌声，适用于更大的领域。也正因为这份误读，人们也有理由在法律领域反对它的正确性和普适性。此外，它只能是改革型社会的产物，其他社会要实现这个目标，需要适用救济式的衡平法来改革实在法，而不应当动辄推翻旧法统，建立新世界。

前述笔记和解构无法照顾梅因的每一处奇思妙想，肯定没有《古代法》一书的内容本身发人深省。在阅读全书后，对民法、刑法、国际法、西方法律史、法理学、比较法、哲学、政治学感兴趣的读者当更有所获,而且可能引起与本文观点相辩论的欲望,而这些愉悦感都是如梅因一样伟大的思想家留给世人之精神财富所带来的。

郭 亮
2015 年 11 月 9 日

梅因小传*

郭　亮

缅怀

亨利·萨姆纳·梅因爵士

衔印度之星第二级爵士勋章、法兰西学院外籍院士、

剑桥大学法学博士、牛津大学罗马法学博士

他于1829年以奖学金获得者身份进入我校学习,并于1840年以我校奖学金获得者身份直通剑桥大学彭布罗克学院。在剑桥学业出众,获最高学位,并被推选为三一学院的本科生导师。不假时日,于1847年起在剑桥担当罗马法教授。1850年被著名的林肯律师公会和中殿律师公会召任出庭律师,不时在中殿律师公会诵讲法理学

---

* 本文据格兰特·达夫爵士的著述《梅因爵士小传》编译而成。该书与本《古代法》的翻译底本同出于一家书社,即位于纽约的亨利 · 霍尔特出版公司。该书除了对梅因生平进行介绍,还收录了他大量的讲演。See Sir M. E. Grant Duff, *Sir Henry Maine: A Brief Memoir of His Life*, Henry Holt & Company, 1892.

和罗马法。1861 年出版巨著《古代法》。1862 年,当逢英国法之立法和司法改革在印度最为关键的时刻,受邀而远奔,成为印度总督最高议事会的法律专员。在此期间被推选为加尔各答大学校长。1869 年返英格兰,被推选为牛津大学法理学教授。据 1870 年一份议会特别法案而被任命为位于伦敦的印度参事会之终身会员。1877 年被一致推举为剑桥三一学院院长。1883 年成为法兰西学院外籍院士。1887 年被推举为剑桥大学国际法教授;同年成为彭布罗克学院荣誉教授。

当逢学术劲头正足之时,他却于 1888 年 2 月 3 日在戛纳突然谢世:基督公学失去了一位杰出的儿子,英国失去了一位著名的法学家和立法者,文坛失去了一位泰斗。

校管及当年获得奖学金的学子众人一力,合立此碑,以向后学晚辈申明此一格言,曰:——

"功成与荣光乃辛劳与神迹所诞。"〔1〕

以上是英国基督公学一篇纪念梅因的碑文,它像是一篇简历,总结了梅因一生所历之灿烂与荣光,对于中国读者了解他的人生维度有所裨益。事实上,要让他的形象丰满起来,还有其他脉络可以同参。

格兰特·达夫爵士在其著作《梅因爵士小传》中评价梅因说,他的一生波澜不惊,无甚大事可记。他从不树敌,周遭之人对他的回忆没有阴云。又说,梅因的职业生涯献言法学、政治和时事,是一出五幕剧:剑桥、伦敦、印度、伦敦与牛津、伦敦与剑桥。但这出

〔1〕 语出埃斯库罗斯。

五幕剧既无跌宕起伏的场景,亦无惊心动魄的剧情。

梅因于1822年8月15日生于苏格兰边境雷顿附近的小镇凯尔索。他最早生活在泽西。家道艰难之事很快来临,他被带到英格兰,由其母埃莉莎带大。一位年事已高的亲戚向达夫爵士回忆道,梅因两岁时,长得很俊俏,有着金色的卷发和蓝色的双眸。这位亲戚又说,母亲和姨妈对他很是溺爱,一次,由于喂食鸦片的剂量过大,两岁的梅因险些夭折。

1829年,梅因的祖父时任切斯特城主教,他一力促成7岁的梅因进入基督公学。梅因在此度过了11载的光阴。前文的碑文内容可以证明,梅因在基督公学即崭露头角。

1840年,梅因18岁,他以基督公学奖学金获得者身份而负笈剑桥大学的彭布罗克学院。在本科阶段,他的成绩格外优秀。入学次年,他便被选入该院基金会的奖学金获得名单。第三年,他因一首英诗而荣膺校长奖章、一首拉丁文六步格诗而获卡姆登奖、一首拉丁文颂歌而获布朗恩奖。1843年,又因一首拉丁文颂歌和一首以希腊文和拉丁文混写的诙谐短诗而两度获得布朗恩奖;该年,他还获得校级奖学金克雷文奖。

关于梅因对于诗文的体会,可从他在加尔各答大学对孟买学生的讲演中获得。梅因认为,本土学生写英诗,失败的原因往往是"诗人的意识过于清楚,行文过于刻意"。他又说:

"外国人要写好英诗,应遵从英国人自己遵从且应当遵从的黄金法则,这条法则就是,千万不要刻意想着好好写。没有人在想用力写好的过程中真正写好过。你们应当关注的是自己的思想,而不是措辞。你们如果有了清楚而形象的思想,只要受过良好的教育,好的语句自然跟随而来。只要看看英语大师写的东西,你们就能发现我讲的都是实话。翻阅莎翁的诗篇,深入其诗行和技巧的里层，你们当发现，它所负载的，满满都是思想。所以，你们要仰仗的是思想，思想与所有时代同在，与所有作家同在。”

1844 年，梅因以优异成绩获得学士学位，不过，彼时的彭布罗克学院没有出缺的教师职位，他便受邀去三一学院担当本科生导师。任职两年后，1847 年，他以 25 岁的低龄升任罗马法教授。

富兰克林·勒欣顿先生回忆 1844 ~ 1847 年的岁月时说：

“那些年熟悉梅因的专业课的人不会忘记他的面容和形象。他有些虚弱和柔弱，但浑身都流淌着敏锐的力量。他个性鲜明，表达准确，集中火力开讲专题。他的思维优雅而不乏力，他的情绪开朗而不失控。他唯一不该的地方就是蜡烛点得过快。他总在不停地工作，也不调养身体。虽说他兴趣广泛，是个快乐的玩伴，但别人很难把他从书斋里拉拽出来。”

美国人布里斯特德先生在其著述《我在英国上大学的五年》中写道：

“这个老师这么年轻，比我还小两岁，又是教师队伍里的新鲜人，我很好奇，想看看他的课上得怎么样。都说他很聪明，我倒要看看他的聪明能不能起点作用。结果，我的怀疑一扫而空，他讲得比我想象中好得多。他的授业能力非同寻常，往往对要点一击而中。他纠正学生的方式让人永生难忘。在写作上，他教会了我许多赏心悦目的表达。总之，跟着他，我觉得自己天天向上。”

1847 年，梅因迎娶了其堂妹简·梅因小姐。成婚之后，他必须要作出积极的职业规划。1850 年，律协召任他为出庭律师。在加入律协之前，有记录可查的是，自 1841 年起，梅因便定期给报社写时评，彼时他年方 19 岁。他撰写了大量有关法国政治的文章。在政治上,他倾向于自由党[2]。

1852年,出庭律师公会决定效仿牛津和剑桥的重大改革。他们在罗马法与法理学、不动产法、衡平法、普通法以及宪法这五个领域任命了五位诵讲人。诵讲人给学徒授课,并布置书籍给学徒阅读。学徒一年可以考试三次,考试内容便是诵讲人的讲课内容。学徒成绩优异的,可获得公会设立的奖学金。

《梅因爵士小传》的作者格兰特·达夫爵士正因为参加考试而于1853年春结识了梅因。他说,他认真听了好几年梅因的讲座。梅因的公开演讲在伦敦最显贵气的地点之一——中殿公会大厅举行。听说莎翁的《第十二夜》就曾在此首演。梅因是最受推崇的诵讲人。他的嗓音极其洪亮,而诵讲的方式极尽透亮,每每以完美的要义作结。这些讲义中的若干精华成就了他于1861年献给全世界的巨著《古代法》。他的不公开演讲主要内容是《盖尤斯法学阶梯》。梅因在这段期间留给格兰特·达夫爵士最为鲜明的印象便是其外表之虚弱和思想之有力的强烈对比。他大病初愈,但其演讲的内容却格外明艳、活泼而果断。几百码[3]之外就能吸引人过去听。他有本事将任何题目上升到一定高度。

梅因在普通法领域和诺福克郡巡回区短暂地执业过,后转至衡平法领域。在执业期间,他屡屡为疾患所累,不能像其他全职律师一般的投入工作。

1855年11月3日,《星期六评论报》开刊。该报是一份文学、科学、政治与艺术评论的周报,其供稿人包括萧伯纳、王尔德等文学巨匠。已于1938年停刊。梅因在第一期就为其供稿,自此,梅因与该报结下不解之缘。虽然梅因于1856年在《剑桥论丛》发表了

---

〔2〕 前身辉格党。

〔3〕 一百码约等于91.44米。

一篇影响力很大的有关罗马法与法学教育的专文，但在 1855～1861 年，他与公众接触的主要渠道是《星期六评论报》。1861 年发生的一件事情使 39 岁的梅因从该报的一班供稿人中越众而出：《古代法》出版了。

《古代法》的出版很快就取得了巨大的成功。该书刚出版时，有两篇评论文章让梅因感到很快乐，其中一篇对该书的内容解读得十分准确，而另一篇对该书提出的问题进行了充分讨论。前者由一位匿名人士发表在《苏格兰人报》上；后者是梅因的学生和朋友弗雷德里克·哈里森，他是英国有名的法学家和历史学家。

达夫爵士的话有些夸张，他说，50 岁以下的法学爱好者很难搞懂《古代法》。他又说，有些学界大拿认为，虽然《古代法》开辟了英国法学教育的一个时代，虽然过了一代又一代，但即便梅因在 20 世纪重写，该书的结论依旧几乎不需要改动。弗雷德里克·波洛克爵士〔4〕有一次在牛津演讲时说：

"梅因的著述显然已成为教科书。但如果仅仅将《古代法》作为教科书来读，我们将失其价值的大半。该书领风气之先而采用比较法的方法，对此，我们这代人已经熟悉，在这个意义上，该书具有永恒的价值。这本书的主要例证都来自罗马法史，他的理由是充分的。在展现罗马法史时，梅因附了既往罗马法大家之骥尾，他的理由同样是充分的，因为，即便他具有褒贬既有之通说的品尚和喜好，但他只能对罗马法的历史问题作出评述，唯有如此才能达到他驳斥通说的目的。1861 年，很少有人像梅因一样作出历史推断或假设。如今来看，保险一点说，他的推断确有一二处错误。学生阅读该书时应该对其中一些说法存疑，但是，如果他对梅因有关契

---

〔4〕 弗雷德里克·波洛克爵士为《古代法》写了序介。详后。

约远史的论述弃之不理,却比尽信梅因之书更加危险。读到错误信息的,有朝一日会纠正过来,但人在思维脆弱的阶段应当学习大师的治学方法,不然在以后的学术生涯中很难获得。梅因开始写作该书时,尚处在萨维尼强大的阴影之下——他的阴影如今依然存在——梅因也许跟萨维尼曾经谋面——从古罗马的物权让与制度中,萨维尼历史性地将口头契约演绎出来了,对于梅因来说,萨维尼的演绎是结论性的〔5〕。现今人们采用了积极的研究方法,通说认为要式口约的起源当从别处寻得。但这并不影响人们对梅因所关注之现象的普遍兴趣,为此,无论罗马式要式口约的真正起源如何,它的重要性都超越了技术层面,如人们通过关注这一现象而查探出,在漫长的历史过程中,衙官一点一点地开始有权利,也有义务强令当事人实现他们之间的互为允诺。总有一天,我们会发现要式口约的起源,但我们肯定要使用梅因遗留给我们的工具去发现。”

1861 年年底,即《古代法》出版之后的当年年底,国务大臣查尔斯·伍德先生邀请梅因担任印度总督最高议事会的法律专员。梅因咨询了一位大夫,他被认为对英国人在印度之身体状态最有发言权。他说,梅因如果过去,怕是熬不过 3 个月。由此,梅因拒绝了这个工作机会。另一位先生接受了这个职位,却不幸在数月之后身亡。

1862 年,这位国务大臣再次向梅因抛出橄榄枝。这一次,梅因举棋不定,又去问了他的数位朋友。他也咨询了达夫爵士。达夫爵士看出来,梅因前次谢绝了别人的好意,心怀愧意,于是便强烈怂恿梅因过去。达夫爵士解释道,他怂恿梅因过去,并非由于他不

〔5〕 从《古代法》第九章中可以发现萨维尼在此问题上对梅因的影响。这段演讲也证明波洛克不认可萨维尼对物权行为和契约行为的区分。

信任医生的忠告,而是因为,与其在英国图个安稳,倒不如去印度死得光荣。事实证明,这种在出国前的不安是大错特错的。两年半后,梅因从东方回国休假 6 个月,达夫爵士再见到他时,他的状态非常好。不仅如此,他原先在英国时的生活轨迹也并没有打断;他回国的当日,牛津和剑桥俱乐部的老朋友欢聚一堂,继续畅谈以前的话题。

1862 年春,40 岁的梅因启程去了印度。他在印度的 7 年都在协助总督亨利·劳伦斯爵士。在英国的时候,梅因就是一个全心全意为决策人出谋划策的人,这个习惯在印度也得以保留。达夫爵士说,梅因是他所认识的人之中最为尽忠职守的。他主要专注于法律事务,但也在总务上贡献了一些心力。

梅因在印期间制定了 209 个法案,主要摘录如下:

1862 ~ 1863

《统一习惯法》

《商船船员法》

《英属缅甸地方司法官法庭组织法》

1863 ~ 1864

《鞭笞法》

《移民法》

《不动产转让契据备案法》

1864 ~ 1865

《公共承运人法》

《森林法》

《遗嘱继承和无遗嘱继承法》

《高等法院刑事程序法》

《袄教徒婚姻法》

《袄教徒无遗嘱继承法》

1865 ~ 1866

《汇票法》

《公司法》

《邮局法》

《合伙法》

《本土皈依人再婚法》

1866 ~ 1867

《受押人和受托人法》

《旁遮普谋杀暴行法》

《行政长官法》

《印厂规范和印度成书保存法》

《印花税法》

1867 ~ 1868

《传染病法》

1868 ~ 1869

《奥德地租法》

《旁遮普地产保有法》

《离婚法》

梅因不仅立法水平高超,并能抓住立法重点和知人善用。1864 年,梅因将出庭律师公会的学徒惠特利 · 斯托克斯先生邀请到加尔各答。此人后来成为总督亨利 · 劳伦斯的立法事务文秘,也成为梅因起草立法案的左右手。后来,斯托克斯先生超凡的能力得到认可,并成为梅因的后任法律专员。

1869 年,47 岁的梅因自印度还乡。很快,牛津大学便聘他为法理学教授。《东西方之村社》一书于 1871 年出版。该书从他在牛津大学的6篇讲义中脱胎而来。在进行其中一次有关这个题目的演讲时,梅因特地将达夫爵士找去听他讲,热切地想让这个早年在中殿公会听他课的学生评价一下,经过印度这些年,他的士气有没有消磨。达夫爵士说,梅因一点也没有改变,他的嗓音还是那么响亮,文采还是那么洗练,论据还是那么优良。

梅因本不打算出版这些讲义,但有些听众反映说,有些德国学者也在做类似领域的研究,出版这些讲义对他们或许也有益处。

1871年5月,梅因被授予衔印度之星第二级爵士勋章。同年11月,负责印度事务的国务大臣阿盖尔公爵聘他做顾问。

1877年,梅因的人生迎来重大改变。剑桥大学三一学院的院长故世了,梅因被选为继任者。他与剑桥再续前缘,于是很自然地于1878年从牛津大学辞职,并找到了一位分量很足的继任者:弗雷德里克·波洛克爵士。波洛克评价这位前任时说:

"拿破仑立法时,认为孟德斯鸠已经过时。现代学者却不会认为梅因过时,因为现代学者虽然勤勉,却少了一股梅因具有的纯良之气。"

1883年,梅因在离开牛津5年后出版了另一专著《人类早期的法律与习惯》。该书是由他在牛津大学讲义的基础上大量修改而成。

1885年,梅因又出版了一本著作《论平民政府》。该书由他发表于《季度评论》上的四篇文章组成:"平民政府的前景""民主的本质""进步的时代""论美国宪法"。

达夫爵士在印度待了6年,待到1887年7月再次见到梅因时发现,虽然他身体看上去还很健康,但与6年前相比,他已经判若两人。他对周遭之物已经提不起兴致,不大与人说话。1887年冬,梅因拖着病体前往戛纳。

1888 年 2 月 3 日,梅因在戛纳与世长辞,享年 66 岁。

《泰晤士报》说梅因的水准与孟德斯鸠和托克维尔同列,称《古代法》和《物种起源》具有相关性,因为“这两本著作因其令人叹服的进化观而紧紧联系起来”。

梅因去世后的第 8 天,即 1888 年 2 月 11 日,英国的《星期六评论报》刊发了梅因密友的一篇文章,对梅因的性格进行了描述。该文称:《泰晤士报》之前对梅因生平的介绍无疑是准确的;梅因身材高大而匀称,面容坚毅,嗓音洪亮,但《泰晤士报》没有注意到,梅因很虚弱,在其职业生涯的早期便过度透支了身体,这对其整个职业生涯及其性格都产生了很大的影响。到了 40 岁,梅因已然气弱,拖着病体。印度总督邀他担当最高参事会的法律专员,他因身体原因谢绝过一回。他身子弱,这就造成他不能从事工作量大的劳动。在《星期六评论报》工作时,他不能像其他供稿人一样熬夜写稿子。

梅因在事业上取得如此巨大的成就,只因他天赋异禀,分辨能力强,不需要太多身体上的力量以为撑拒。当于其诸多特质之中,最为出彩的是,梅因具有不可思议的理解力和表达力。同是阅读一本大部头著作,常人待读到一百页时,他已完全理解其内容。有人说,若不是他脾气温良、和顺、不紧不慢,那么,他的大脑和神经将永无止境地处于病态的癫狂之中而无法自拔。他的思维敏捷,这一优点对他担当供稿人大有裨益。不管他要写什么题目,他总是很快抓住重点,运笔如飞,而其用语往往像数学一样准确。

文章还说,这些特点也给他带来其他层面的影响。梅因的讲稿和文章总是很精炼,落笔作结,殊无讨论的余地。他的论述总是很宏大和抽象,直击根本,却缺少琐碎的论证。他似乎是透过直观而掌握了真理。

文章又说,梅因快捷的理解力和强势的表达力给不明就里的人一种印象,以为其人是一个浪漫主义的狂热分子。其实不然。在担任印度总督的法律顾问时,梅因从未犯错。他睿智而镇静,谨慎而讲理。

文章最后说,很难评价梅因的品格。他从不对公众施以泛滥的同情心,也不卷入是非。但深入了解其人的,都很亲近他。总有这样一类人,他来过这个世界,于是这个世界的样子就变了。

第10版自序

本书提出的法律史观已得到普遍认同;但有人认为,在第五章"古代社会与古代法"的(边码)第120页,[1]作者援引了荷马史诗的相关诗行,生动地描述了彼时之社会形态,但对之前更为荒蛮的社会形态,作者的考察却有所失当。其实,作者在(边码)第116页已然提及,[2]"身处优等文明的考察者对同时代之劣等文明的阐释"就是上好的证据,可以用来阐明先民社会之形态;不唯如是,作者自1861年本书首版以来的研究工作已经揭示,相较于书中所论之法的发轫时期,甚或有时候相较于更为远古的时期,生番和蛮人的社会组织形态截然不同。说句公道话,这已超出了本书的议题,但他已经就新近的研究成

---

〔1〕 原书错写为第110页。
〔2〕 原书错写为第106页。

果写了一篇论文，题为《论古代社会》，该文发于《人类早期的法律与习惯》一书。

亨利·萨姆纳·梅因

1884 年 11 月于伦敦

第5版自序

就本书所涉之绝大部分议题，作者经深入思忖和探究，尤不改其见解。不过，他也劝服了自己，第一章有关习惯法之起源的话题很是艰深隐涩，而书中的观点需加以校正和修葺。他已经尝试将该等校正和修葺编排到一本名曰《东西方之村社》的著述之中。

亨利·萨姆纳·梅因

1878年12月于伦敦

第 3 版自序

本书第 2 版和第 3 版大抵是对第 1 版的照刊。不过，一些讹误之处还是得到了纠正。

有必要提醒读者，本书初版于 1861 年。自此，作者语及之沙俄农奴、沙俄村社和美利坚黑奴等既存之情状，因沙俄与北美的事变而多不复其用。就相关章节的论据所生之变，读者如去查看变革的后果，或会感到趣味。

亨利 · 萨姆纳 · 梅因

1865 年 11 月于加尔各答

第1版自序

后文的主要目的一是要揭示某些反映于古代法中的人类最早的观念；二是要指出这些观念与现代思想的关系。世上曾出现过一类法，譬如罗马法——当于其古旧之片段中，我们可以分花拂柳，寻到太初的古制；而当于其相对晚近的法律规范里，它又给我们支助了实在法的诸多印记，当今社会尤在受其摆布——倘非这类法的存在，我所为之探研便毫无胜算。世人有必要取罗马法为典型的古代法制度，这就迫得作者从中取用了似乎过多的分析材料；但他的本意不是要写就一本罗马法专著，也尽量避免作如是谈，省得其作品留给别人这般印象。就古罗马法学家的哲学思想，作者在第三章和第四章为其派设了若干位置，起因有二：一是对作者而言，这般思想对人类的知与行所施加的影响力比世人所普遍料想的要广袤得多，也持久得多。二是迄于晚近，相信这般思想一直都是本书所涉之不变观念的终极源头。倘使作者没能就这般思想的滥觞、内蕴和价值而表明己意，他就不可能探微而视远。

亨利·萨姆纳·梅因

1861 年 1 月于伦敦

弗雷德里克·波洛克爵士序介

亨利·梅因爵士的《古代法》现已成经世之文。新鲜学人或欲准确领悟,或图开卷有益,故本次刊行之旨趣在于重现经典,以助前述目的。自初版于1861年而始,悠悠已逾40载;相较从前,梅文具有很强的影响力,学界对法制史的研究更为活跃,体系性更强,果实也越发丰硕了。世人已发掘出大量史料;吾辈也摆脱了对他人之智识的讹传与错解;从前,吾人或以为他人之见浅显直白,要么无足轻重,要么趣味褊狭,总之不值一哂,而如今,也不偏不倚,领略到其在更宽泛知识领域的厚重感。我们因之而收获了许多史料,并有能力对梅文的诸多要点进行确认和补充。若说因这些史料的出土而当对梅文进行若干修改,对法学和史学之演化特征了如指掌的人士仍找不到理由对梅文表示失望。梅文之奇,不在于它因一代又一代学人(的不断探索)而应更改,而在于可改之处实在不多。大概而论,梅文之后的思考和研究已然证实，梅因的思想领袖群雄，万众瞩目，因他所推想的结果一部分得到实际印证，而另一部在他未曾探研的地区找到了簇新的例证以及其预见得以适用的现象。

最能见证梅文之内在分量的，是其作品所遭遇之评论的实质性内容，这般评论不是来自国内，而是来自欧陆的业内人士。这班儒生总在怨天尤人，他们所接受的学术训练总是中规中矩，已经习惯了有始有终的思想体系，进而，他们痴迷于用均衡的力道去夯建这种体系。好了，我们留意到，梅因下笔之时，从未有只言片语向读者发愿，说他要搞一套体系出来，他所有著述中，字里行间从不号称自己要阐明人类法律的终极源头，要解决法律与道德的关系，要将法学与政治学或社会史学联系起来。不过，评论家倒是没有质疑梅因，说他对这一类事情懒怠一试。他们所不满的，是梅因没有把道理说透彻，换言之，他明明得出了结论，却从不斩钉截铁地对之予以宣布。由于梅文没能更加开明宗义一些，他们理所当然就以为是憾事，对此，我却不敢苟同，明确表明立场可能让读者获益良多，也可能令他们一无所得。梅因无法完整地把握各个时空、各种情势和各段史料的关联性，这就决定了他的行文方式，而我相信，他的处理方式是最佳的。如此说来，他的处理方式问心无愧。此外，这些评论家或想着，要让一个专业而克制的学者去恭维一位才华横溢的外行，那这种恭维不免过于廉价。不过，对梅文也存在截然相反的真切评论。有人说，梅因证明自己是一代宗师，相应地，无论是其研究方法，还是其研究成果都适用了最高和最严的水准。请让我们从 Dareste[1] 或 Vanni 转向《古代法》第 1 版的自序。他在坦陈自己的学术目标时，刻意运用了谦卑的措辞，这令你我惊奇不

〔1〕 可能指法国法史学家 Rodolphe Dareste(1824 ~ 1911)，他对梅因的作品给予很高的赞誉。

已:“后文的主要目的一是要揭示某些反映于古代法中的人类最早的观念,二是要指出这些观念与现代思想的关系。”与之类似,在首次将有关村社制度的讲义出版时,他因架残构缺而表达出歉疚之情;后来,当于盛名之下,他轻描淡写地说,他撰书《人类早期的法律与习惯》,不过是想费力“将现有制度的一部分与人类古代社会或远古时代之习惯法及其相关观念联系起来”。应当留意,在否定权威和主张古时何等习惯属于古代社会时,梅因是谨慎的——这一点,他的拥趸偶尔会疏忽,而其他学说的领军人物常常更会疏忽。

梅文气象雍容,行文揶揄,内容收敛,就它对法学和史学的作为,后学晚辈初次接触时,很难形成一个大概的认知。就这个问题,我们不能指望从梅因处得到回答,不过,我们也不应羁于保留之态,应当说,梅因至少首次总结了法的自然变迁史。一方面,他示知到,好比生物的种属,法律观念和法律制度都有实在的演化进程,而每一个演化阶段,它们自有其常性;另一方面,他又明确指出,这般进程有其分别研习的价值和必要性,世人不应视之为社会通史的偶发情态。史学界怨声载道,称法律人一概轻视历史学方法。这种怨怼之心常常显得矫枉过正。弗里曼[2]说:“令祸难也降于汝身吧! 尔辈法律人!”[3]——我不清楚他这番言论是否已被印成铅字,但我听到他说起过——25 年或 30 年前,有关中世纪制度的伪说仍在史学界大行其道,于是他痛心疾首,作如是言。不过,梅因已经教诲我们,要令法律人具有史学的思维习惯,应告诉他们,法自有其重大演化轨迹,并不全囿于法政或法宪层面的演化,不唯如是,法还为历史学方法和比较方法的适用提供了广阔的天

---

〔2〕 可能指代英国历史学家 Edward Augustus Freeman(1823 - 1892)。

〔3〕 原文是“Woe unto you also, ye lawyers!” 语出《新约》之《路加福音》。

地。一旦法律人掌握这一点,他便能反客为主地指出,倘使历史学家并不满足于仅做一名史实文抄公,想要有所作为,当对法律思想史和法制史了然于心。我们若从稍具历史意义的往昔开始回溯现代法制的成长历程,当发觉法律因素(在社会通史中)的重要性非但没有减弱,反倒是加强了。继梅因之后,他人也证实了这一点,但在梅因之前,持此见者尚无一人。由于梅因的见解已为众多教师所接受,并已成通说,所以,现在的人很容易瞧低他的原创性。倘若对梅因在历史法学上的贡献抱有疑虑,任何学人都可以自问,在《古代法》问世之前,何等法学或史学著述曾对如下领域有过或者差强人意或者独树一帜的钻研:在远古社会,仅仅是法的现实存在性便令人生了敬畏之心;古代法的形式主义有何要义;在各个古法统中,程序法优先于实体法;古今法律观之大异若何;在现代社会早期,〔4〕公民的遗嘱处分权和契约自由是如何发展的;真正的刑事制度是如何在近现代社会出现的。如今可以说"人人皆得种子",但若要遗忘开垦和播种之人,对他们是不公平的。我们或可去犁耕夫子未垦之地,可牵来一头更为壮实的公牛,将其轭于犁头,但这犁毕竟属于夫子。

为达其撰述《古代法》之目的,换言之,他在相关讲义的准备、修改和付梓之时(请参阅《人类早期的法律与习惯》第 194 页),梅因手边有什么可供参详的资料?如今,你我能够恰如其分地考察出一个脉络。就此,我们倘若取用 19 世纪中叶英伦学子所处的法学和史学的学术环境,应无大碍;彼时,他们鲜有在欧陆觅得一张课桌者。

---

〔4〕 应当说明,西方法学家所谓"现代"指代的是中世纪之后的年代。

首先,萨维尼彼时尚在人世,正执罗马法之牛耳,是历史法学派的主要创建人。当时,历史法学派在德意志大行其道,并已开始在他国风行。萨维尼及其同行,还有他的第一代弟子,这些人的著述言必称罗马,鲜有对各个古法统进行比较研究的,故比较研究方法必然不成气候。这或能解释何以萨维尼的一些学说经不起检验。彼时,鲁道夫·冯·耶林崭露头角,他天赋异禀,举世罕有,其著述和气质在同代人中最接近梅因。他有关法的古今变迁史的一些观点与梅因不谋而合,这让人惊讶不已。比如说,他们都认为,一切的法统,只要追溯至远古,都能发觉其源头,且这些源头都由本民族自发形成,而非外人所强加。我们能肯定,这些见解无从借鉴。在耶林的大作《罗马法的精神》问世之前,梅因就已经形成了自己的见解;而即便耶林有这个时间差,也无从参考梅因的著述,因为我结识耶林之时,他的英语并不纯熟。

从前,我们的母语中若是出现了罗马法文献,这既不时髦,又为人所鄙,很少有例外。而英语教科书中偶尔出现的罗马法资料常常过于粗糙,不合时宜,舛错百出。就此,布莱克斯通犯过一些大错。《古代法》出版多年之后,这种情况并未改观。如今的情形大为不同。缪尔黑德(Muivhead)、波斯特、莫伊尔博士、罗比博士、格里尼奇博士用我们的母语为登堂入室者和高阶学人多多施予了上佳的惠助。经莱德利先生的学术传译,学人便可以拜读索姆[5]的《罗马法教科书》[6]。吉拉德教授的《罗马法初级手册》(1901年第3版),别看他标题起的这么谦逊,其实这是一本最高深、最全面,同时也是最新出版的罗马法专著。读者应当明白,正如梅因在《古代法》第1版自序中所谨慎解释的,他虽涉及罗马法内容,但本

〔5〕 即 Rudolf Sohm,德国法学家、神学家和基督教史学家。

〔6〕 该英译本于1892年由牛津大学出版社出版。

意不是要写就一本罗马法专著。其实,梅因在《古代法》中提及大量罗马法内容,是假定读者已经找到了《优士丁尼法学阶梯》之善本,并已经掌握了入门知识。由此,若指望梅文对其罗马法内容从特定角度进行详释,这将是虚妄的,也是失当的。倘使读者想拿梅文直接作为罗马法的课本和释义,而非指南和帮手,一定会走火入魔。此外,梅因在书中采了当时罗马法史最高权威之通说;这般学说虽已为后世蠲弃,但我们也不应因此而对梅因攻讦有加。

彼时,对古日耳曼法的研究已达相当程度,相关材料正在英格兰静候科学的评述;而欧陆的学究对其价值和重要性还是懵懵懂懂。另一方面,以约翰·米切尔·肯布尔[7]为首的学者将这般研究成果介绍给英伦读者,但他们是现代英格兰法的"门外汉",也施展不出手段,将晚近或中古英格兰史与其古制中的重大节点关联起来。于是,虽然英格兰专业学者以及16世纪和17世纪的考据派收罗了海量信息,但无人正经一试,予以遴选;他们的辛劳绝对担得起世间一切的溢美之辞;他们的真知灼见累世而成大器,担得起这份传承。你我不应由于梅因不是专门的考据派而怪他没有亲力亲为。梅因的所作所为其实指明了考据派研究的正道,同时也将其从浅尝辄止的好奇状态中挽救出来。

我们对英格兰法律史的掌握一度非常残缺,我们的所知都被近现代早期的大块形式主义所掩蔽。虽然布莱克斯通的著述在方法和布局上出现了多处刺眼的纰漏——当然,这种纰漏是彼时之通病——但布氏仍为人所共敬,彼时应向他学习的太多了[如今仍有太多向他学习的地方]。然而,彼时之人,即便是法律人,也少有专心致志地通读其作品的。人若要探究13世纪之前的时代,找他

---

[7] John Mitchell Kemble (1807 ~ 1857),英国历史学家,著有《盎格鲁—撒克逊人》。

做向导并不安心。在《大宪章》签署之前[我在此处尽量指向远古],不管在浓黑的云层下堆砌了何物,能穿透这云端的绚烂光芒惟属于肯布尔和帕尔格雷夫。[8] 进一步说,这些光芒主要洒落在普通法的法政和法宪层面,而余留的特定古制仍旧处于阴霾之下,可偏偏是这些古制,我们如今却视之为法律史上的里程碑。帕尔格雷夫其人放浪形骸,天马行空,肯布尔动辄暴跳如雷;这二人的著述[虽说不能对它们的丰功伟绩言过其实]不免犯下明显的讹谬;考虑到这些作品在彼时的创新性,那么,存在讹谬便不足为奇了。在法学的每一个部门,彼时很少出现言之成理、行文优美而布局合理的作品;在有些领域,干脆就付之阙如。唯一能寻到差强人意的史学家的领域就是宪法[即便如此,与其说他们的观点是法学的,倒不如说是政治学的]。总体而言,在 12 世纪前,英格兰法律史领域中没有研究者,而 12 世纪后的英格兰法律史知识都是布莱克斯通遗留下来的。世人对法律史漠不关心,兼之研习者有其切身的难处,于是,虽说人们不必深入思考,只要稍加琢磨,便能发觉他人之见解有误,可律师和法官,即便他们有真才实学,也乐得接受人家浅薄的说辞。尤其要说明一点,彼时存在一种倾向,要夸大罗马法对英格兰法的影响力;世人作如是观,必然有其花哨的借口。也许正因有了肯布尔的认知能力,梅因才免受讹传之累,免遭劫难。[9] 显然,梅因在书写《古代法》一书时,英格兰法律史的史料摆放无序,若要拿来做史学上的归纳和比较,会费力而不讨好。梅因别无他法,只好弃用大部,以其小部为相对稳妥的地基,来夯建自己的学说大厦。

彼时,东方研究者对亚洲法多少了解一些,但他们手头仅有阿

---

〔8〕 Francis Palgrave(1788 ~ 1861),英国历史学家,著有《英格兰史》。

〔9〕 梅因在本书第十章有三处援引了他的《盎格鲁—撒克逊人》。

语或梵语文献。此外,不列颠向印度外派了不少衙官和公人,他们有责任去认识枝枝蔓蔓的印度法和伊斯兰法,以备世俗审判庭之用;不过,这不过是为了司法的需要而为之。威廉·琼斯爵士能将实践知识与理论结合起来,而他只是一个瑰奇的范例,少有跟行之人,可以想象,有力量跟行的也不多。至于摩西律法,彼时人人都听说正教和邪教史之间横亘着一道不可逾越的天险。在英语国家,《旧约》的传播完整而广大,非其他国家可比拟,故俗界的修习反无出产。虽说民间和公家都有收藏亚洲法典籍,不过少有学者能够领会亚洲的风俗,以用于对法律思想和法律史进行一般性研究。在此之前,梅因与印度秋毫不犯,也没有谁期待过他能跟印度产生任何联系,但梅文旗帜鲜明地参看了印度法,要做到这一点,这人非具超越凡人的洞察力不可。若要搞懂他从何时开始将注意力投向了印度,想必很有趣。

重印《古代法》正合时宜。此版本经梅因修订后,现予以丝毫无改的出版,即便编辑脚注都不动汗毛,是故,我的批注只能置于书后附录。《古代法》所涉及的重要问题几乎超过现代的任何一本非辞典类的严肃读物,因此,我只好忽略了一些问题,不是因为这些问题对此领域的行家毫无益处,而是因为本人的能力不胜此任。基于同样的理由,我无法保证批注细节上的准确性,只能根据知识水平的现状,默认它们是对的。我的经验可以告诉我,即便行内专家可能发现错误,但是也极少有碍观点的通识性。我故意不纠于任何能读懂梅文的学人都能懂的基本知识,他们当然同样能毫不费力的分辨正误。梅文并非为那些连霍布斯或孟德斯鸠都未听闻过的读者而写。然而对于杜穆兰(Du Molin)这样的名字,听起来很耳生,不但对教育良好的英国人如此[类似于布莱克顿(Bracton)或普劳登(Plowden)对于受过良好教育的法国人而言],而且对于没有专门研究过宗教改革争论或罗马法复兴的英国法律人而言，也是如此。在这种情况下，仅给读者引用一点法兰西名人辞典上的资料，将给他们带来不必要的烦恼。

感谢《爱丁堡评论》(*Edinburgh Review*)的版权所有人和编辑允许我免费使用我于1893年在此杂志上刊登的一篇名为《法学家梅因》的文章。

弗雷德里克·波洛克

若要对梅因的生平和著述略知一二，可参见如下著作：

《亨利·梅因爵士小传》(M. E. 格兰特·达夫爵士著，1892年版)；

《梅因爵士及其作品》，载《牛津演讲集》(拙著，1890年版)；

《英国名人录》(L. 史蒂芬爵士著，1893年版)中的相关文章；

以及《大不列颠百科全书(第9版)》增补部分(拙著，1902年版)的相关文章。

第一章　古法典

普天之下盛名无俦的法统滥觞于《十二表法》，亦止乎于《十二表法》。自罗马法史的启幕而至尾声，罗马法研究者都闪烁其词道，罗马法的躯体是依托于《十二表法》之上的，因此罗马法以成文法为根基而茁壮了起来。有一点截然相反，即（他们言之凿凿，说）[1]在《十二表法》颁布之前，古罗马帝国从来没有发现其他的法律规则。罗马法思想源于一部法典，而英格兰法的老祖宗却是无从考证的不成文法，两大法统争道分驰，根柢即在此。罗马法和英格兰法都不能做到与各自的社会现实斗榫合缝，但这两个传统都结出了厚重的果实。 1

毋庸赘言，《十二表法》的公布并不是法律史的发端。你我大抵都能从一众文明国家搬出如 2

〔1〕 圆括号内的译文为原文所无，实缘于作者文短意长，译者为避免译文艰涩而不得已补之。但本着忠实之原则，此类情形并不寻常。

古罗马法典般的实例,而与古罗马时隔非远的古希腊,其法律与古罗马也出现了争相渗透的现象。古法典的公布都有几乎一样的社会背景,而就你我所知,其出炉的原因也极端类似。可以断言,正是每一部法典背后藏匿的纷杂法律现象推动了法典的呼之欲出。现世所存之文献,卷帙浩繁,足以呈现早期人类社会的法律现象,但在梵文得到语文学者全面研究之前,我们所坐拥的最权威材料却断乎是希腊的荷马史诗。荷马史诗绝非史实,但确乎是彼时作者对其自身所感知的社会形态而进行的摹绘,诚然,这般摹绘并非完满。诗人或天马行空地夸诞英雄时代[2]的某些特征,诸勇士力可拔山,众神祇法术无穷,但你我应相信,诗人不可能脱离自身感受到的客观存在而捏造出怪力乱神的精神或物质观念。据此,荷马史诗比一些扮出与荷马同期出现的脸孔、实则杜撰于其后的文献更可信赖,即便这些装扮的文献还往往戴着哲学或神学的面具。
3 若真想发掘人类早期文明的法律观念,荷马史诗这一材料之珍贵性无出其右。法学家须探赜先民之观念,(其重要性)不啻于地质学家须钩玄地壳之构成。荷马史诗朦胧地显示了法律的轮廓,但学界囫囵吞枣,褊狭偏执,只捞得最肤浅的体验。法学的治学现状令人无从满意,这些急功近利和先入为主的态度应首先予以挞伐。法学家们正在拿腔作调地做研究,(这情形之荒谬)好比在观察的手段还没有取代臆想之前,物理学家和生理学家在各自领域里装模作样地探索真理。某一些巧言令色、大而无当同时又经不起检验的学理,如自然法思想或社会契约论,虽普遍偏好于求索先民时代的社会与法律,可这些学理却不仅将人类的视线从能够获得真

〔2〕 原文是 heroic age。作者应指代 Greek Heroic Age。古希腊哲学家赫西俄德(Hesiod)将希腊分为五个时代:黄金时代、白银时代、青铜时代、英雄时代和黑铁时代。英雄时代指自希腊人去往塞萨利至从特洛伊回航的时期。此时的人都是半神的英雄。

理的唯一领域转移至别处，更甚者，既然这些学理既为人类所深信不疑又经反复把玩摩挲，于是，这些学理的拥趸利用了这般影响力来作用于后世的法学思想，并讹误了事实的本貌。

由于社会演化的水到渠成，先民构想出了人类行为之规范或曰法则的最早观念，其体现在荷马史诗中的“Themis”（忒弥斯）或其复数形态“Themistes”[3]等词汇的用法之中。鼎鼎大名的忒弥斯在古希腊晚期的神话中是以正义女神的身份出现的，彼时这个说法已经摩登和进步多了，根据《伊利亚特》的叙述，忒弥斯不过是 4
宙斯的幕友[4]，这与正义女神的说法迥然不同。你我已明白可信地从原始社会研究者处得知，在人类进化的稚弱期，对于反复和定期出现的行为，先民只能解释说，这些行为是有专人施动的。冷风来袭是有人施动的，并且这人是神人；日出东方、日行中天、日落西山也是有人施动的，还是神人；大地母亲滋养万物，同样是有人施动的，俱是神人。物质世界如是，精神世界亦然。人认为，头人们每每断争止纷，其科断的作出必然是得到了神祇的直接启发，而这一位施动头人甚或其他众神进行司法判决的神祇就是**忒弥斯**。你我可以从“忒弥斯”（Themis）这一用词的复数用法中略窥这一先民观念的玄机。彼时，“忒弥斯”（Themis）的复数形态“Themistes”或者“Themises”直接就等同于“判决”本身，并审判官经神授而掌控

---

〔3〕 作者在第五章援引《奥德赛》时，还要提到本词。参见边码 120 以下。

〔4〕 原文为 assessor。韦氏词典对此词条的解释为“an official who assist a judge or magistrate”，即法官或文官的助手，有公职；《布莱克法律大词典》有所不同，称其为“a person who assist a judge or magistrate about science or technical matters during a trial”，他是庭审过程中在科技领域协助法官或衙官的人。据罗念生与王焕生合译的《伊利亚特》，忒弥斯作为人名仅在第 15 卷和第 20 卷出现，在第 15 卷中，她仅与赫拉有简单交流；在第 20 卷，她仅奉宙斯之命召集众神到奥林波斯山开会，两卷都未阐明其职司或与宙斯的身份关系。也有一种说法，称她是宙斯的顾问，常侍于宙斯之御座，向他解释神法和世人命运法则。但这种说法无法与《伊利亚特》相佐证。因此译者根据上下文取其模糊意义，将此处的 assessor 译为“幕友”。

之。更甚者，众口相传道，每位头人都掌控了堆积如山的“判决”(Themises)，可随时随地取用。但你我应对此有个直观的判断，即此处的“判决”(Themises)还不是法律本身，而仅相当于(英格兰法中的)“判决书”(judgements)，或德语中的同义词“dooms”〔5〕。格罗脱先生〔6〕在其著作《希腊史》中说：“身为地上万民之王的宙斯不是立法者，而是审判官。”宙斯自有“判决”助他，可是，头人们自认受命于天，不应因同一个教条而令彼此受牵制。故此，各个头人睽隔不闻，其判决互不相干。

5 即便是在荷马史诗中，前述观念也是过渡性的。较之当下，上古时期的社会肌理相对简单，讼狱之案情大同小异，且相似案例反复出现，这时，审判官就有可能遵循先例，从而作出类似的裁决。于是，紧随着“判决”的步伐，**习惯**这一概念的雏形出现了。无论你我多么热情洋溢和一厢情愿地想要**推导**〔7〕出**习惯**在历史上早于司法判决出现的结论，并推理说唯有判决才能使习惯稳定，唯有通过判决才能打击僭越者，使之重回习惯的樊篱，但很明显，这两个概念的历史顺序却恰如我在前文所排列的那样。习惯这一概念的雏形有时体现在荷马史诗里以单数形态出现的词汇“忒弥斯”之上，但更蕴含在后荷马时代出现的“狄刻”〔8〕这一用词的内蕴里。“狄刻”的含义介乎“判决”和“习惯”之间。古希腊晚期政治学语

---

〔5〕 作者实用英文“doom”表达之。据韦氏词典，该词近于古高地德语“tuom”。

〔6〕 即George Grote，本书对其中译名采顾准所译“乔治·格罗脱”。作者在后文会继续援引其《希腊史》。

〔7〕 原文为拉丁语 *à priori*。

〔8〕 原文为Dike。据赫西俄德的《神谱》，狄刻是宙斯与忒弥斯之女。赫西俄德同时认为忒弥斯和狄刻分属两端，忒弥斯代表正义，狄刻代表习惯。在罗念生译出的索福克勒斯悲剧《特刺喀斯少女》中，狄刻被直接称呼为“惩戒之神”；同据罗译索福克勒斯悲剧《厄勒克特拉》，狄刻被预言将“手里捧着正义的权力”而前来取人性命。

境中的"法律"[9]这一术语，如此厚重，又如此显赫，也没有在荷马史诗中出现。

先民认为神明施动"判决"，而这种施动人被附会为神祇忒弥斯；你我本应将这种观念与先民的其他观念区别开来，但有些浅尝辄止的学者却将它们混为一谈。随着时代的进步，先民发展出另一套观念，即法典或某一部法乃是由神灵一体授予的，如古印度人认为《摩奴法典》为神授。古人头脑中日久弥坚地盘亘着一套宗教信仰，认为人与人之间的每一种关系和每一寸社会肌理都被神意笼罩，"忒弥斯"和"判决"之内涵反映的历史现象即基本印证了该 6
宗教信仰。这一套信仰充斥于早期人类社会的社会法则和政治思想之雏形的方方面面。人以为，国家、民族和家庭等基本单位都由超自然的治御力所圣化和拢合。身处不同社会群体中的人有义务定期集结，举行某种公共仪式，共献祭品。不受自身意志控制的或因过失而导致的对神祇的不敬，人类有时也遭致神的惩戒，此时人类会举行某些洗罪或赎罪仪式；尽管这些仪式似乎是对惩戒的抗议，但你我从中更能明显看出当时的人是如何兑现他们对神的责任的。熟悉一般古典文献的人不会忘记**宗族之圣礼**[10]对罗马法收养和遗嘱继承制度产生的重大影响。同时代的印度习惯法，其最引人入胜的特点也与其他原始社会的法律殊无二致，如在某个家族的延续性被打破时[11]，据该习惯法，通过逝者丧礼上郑重的固定

---

〔9〕 原文是希腊语 *Νόμος*。

〔10〕 原文是拉丁语"*sacra gentilicia*"，它在词义上等同于"sacra of a gens"，即宗族的礼拜。在古罗马，可以国家、宗族、家庭甚至是个人的名义对神进行礼拜活动。他们将这种礼拜分作"公拜"（publica sacra）和"私拜"（privita sacra）两大类，以国家或其下一级行政单位之名义进行的礼拜属于公拜，而以宗族、家庭或个人之名义的属于私拜。以谁的名义进行礼拜，费用就归谁出。萨维尼一度认为宗族之礼拜属于公拜之列，但后来收回这种观点。参见 William Smith, *Dictionary of Greek and Roman Antiquities*（1870），p. 998。

〔11〕 家长死亡时，详见边码 186 以下作者的细述。

程序，某些人的权利得以明晰，继承的规则也同时得以确定。

在结束先民时代法律思想的探讨之前，我感觉可能有必要对英格兰法的学人提个醒，这或者对他们能有所助益。边沁和奥斯丁分别在《政府片论》和《法理学的范围》中将法解释为立法者的**命**
7 **令**，公民通过法律的颁布而被强加**义务**在身，不服从者将恐有获**制裁**之虞。这二人进而阐释道，既然**命令**是法的第一要素，立法者不应只颁布一部法，而应在同一领域内颁布一系列的法。这二人分割了众多事实之片段，并得出这样的结论，其法理逻辑与客观事实倒也环环相扣，照理说应适用于一切时代的一切法。不过，这二人并没有讲清楚，世人对法的普遍认知为何与他们的结论不尽相同。饶有趣味的是，随着对原始社会之法律观念越来越久远的追溯，我发现法的本质离边沁剖析的要素越来越遥远。在人类社会的稚弱期，你我找不着立法机构，遑论确切无疑的立法者；法还远没有追上习惯的脚步，只有人类的惯常行为存乎于世。借用法文中的一个词组，彼时的法存乎“于空气之中”。[12] 面对是非善恶，神祇轻吐气息，审判官旋即有感，随即作出司法判决。因此，在原始社会，判定是非善恶之最权威的圭臬是判决本身，而不是假定事先存在而后为人触犯的某一部法律。要还原当时社会的时间节点和社会
8 全景自然是难乎其难，但请斟酌，在男权当道的远古时代，如要控制个体的行为，统治者需要的不应是法律，而应是其自身喜怒无常的性情。据此，我的分析更可信赖。还有，对于判决观念先于法律观念出现这一历史真相，英格兰人理应比别国人更容易顿悟，因为，作为受众最多、对实践影响最为深远的法律思想，英格兰的法哲学遗世独立于众多逻辑体系甚不严密的学理之中，如果我们要

〔12〕 作者在这里实际书写的是英文“in the air”。

选择一套最适合原始社会的学理，最应选择这一套主张先例早于规则、原则和区别技术[13]而存在的学理。还要说明，如果非要依边沁和奥斯丁的观点，对于彼时的先民，判决比单纯法律的命令要更有威慑力。真正的法律总是面无表情地对所有公民的某一类行为作出同样的评价；正是由于这一特征，法律留给大众的最深刻的印象是为其体系统一、彼此承接以及千人一面。由于某一道**命令**仅能规范某一个单纯的行为，因此，原始社会的判决仅仅是对彼此无关的案情作出的不同判决，它不像是真正的法律，反倒更类似于（边沁和奥斯丁所谓的）命令。

英雄时代的文献先是通过“判决”而后通过“狄刻”等词汇的内 9
蕴共同为你我揭示了法律的第一面目。接下来要分析的阶段在法律史留下了浓墨重彩而又意兴盎然的一笔。格罗脱先生的《希腊史》第二编第九章为你我摹绘了后荷马时代的希腊社会是如何以崭新面貌出现的。在英雄时代，王权之所以得以巩固，部分原因是民众受了王权神授之观念的蛊惑，还有部分原因是，诸王各展示了骇人武功、惊世勇气和超凡智慧。随着王权的神话色彩日趋淡化，而在世袭制之下总会出现孱弱的王，于是神权进一步被削弱，最终分崩离析，为贵族[14]全面统领。这可说是一场革命，如非要用言语精准发阐，你我或能说，王座被荷马反复暗喻和勾画的寡头会议褫夺了。欧罗巴终于从王权时代正式步入寡头政治时代；在有些地方，王的头衔或还在，但他的权威只剩下淡淡的一抹背影。他或者

〔13〕 原文为 distinction，在英美法中指法官比较待审案件与判例在事实上、法律要点上以及程序上的不同之处的一种技能。

〔14〕 作者在第五章会进一步解释贵族是如何出现的。作者认为，古代社会的基本单元是家庭；家庭通过血亲和拟制血亲而壮大，形成宗族、氏族、国家等社圈。当这些社圈壮大到足以抵御外侮时，他们不再承认拟制血亲，生番和外乡人只能服从数量有限的原住民家庭。这些家庭及其家长就是贵族阶层。见边码 123—128。

仅仅袭了世职，如斯巴达的将军；又或仅仅填了虚位，如雅典的首席执政官；抑或仅仅领了祭礼，如罗马的**大祭司**〔15〕。希腊、意大利和小亚细亚的强权阶层全为被认为具有血缘关系的家庭把持了。
10 这些家庭起初还羞答答地向世人宣示其权力的准神圣性，不过神意的外袍到底藏掖不住强权之凶器。除非被民众大会赶下神坛，他们都将无限接近我们现在所定义的政治贵族。亚细亚腹地的一众社圈〔16〕所发生的这种社会变革在时间点上要早于意大利和希腊，但在文明进程的相对位置上却与之殊无二致，不仅如此，这些地域的社会变革体现出高度相似的特征。有证据表明，后为波斯之王制所凝聚的各个民族、印度半岛上的各个民族都经历过英雄时代和贵族时代；虽说王权并未普遍被取代，不过军事和宗教上的寡头集团却似分别滋长起来。还有，它们的宗教因素逐步压倒了军事和政治因素，这与西方的走向也背道而驰。在王者和僧侣的两面夹击之下，武官和仕宦或者销声匿迹，或被一鼓而歼，或泯然众人。这场变革大戏的大结局是，虽说王者掌握了巨大的权力，他
11 们却不免为教士阶层的特权所时时羁绊。在东方，贵族成为僧侣；而在西方，贵族却成为官僚或进入政治机构〔17〕。尽管东西方存在这般差异，但一个不争的事实是，至少在印欧语系国家，神授的王权都被贵族取代了，这些国家都从英雄时代跨入贵族时代。

---

〔15〕 原文为拉丁语 *Rex Sacrificulus*。据维基词典，Sacrificulus 在与 Rex 搭配时指代 high priest（大祭司）。不过，特奥多尔·蒙森著、李稼年译、商务印书馆 2007 年出版《罗马史》关于此的中文表述为“献祭王”。

〔16〕 原文是“community”。这个词在韦氏词典中含义甚多，与作者意图最接近的是 a body of persons or nations having a common history or common social, economic, and political interests，意即具有共同历史或共同社会、经济和政治利益的人或民族的集合体。该词含义很宽泛，没有限定这个集合体的大小或形态，可能是后文提到的宗族或氏族，也可能是一般意义上的民族国家，甚至是整个印欧语系，如边码 145 所述。

〔17〕 如元老院、贵族大会、军伍大会。

法律家应知之甚稔的是,新贵在彼时一概充当了法律的看护。他们承接了英雄时代的王权,但与(英雄时代的)王不同,他们在审判案件时已经不必再伪装自己得到了神灵的直接启示。许多人都以为,在贵族时代,家长式的头人都依赖天神感应来断案;这些观点都有一个共同的理论予以支撑,即认为法律出于神授。但思想史的客观演化已经不允许我们继续认为贵族时代的判案过程有神祇的干预。这些寡头审判官向民众宣称的,是自己对法律**知识**的独家垄断,以及对讼狱原则的乾纲独断。此即为习惯法时代。习惯法仿佛是他们宅邸中存放的有模有样的物料,寡头阶层或高贵种族阶层对之如数家珍。权威的文献明白无疑地告诉我们,有时候寡头也会滥用民众的信任感,可你我还不能认为他们存在僭权越位和独裁专制之嫌。在文字被发明之前,人类文明处于稚弱期, 12
赋予寡头以司法上的特权最是相宜,唯其如此,各民族或氏族的习惯法方可得以保留,无限接近精准。将习惯托付给社会少量人群,让他们用脑子记住,这样,习惯法的真实性就有保障了。

在习惯法阶段,由特权阶层来专门看护习惯法,这是法律史上很奇特的一个阶段。你我可从当时社会的法律用语和大众用语里头分花拂柳,寻究出当时的法律情态。不论当时的习惯法是收归哪一小撮特权人士专门保管——这一小撮人出身高贵种姓,或望门显族,或僧侣部族,或祭司团体——他们看护的习惯法都是真正的不成文法。除此之外,这个时代不存在所谓其他形式的不成文法。在某些场合,英格兰的判例法也被称作不成文法,但有些英格兰法学者给你我吃了定心丸,他们说,一旦将英格兰法编纂成文书,它就不能再被归类到不成文法的门下,而应称作成文法——这一转化意义非凡,除非这些学者是出于居心叵测的社会政策考量而语出惊人。英格兰的普通法在历史上确实曾有这么一个阶段被定义为不成文法，那些位高权重的法官也总是表演出一幅对普通法的规则、原则和区别技术知之甚稔的模样，因对于执业律师和无知看客而言，这套所谓规则、原则和区别技术从来都没显出庐山真
13 面目。尽管这些老朽们向世人宣示，所有的法律都归他们专营，但你我应高度质疑这些法律是否真应称为不成文法；我们可以假定历史上存在过名目繁多的只为法官知晓的刑民律法，可这些规则到了现世也不应再被说成是不成文的。从威斯敏斯特宫内各个法庭[18]以造册建档的判例为参考作出判决为起点，他们所看护的法即摇身一变，是成文法了；这些判例或是编纂在年鉴中，或是在其他文书里。现世的英格兰法是这样适用的，首先，法官从汗牛充栋的先例中将之拽拎出来，然后就着自己的口味、尺度和学识用辞藻将其装潢一番，这就可以嵌入手边的案件中啦。话又说回来，这般套路没有一个招式能体现英格兰法与成文法的泾渭之别，英格兰法说到底是成文的判例法，它唯一不同于法典化的法体系之处在于二者的书写方式存在差异。

让你我从习惯法时代步入法律史上另一个风格凌厉的新纪元吧。这个新纪元是为法典时代，其中盛名最著的古法典范本乃是《十二表法》。在希腊、意大利以及西亚海岸线上希腊化的众多城邦，法典的冒头此起彼伏，不分先后。当然，我这里表述的不分先后，不是说这些城邦公布法典的年代相同，而是说其在各自的相对历史进程中公布法典的时机不分轩轾。这些城邦的法典同时被刻印在碑文上，向民众公布，于是大权在握的寡头们记忆深处的习惯
14 法被法典所顶替了。在这里要指出，并不是人类观念进步了，自身

〔18〕 即 Courts of Westminster Hall。作者指设立于此的三个法庭：王座法庭、民诉法庭和财税法庭。该宫还设有御前大臣法庭。后文还要出现与此三个法庭相关的内容。本书首次出版之后并《司法法》通过之后，该词才能翻译成英格兰高等法院。

有了编撰法典的意愿；古法典无疑滥觞于文字的发明和普及。贵族阶层有时会滥用其对法律知识的垄断权，而随着西方世界遍地开花的法律大众化运动，他们仍旧要独占法律知识，因此成为时代进步的重大障碍。民主意识的燎原之势或对法律大众化甚有裨益，可法典的颁布应该是人类发明文字后的直接产物。比之交由寡头托管，法律刻录在碑文上实在要更进步一些；而碑文上的法律总比一帮子人凭脑门子记住的习惯法更靠得住，也存留得更久远。

古罗马的《十二表法》即前文所述这一类法典。《十二表法》的价值不在于其架构之对称有致，也不在于其用语之明白洗练，而在乎于其公开性，在乎于其告知民众何者当为、何者不当为。《十二表法》在体系上确有其建树，但其原因在于，罗马法的搭建者有向希腊人取经的流风遗韵——这些希腊人后来依然在立法艺术之中自得其乐。不过，自梭伦《雅典城邦法典》[19]残卷观之，古希腊法 15
典的结构性非常之差。而德拉古制定的法律，其结构性或许更差。东西方的历史残片都足以向你我展示这一特征，即不管有何本质区别，古法典乃是教条、实在法和纯粹道德训令的大杂烩。你我从相对**晚近**的其他文献中就看不到这一古老现象，这些文献把法律从道德中分离出来，又把宗教从法律中分离出来，其思想性要进步一些。

以今观古，古法典之光怪陆离自不待说，但其对古代社会的重要性却无法用言语陈其万一。问题不在于它们是否需要一部法典——这影响了每一个国家之整体走向，因为绝大部分古代社会或早或晚似已都完成了法典的制定；此外，若不是封建制度将法律史腰斩为两截，现代法或皆可直接回溯至一部或多部古法典的源

〔19〕 原文为“*Attic Code of Solon*”。“Attic”在希腊语中有“雅典城邦”之意。

头。法律史前进道路上的一个转折点是，人类在哪一个时期、又在社会进化的哪一台阶上会觉得有必要将法律落笔成文。西方世界的情形是，平民阶层和普罗大众胜利地阻击了寡头专政，英格兰联邦[20]在其历史**开篇**阶段就公布了法典；可东方世界呢，正前文所
16 述，教士的主宰力量在上升，而军人或文官在下降，因此教士不仅未丢权去势，反倒大权在握。由于一些亚洲国家社会制度本身的效应，东方世界出现了比西方更多的大国；而社会规律告诉你我，一个制度能够辐射的物理距离越宽广，这个制度本身越是坚忍不拔和生气勃勃。不管由何缘故使然，东方国家法典出现的时间比西方国家要晚得多，其特点与西方也不尽相同。东方的教士寡头将他们自身对法律的理解植入了法典之中，他们这么做，或为了实现自我指引，或为了避免记忆混沌，或为了宣扬教义。他们在制定法典时可趁势加强和巩固自身的影响力，这种好机会让他们兴奋难当，无从拒绝。教士阶层垄断了法律知识，这令他们似乎有能耐将那般为数不多的、已为人所实际遵守的法则注入教士阶层认为世人应当恪守的法则中由婆罗门编纂的印度《摩奴法典》当然将印度民族所实际遵循的法律神圣化；不过东方学专家注意到，《摩奴法典》并不代表在印度次大陆实际施行的法律，其中绝大部分法律
17 规则只是婆罗门对理想社会**应然**之法的勾勒。这一情形也符合人性和立法者的特别动机，他们杜撰出，类似于《摩奴法典》的律令是最高天神在上古时代即一体授予本民族的，如印度的神学就认为《摩奴法典》由至高无上的大神授予。虽说这部以大神的名号编撰的法律具体年代无从考证，但印度法律史的进程却显示，《摩奴法

〔20〕 原文是大写首字母的“Commonwealth”，全称是“Commonwealth of England”，指代从查理一世授首(1649年)至查理二世复辟(1660年)之间的英国。这段期间没有国王，由护国公克伦威尔及其子执政，不能称之为王国。

典》其实是相对晚近的产物。

《十二表法》及其他类似法典的出现给社会带来了诸多重大利
好，寡头无法继续高高在上欺瞒民众，国家制度不再自我沉沦，也
避免丧失公信力。《十二表法》仅仅是古罗马人之习惯的文字化表
述。在古罗马的相对文明进程中，《十二表法》不过是其起步阶段
出类拔萃的一部法典，值其公布之际，罗马社会还基本未能摆脱那
将世俗法义务和宗教责任混为一谈的认知状态。仍在施行习惯法
的野蛮社会此刻必将自身的文明进程置于致命的危险之境。大凡
一个处在稚弱状态和原始时期的社会，它所采信的习惯法最能整 18
体提升其物质上和精神上的康乐；倘使一旦崭新的社会需求授意
世人遵照新派的惯行，（既有的）习惯法便不再抱残守缺（准备咸与
维新），那么，社会的进步指日可待。但令人不悦的是，社会的发展
有其自身的法则，会打压不成文的习惯法。平头百姓自然会遵守
习惯法，因他们没有能耐领会这般习惯法适格于社会的切实原因，
只好任凭他人去杜撰些怪力乱神的理由来解释墨守成规之现实
性。于是，（印度）开始了这样一个进程，一言以蔽之：不合理的习
惯法从合理的习惯法中生发出来。类推是法学成熟之后的思维工
具，但如果先民也用此法，只能自我束缚。禁令或训令的出现，原
本只是善意地劝诫人民莫要从事某个单纯的行为，现在却适用于
所有的同类行为，因为先民唯恐天神降怒，即便从事与禁令差之千
里的行为，他们也心存天然的恐惧感。某种食物出于卫生的考量
而被禁食，先民于是无限类推，乃至悚惧进用所有相似的食物，也
不管类推出这种相似性好没来由。于是，寡头故技重施，他们狡猾
地提出要确保大众圣洁，为此，有必要抢在前面，把斋戒沐浴行为
予以冗繁化、程式化；进而，他们宣称，在社会史的危急关头和社稷
存亡之际，将人民划分成不同的阶层是确有必要的，于是印度诞生 19

了一切社会机制之中最为堕落、最为腐朽的制度——种姓制。《摩奴法典》(带给印度人)的命运实际上是《十二表法》之价值大小的度量衡。人种学认为,印度人和罗马人系出同宗,而其原始习惯也具有高度的相似性。即便在现下,印度的法学也有其深远和决断的一面;可由于毫无理性地鹦鹉学舌,他们在本土嫁接出一套荒谬绝伦而又惨绝人寰的思维方式。罗马人由于有了《十二表法》而免受此种颓败。在习惯法还处于良性的阶段,《十二表法》就编纂出炉,再晚一个世纪,法典的编纂也许就于事无补了。没错,古老的《摩奴法典》其大半尚未亡佚,见诸梵文,可有重要证据表明,其汇编和颁布却是种姓制这一悲剧制度确立之后的事情。你我无权断言,如果没有颁布《十二表法》,罗马人就要重演古印度这一孱弱和变态的文明困境,可至少有一点是断然无疑的,即正是由于有了《十二表法》,古罗马才成功地避免了古印度民族的悲惨命运。

第二章 法律上的拟制

原始人的法自披上法典的外衣那一刻起，其 20
自发的演进即戛然而止。此后，如社会的各个层
面都产生变革，则法的变革将从无到有，且必是
人类的自觉行为使然。凡自家长式长老宣称习
惯法乃其专有的时代而截至习惯法被公布成文，
在这一巨大而久远的历史时段，你我无从假设习
惯法都是纤毫不改的。另外，若说没有一丝一毫
的社会变革是出诸人类的自觉行为，那也不保
险。不过，就你我所掌握的法律史残片而推断
之，这个历史时段发生的法律变革，并不是由于
谁设定了什么既定目标。以今观古，彼时人类大
举习惯法之革新，推动其革新的情感动机和思维
方式不免令人匪夷所思。无论如何，法律史经由
法典的公布而步入了新纪元。自本纪元而始，无 21
论从法律演进的哪一条路径顺藤摸瓜，你我都能
将法律的变革归因于人类提升法律的，或曰达成
既定目标的清醒意愿，而此时的目标较之原始时

代已迥然不同。

乍观之，自法典时代以降，由法律史的演进本身无法推论出一般定理。法律史的领域实在是太宽泛了。你我既无法确保自己已经观察过足量的法律现象，也无法确保自己对这些法律现象已经有了充分理解。不过，自法典时代而下溯，停滞型社会与改革型社会的泾渭之别已然显山露水，如此考量，这个任务更具可行性。让我们只研究改革型社会吧，它们是如此的凤毛麟角。虽说是铁证如山，不过，要让一个西欧人信服地承认他生于斯长于斯的文明其实是世界史上的一个别例，却也难上加难。倘使吾人能栩栩欲活地呈现改革型社会和人类行为之总和的关系，那我们的共通观念之格调——吾人之所盼、吾人之所惧和吾人之所虑——将让你我大为倾倒。无可非议的是，实在法的整体面貌第一次得以雕刻和
22 万世流芳之后，人类绝大部分群体从未有过哪怕一丁点要完善之的心思。诚然，零星会有人拿另一套习惯法粗暴地推翻先前的一套；在个别地方，会有性情乖谬的神职法学家将号称神授的古法予以添枝加叶、曲解歪说，乃至法律最后面目狰狞；可除开这些极少的反例，世上还没有哪一样事物比法律体系改良的步伐更踽踽然。人类创建了厚重的文明，但文明非但没有丰富法律，反为法律所累。一些原始社会的研究成果为你我举证说，某些社会在公布法典之后其自身却停滞不前了。你我看到，由婆罗门统治的印度还远没有跨越人类各民族都历经过的、法治尚未别于神治的阶段。在这样一个社会，倘若一个人触犯了宗教戒条，他会被施以世俗法的制裁，而他若是悖于世俗法义务，则这个来犯将遭到僧侣的惩戒。中国倒是跨越了这个阶段，却是困滞不前，只因这个民族的实在法与其所能达到的其他观念具有同样宽泛的边界。话又说回来，停滞型社会与改革型社会的区别究竟在何处，是人类在对未知

领域的探索过程中最需要破解的机杼隐奥之一。我在上一章的结尾部分试图给出部分答案。进一步讲，停滞型社会是常态，而改革型社会是异态，谁要是不能清醒意识到这一点，那这人没法成功破解这一隐奥。还有个不可或缺的条件，那就是对罗马法的各个发展阶段具备精确了解。在已知的一切社会制度中，人类掌握的年代最为久远的即为罗马法，对其历次变革的特征也有个粗犷的认知。自启幕以迄尾声，罗马法制度不断得以修缮，已趋完满，换言之，修善者希望其越来越美好。在其他民族还没有完全抖擞精神施展拳脚甚至反复被胁迫以趋于静止时，罗马法并没有停下前进的步伐。 23

我会将自身的研究领域圈限在改革型社会。在改革型社会，社会需求和主张要或近或远将法律甩在身后。法律几乎要追得上，但总被拉开差距。法是稳定的，而改革型社会在不断进步。一个民族的幸福感取决于他们缩小前述差距的敏捷度。

需要运用何等工具以致法与社会的敦睦无隙？我谨此提出一大观点，望有所裨助。我能想到的工具有三：法律上的拟制、衡平法、直接立法。这三者在历史上的出场顺序即为前文所排列。在某些法统之中，三者有其二并行不悖，而在某些法统之中，只有其中一种工具发挥过影响力。但我还没有在实践中发现此三种工具出现的时间顺序有过错位或颠倒的情形。衡平法的远史普遍晦暗，因此有人认为，在历史上先有零零散散用来改良实在法的制定法，后才有衡平法的用武之地。我认为，无论在何地，补救性的衡平法都比补救性的制定法出现得更早。不过，即便我并非百分百正确，也只须将前述观点的适用限定于这三种工具在转化古代法上发挥了持续而深远的影响力之时的时期。 24

比之英格兰法律人所惯用的“拟制”以及罗马法中的“拟制”[1]，我在此处借用的“拟制”具有更广的外延。在古罗马法中，“拟制”[2]乃是诉答程序用语，指原告无法为被告所反驳的虚假陈
25 述。试举一例，原告明明是个外邦人，却自称罗马公民(，被告即无可反驳)。罗马法创建这一术语的目的自然是为了让案件落入法院的管辖权。英格兰王座法庭和财税法庭曾为褫夺民诉法庭的管辖权而签发了大量令状，根据这类令状，王座法庭可以假称被告(实施了他实际并未施行的侵害行为而)被国王拘留(，以此王座法庭可以取得债务诉讼的管辖权)；而财税法庭可以假定原告是国王的债务人，由于被告赖账，原告无法履行其自身对国王的债务(，于是，财税法庭也可以取得审判权)。这与罗马法里的“拟制”具有很大的相似性。不过，我在此处借用的“法律上的拟制”还蕴含这般设想：拟制观念遮盖了或试图遮盖这一事实：法律规范的渐变，变的不是其严格字面意义[3]，乃是其效力[4]。因此，我所指代的“法律上的拟制”一举囊括了英格兰法和罗马法关于拟制的全部实例，但它还要更宽广一些，因为我要将栖身于拟制观念之上的英格兰判例法和“法学家的解答”[5]相提并论。我们这就来考察这两例中的拟制观念。**实际上**，在两例中，法都发生了大变；而据**拟制观念**而言，法是纹丝不动的。你我于是很轻易理解，为什么形态不一的各种拟制工具能与人类的稚弱之态如此熨帖。拟制的运用满足

[1] 此二处的“拟制”之原文分别是英文单词 fiction 和拉丁文 *fictiones*。

[2] 原文为拉丁文 *fictio*。

[3] 原文是 letter。韦氏词典将 the letter of the law 解释为“法的严格字面意义”。

[4] 原文是 operations。据韦氏词典，operation 的现代用法已经不再指代“效力”，但在法律语境下仍有此意。

[5] 原文为拉丁文 *Responsa Prudentum*，据《元照英美法词典》，在罗马法中，“法学家的解答”指法学家对向他们提出的问题所作的解答，这些解答是早期罗马法中的一项重要内容，并在罗马法的发展中起了重大作用。

了一群人改良的意愿，尽管改良并非十万火急；而同时，另有一群人对变法——变法在任何时期都不会缺席——满怀着非理性的憎烦之情，而拟制的运用也没有得罪这一群人。在社会演化的特定阶段，拟制之手段直接而有效，它不可多得，克服了法的生硬；要不 26
是有这些工具的存在——比如，据收养之拟制，可以人为将家庭拟建出来——你我很难想象人类如何挣脱襁褓，蹒跚学步，迈向开化。正因如此，你我绝不可以受到边沁的感染，一提起拟制就禁不住要冷嘲热讽一番。将拟制斥为招摇撞骗，无异于对其在法律史上之独特地位的无知无畏和离经叛道。话又说回来，有些学究对其适用场合不管不顾，以为应当将之照搬照抄到当下的英格兰法之中，此类学究之愚昧不堪，跟边沁是不分轩轾。当下仍有些拟制工具在强烈地影响着英格兰法；除非你我大力撼动英格兰法律人的法律观念，大幅撤换他们的法言法语，否则他们很难割舍之；不过，大家也达成共识，认为不能倚靠拟制这种低劣的工具来实现（法与社会敦睦无隙的）美好愿景。拟制工具如今已给人带来诸多不利，其最大的困扰是，法律规范很难条分缕析。（若运用拟制工具，）法律规范还在依附于原有之法律部门，但这部门却只虚有其表。长久以来，旧法律规范的功能不断被削弱，而新规范却被旧规范所掩埋。因此，需要想明白一个崭新的难题，即已然生效的新规范是应当处于原地，还是应当分置于它真正所归属的法律部门；还 27
有，（倘使法律人在适用拟制化的法律规范之时）尚须选择适用其他法律规范之一部，（他在适用这般不同的法律规范时所持的）不同思维方式[6]是否需要加以区分。真心想要英格兰法之大树茎枝分明，光靠近期立法上的进步是不够的，你我应好生修剪，将大

〔6〕 他既明白此条法律规范是拟制化的，又明白另一条是直白的。

量拟制之杂叶除去。

衡平法接手作为下一个工具，以继续让法适应社会需求。从字面上看，衡平法指代与原本之实在法并驾齐驱的全体法则；它以若干独特的原则为基础，而正是倚仗了这般原则优先适用的固有神圣性，衡平法间或跳将出来，主张要将实在法取而代之。无论是罗马裁判官运用的衡平法，抑或是英格兰御前大臣运用的衡平法，都与早先出现的拟制有差别，衡平法对法律本身的干涉是公开喧嚷着进行的。此外，衡平法也不同于后世之直接立法。衡平法能对实在法有所作为，它的底气并不来自法外特权人士或机构，[7]甚或也不来自大权在握的作为衡平法颁布者的衙官。衡平法宣称，世间诸法都当唯衡平法原则是命，此乃衡平法原则非同泛泛的本性，也是衡平法得以对抗诸法的底气。比之原本的实在法，衡平法的一整套原则所体现的理念更神圣，它要求其适用性独立于法外
28 特权机构的首肯，因此衡平法理念比之拟制思想也进步得多。

制定法是立法机构制定的法律，无论这个立法机构是寡权制下的王公还是代议制下的民众大会。直接立法是调和法与社会的最后一个工具。直接立法不同于法律上的拟制，就好比衡平法不同于法律上的拟制一样。直接立法与衡平法也有区别，它的权威脱胎于法外特权机构或人士。制定法的强制效力与立法原则相独立开来。不管公意如何限制制定法的效力范围，制定法在理论上断乎是有权将义务强加在公众头上的。任何力量都阻遏不了制定法所携带的恣意放纵。倘若制定法的条文确然是受到了衡平法之赏善罚恶标尺所调整，你我尚可说制定法乃衡平法之承流接响；可制定法之所以有效，仰仗的乃是立法机关的威权，而非衡平法原

〔7〕 作为贵族的立法者。

则;故此,制定法有别于衡平法,法官觉得要适用衡平法时,仿佛头顶上笼罩了至高无上的神意,而无需寡权制下的王公或代议制下的民众大会之首肯。你我应十分有必要厘清这二者的差别,因为边沁的某一位拥趸极有可能将拟制、衡平法与制定法混淆不清,一
概算在制定法头上。这人也许要讲,三者都有**立法**之意呀,只是新 29
法制定的机制不同而已。这人言之有理,你我不应视若无睹;可他也没给出理由,你我为何要自我剥夺制定法这一便利的用语?在大众心中,以及在绝大半法律人心中,衡平法与制定法是相区别的概念。无论一个人有多么墨守陈规,他都不应忽略二者的区别,尤其是他能看到这一区别为现世结出了重大而真切的果实。

尽管以现代研究者的眼光观之,拟制的形迹悖逆于其本性,但要想从循序渐进的法律体系中筛拣出**法律上的拟制**理应易如反掌。然而,我开始琢磨,拟制这种变法之道并不易在我即将所举之二例[8]中查访出来。拟制工具的开门立户之人未必有维新的本意,他们甚或不愿被疑为有维新之意图。此外,在法律史上,拟制的反对者何其多也。你我从若干陈腐的法言法语中可窥听到反对的杂音。因此,没有一个活生生的例子可以精准摹绘拟制对法律体系的深度渗透,遑论其一壁变革了法律体系、一壁又遮瞒此种变革的双面效用。

我们英格兰人已引以为常,在理论上,法的扩张、修正及演化
之机制引不起现行法的纤毫之变,但实际上据此机制,制定法或大 30
有改观,你我对其渐变或有所感,却拒不承认。鉴于英格兰法的主要渊源——判例以及记录下来的判例报告[9]——已被奉若神明,

---

〔8〕 英格兰判例法和罗马法上的法学家解答。

〔9〕 原文是 legal reports。据《元照英美法词典》对 common law 这一条目的释义,普通法的发展,“先例”原则乃至判例法的成长,很大程度依赖于能否将司法判决记录下来并加以公开报道。

我们人民热衷于借用一套模棱两可的语言以及同样模棱两可而支离破碎的理念。面对需要裁判的案件事实时，法官与辩护人在案件讨论中总会设立如下前提，即判例原则是既定的，判例识别方法也是既定的。大家想当然耳，以为要解决目前提起诉讼的争端，必有一套现成的法律规范可以援引；如果一时半刻没有找到现成的规范，肯定是法官和辩护人耐性不够、业务不熟、神志不清。判决一经作出和记录下来，你我便不自觉地或不自知地滑向一套全新的语言和全新的思维模式。你我得承认，新判决**已经**改变了法律本身。有时被援引的规范言辞混沌，那这规则的弹力更足了。实际上，它的内涵已经发生了变化。法官对援引先例极端上瘾；倘若法官只适用一个先例，而不是通过反复勘对各种案例并从而得出
31 一个法的标尺，他适用的规范断乎不同。旧规范已然废止，被新规范替换了；这一事态让你我疑惑无伦，只因你我无法用精准的言语从判例中提炼这一法律方程式。即便法官引吭高歌也似咏唱出判决，你我也听辨不出法的变化，除非他的咏唱既暴烈且刺耳。我想接下来分析，为什么英格兰法律人默认这种令人啧啧称奇的反常现象。或许我们可以察觉，原先大家以为这是一条公理：**在法律的保护之下**〔10〕，或曰，**在法官的保护之下**〔11〕，世上会有这样一处所在，它所适用的英格兰法又完备、又匀称、又协调，可自如地为万种案情应有尽有地输送一切可以适用的原则。现今相信这种说法的人已不如起先那么多了，其实它的社会基础本可以再坚固一些。在十三世纪，法官肯定使出了浑身解数，背着律师及百姓将法律的

〔10〕 原文是拉丁语 *in nubibus*。《布莱克法律大词典》将其解释为受到法律保护的某物。

〔11〕 原文是拉丁语 *in gremio magistratuum*，等于英语中的 in the bosom of the magistrates。作者可能是从合同文书套语 in *gremio juris*(in the bosom of the law)处发挥而成。

富矿埋藏起来，只因你我有理由相信，法官鬼鬼祟祟而大大方方地向当时的罗马法和教会法汇编的仓库里盗取真经，尽管他们的借阅偶显蠢笨。库门总有关闭的一天，威斯敏斯特大厅由于累积越来越多的习惯法〔12〕，从而确立了英格兰法的实体制度〔13〕。几个世纪过去了，英格兰法律人对这一似是而非的观点已强调过多：除了衡平法和制定法，普通法的框架一经建立，从没有添加过一砖一瓦。我们拒不承认法院有造法的功能；我们一直在自我催眠说法 32
院从未造过法；我们冥顽不灵，认为英格兰普通法规范与现代社会纷杂繁复的利益冲突同疆同界，只是偶尔借助过衡平法院和英格兰议会的力量。

我注意到，罗马法中存在一个与英格兰判例法外形极端接近、指导功能极其相似的制度，那就是“法学家的解答”〔14〕。“法学家的解答”随罗马法发展的年代不同，其外在特性也不尽相同。不过，贯穿整个罗马法史，“法学家的解答”均对权威文献进行过评注，而其缘起，不过是对《十二表法》的解读。与英格兰类似，“法学家的解答”中的一切法言法语均存在一个前提，即假定《十二表法》的文本万世不易。其规范是明白无误的，得凌驾于一切注释和评论之上。无人斗胆公开坦承说，如果拿法学家的修改与至高无上的《十二表法》文本进行对照，其解答仍是安全无碍的，无论这法学家显得多么学富五车。可实际上呢，以顶级法学家名义作出的解答，虽说其权威与我国公布的判例报告至少是平分秋色，这些解答

〔12〕　原文为 points。据《元照英美法词典》common law 条目，亨利二世时期，巡回审理制度得以扩展。王室巡回法官完成其巡回审理职责回到威斯敏斯特大厅后，聚会在一起得以讨论大量的地方性习惯并加以勘对、甄别、总结、归纳，并将王室法官们认为最好的习惯适用到全国，此系普通法的发端。故此处将 points 译为习惯法。

〔13〕　此处的实体制度指代普通法。

〔14〕　作者此处分别用拉丁文和英文重复表述了“法学家的解答”。

33 却对《十二表法》条文不断予以修改、扩大、缩小甚或否定。在新法演化成形的过程中,法学家们对《十二表法》的严格字面意义展示出此心不渝的爱戴之情。这些人解读之,考据之,皓首穷经;但结局呢,他们拼凑各类文本的残片,将《十二表法》置于他们所面对的案情下予以权衡,臆想《十二表法》如何适用于其他可能发生的情形,还将他们搜罗到的文献进行注解和介绍,可他们推论出来的仅仅是《十二表法》编纂者做梦也没有想到的诸多规范,仅仅是无中生有。这班法学家在其著述中妄称其遵从了《十二表法》,不过这些著述正是由于他们名扬天下而相对获得了一些权威。他们的著述披上了“法学家的解答”之大氅,由此而获得了与立法机构的制定法不分轩轾的强制力;反过来,这些著述又为法律的演化奠定了新的基础。以现下的眼光审视之,“法学家的解答”还不是作者本人出版的,乃由其学生记录和编辑成文,因此,其未必根据一定的分类主题而编排。你我万不可忽略学生对于出版这些著述的分
34 量,因为他们对老师的服务越是熨帖,老师在教育上给予的关照越是无微不至。这些被称为法学阶梯或评注[15]的教育类著述的存在乃是罗马法体系最为鲜明的特征之一。后世认为,是法学家的学生出于责任心而种了这果实。显而易见,法学家们正是通过法学教科书、而不是所谓写给法律执业人士的实用手册,向公众宣扬了其法律思想体系以及其对法律术语进行修正和改进的看法。

通过与罗马法的“法学家的解答”来勘对英格兰法的对应制度,[16]你我应紧绷神经,“法学家的解答”之权威只体现在围栏里,

[15] 原文分别是 Institutes 和 Commentaries。《优士丁尼法学阶梯》《盖尤斯法学阶梯》等都属于 Institutes 之范畴。盖尤斯还著有《〈十二表法〉评注》。

[16] 英格兰判例法。

而没有体现在**长凳**上。[17]罗马的法庭对某一特定案件之判决是终
局性的,但除非这衙官职业声名甚佳,否则一旦他任期届满,这判
决就不会对别人再有什么权威性可言。合情合理地讲,古罗马的
共和时代没有类似于英格兰王座法庭、日耳曼神圣罗马帝国最高
法院、法兰西君主国议会的机制,仅有几个衙官所在部门具备司法
的职能,但他们的任期仅仅只是一年,与其说这是常设的法官职
位,倒不如说是律师界的少数领军人物在轻松地轮流到此点卯当 35
班。于你我而言,这种不正常的情形无论怎么形容也不为过,但毕
竟这更适宜于古时之社会状况,统治阶层更倾向于明白无误地分
裂出各个阶层,虽说他们号称要将自身排除在特权之外,却决不能
容忍职业阶层凌驾于自身之上。

法学家的解答这一制度并未达法学家所翘首企盼的效果,比
如,其未能**普及**罗马法;与古希腊某些共和国相似,尽管其传播和
权威性解读从未遭遇人为牵阻,但人要修习罗马法,(就算他参照
了法学家的解答,)所需的认知能力并未减少。话又说回来,若不
是某些互不相干的原因共同起了作用,罗马法极有可能沦为其他
法统一般的渺小、机械和艰涩。便是以更加自然的姿态在任何时
期再去摸索,也找不到法学家解答的重要性。在罗马共和制被推
倒之前的时期,[18]法学家形成了一个面孔模糊、人丁兴旺的群体,
不过,可以肯定,没有哪一个法学家对案件的观点是定论性的。拉 36
丁文献中俯拾即是而又活色生香的那些场景——天方破晓之时,

---

〔17〕“围栏”和“长凳”原文分别是 *bar* 和 *bench*,分别指代律师和法官;作者从字型和修辞上故意对立这两个概念,造强烈对比之势。

〔18〕原文为 liberties of Rome。溯 liberty 之词根,在印欧语系中本系 libertas,乃自由民(与奴隶对称)之状态;常用为 Roman Republic liberty,更指代罗马公民权,内核为公民选举以及对高官任期之限制。作者此处应指共和制接近尾声、帝制抬头之前的一段时期,确切说,应指屋大维当政之前(公元前 27 年之前)。

来自五湖四海的委托人蜂拥而至，聚至法学家府邸前厅，一众学子搦管操觚，作势要记录下大律师流芳百世的解答——不管在哪个时期，这一场景都仅在一两个声名赫赫的法学家身上发生过。同样，由于委托人可直面辩护人，罗马人自身即对法学家职业声誉的浮浮沉沉有着十分敏锐的判断；浩如烟海的证据能表明，普罗大众对于打赢官司者只会多礼，而不会失礼，这里较为别致的证据便是西塞罗那一篇有名的讲演《为穆雷那辩护》[19]。

你我不能否认，（法学家的解答）这个（法律上的拟制）工具第一次影响了罗马法的演化，它别开生面，乃是罗马法之所以卓尔不群的首要原因，大抵也是早期罗马法的财富。罗马法原则的滋滋生长、枝枝蔓蔓，也部分得益于法学家龙争虎斗；在作为英格兰国王或王国所指定的（法律）保管人、具有司法特权的王座法庭内，从未出现过这种（由于法官彼此竞争而对法律的演化所产生的）作用力。不过，（法律上的拟制）这一大法律演化工具不受节制地累计了大量判例，以资（法学家在后来作出）司法判决（时的参照）。身为乡野村夫的委托人对自身所涉的案情思之一团乱麻，这般案情并不能比学生的精巧设问更有资格作为法学界解答的基础。不管
37 案情是实实在在的，还是为其学生所杜撰，法学家都予以一视同仁的处理。法学家不惮其代理意见会为衙官所否决，除非该衙官恰巧坐拥比他高深的法律知识或煊赫的专业名望。自然，我无意得出法学家完全无视委托人利益之结论，毕竟委托人在古罗马早期乃是法学家的选举人，而到了晚期则成了他们的付款人。不过，法学家得提供赋有他个人特色的优质意见，唯此才能迈向实现抱负的阳关大道，而诚如吾言，在此一制度下，法学家为保证自己能迈

[19] 公元前 62 年西塞罗为执政官 Lucius Licinius Murena 受贿罪的辩护。

向此道，只好将每个案件视为（自己所发现的）某条重大原则的注解或某条宽泛规则的例证，而不仅仅孤芳自赏于一次又一次讼狱的旗开得胜。有据可考，应对案情中的疑难杂症时，法学家尽可以行使其威权，不受限制地开创司法判决或提出司法建议，而在积累了海量判例之后，他们更能轻松提炼出放之四海而皆准的法律规范。反观英格兰所运行的法，法官或其前辈却不得其便，怯于在横陈于前的客观案情之外有所僭越，相应地，套用法国人的说法，每组案情都不可亵渎。以此作出的判例，比之其他或真或幻的判例， 38
其品性必不尽相同。而我已在前文说明，罗马并没有常设的司法机构，由此，判例彼此之间并无价值高下之分。即便古罗马法学家在出具法律意见时遇到难题，他们也一往无前，反应奇快，善用类比之思辨能力，可以提出一组具有特定联结点的设问。且不论他们给委托人提供的法律意见如何，他们却深谋远虑，将相关案情归于某个厚重之原则下，或框在某个经世之规则里；学生如聆纶音，誊之于本。英格兰判例法中却无此现象，虽说人对英格兰法有诸般诘难加身，我们的法官阐释英格兰法的方式却被批评者忽略了。英格兰的法官在创造新法上踟蹰不前，与其苛责他们（画地为牢）的秉性，毋宁说，较之古罗马，英格兰的判例相对稀少一些。当然，倘若一个法官对其他传统一无所知，他自然会以为英格兰判例真真就浩如烟海了。现今欧陆有几个国家，它们的法律很丰富，我国可不敢掠美，不过，你我都应无时或忘，它们构建实在法时，是以罗马法为基础。他们将罗马法的**断瓦残垣**[20]筑进了本国法之墙围，不过，这般筑造，自有其不同的选料和匠心，但比诸英格兰法官（对 39
于我国法）的搭建，却也没有太多出彩之处。

---

〔20〕 原文为法文 débris。

罗马法思想正是在罗马共和时代被烙上了灿烂的印记，而正是有了法学家在共和时代前半段所作的解答，罗马法得以浩荡前行。诚哉，找寻共和制沦亡之际的雪泥鸿爪，你我能看到，法学家的解答已变得迂迁僵硬，空有其表，严重偏离了其前进方向。传说大祭司库尹特・穆齐・斯卡沃拉[21]曾出版过一套罗马市民法手册。另有据可循，西塞罗在著书立说的过程中，相较活泼的法律维新工具，他对陈腐法则的恶感与日俱增。当此之际，其他手段也被引入和改变法律。裁判官颁布的年度告示[22]已提升为法制改革的最强劲引擎。卢修斯・科涅利乌斯・苏拉[23]力促颁布了一系列合称为科涅利亚法[24]的制定法，从中可发现直接立法对法制进步的急速提升力量。对法学家的解答吹响最后号角的人乃是奥古斯都大帝，他圈限了法学家的权力，自此极少数顶级法学家才有权对案件提出有约束力的意见；经此一变，法的理念距现代是近了
40 些，但他从本质上颠覆了法律执业特性，也根本逆转了法学家对罗马法的影响力。后世又兴起另一法学派，其绚烂的法哲学光芒照亮了所有时代。不过，乌尔比安、保罗、盖尤斯和帕比尼安并不是法学家解答的作者，他们的著述多是对具体法律部门的一般性论证，尤以裁判官告示为甚。

罗马人运用**衡平法**工具将裁判官告示纳入罗马法体系；对此，下一章将另行探讨。[25]提及制定法，关于直接立法（这一演化工具），只有一点有必要阐明：制定法在共和期凋敝稀少，而到了帝政

---

〔21〕 原文为 Q. Mucius Scævola。

〔22〕 年度告示指罗马每年选出的裁判官（praetor）就职后颁布的年度公告或一系列规章，用以提出在他任职期间判决案件时将要遵循的原则。

〔23〕 原文为 L. Cornelius Sylla。

〔24〕 该系列法得名于苏拉的名字 Cornelius。中国似无统一的音译法。

〔25〕 本章重点还是阐释拟制工具对法的演化作用。

期却卷帙浩繁。在任何一国的稚弱期,呼吁立法机构进行大刀阔斧的私法制度改革颇为罕见。民众哭号,并不是期冀于变法,因他们总将法的价值估得过高;他们哭号,单单是期冀法可以运行得更加纯粹、圆熟、便宜;而他们在讨伐立法机构之后,一般的结果是,立法机构会自我剪除某些严重滥用权力的行为,或是,就各阶层或各世家之间无药可救的争吵,立法机构会提出解决方案。在罗马人的观念中,重大制定法的颁布与拨乱反正的济世方略之间存在一定关联性。苏拉通过颁布科涅利亚法而发出重塑罗马共和时代之法律结构的信号;尤利乌斯·恺撒在制定法上倾注了心力;奥古 41
斯都大帝力促通过了一组十分重要的关于民事诉讼程序改革的朱利亚法。[26] 后世众多皇帝中最为活跃的立法者乃是那些受到举世瞩目而对罗马法进行重新调和的王公,譬如君士坦丁。直到帝制的建立,才真正迎来了罗马制定法时代。皇帝起初还遮遮掩掩,假借民意来颁布制定法,但帝国权贵旋即堂而皇之,对制定法予以扩大化,在奥古斯都大帝巩固政权之后,其数量愈加繁多,终于,《优士丁尼法典》颁布了。很明显,在第二位皇帝的执政期,已出现相当数量的制定法以及相应的法的运行方式,你我对此已知之甚稔。制定法体系搭建了起来,一个小众的注释法学家阶层形成了。很快,常设上诉法庭就要出现,[27]唯有经过御批的评注方能加于制定法之属,而你我也将贴近现代观念。

---

〔26〕 原文是 Legas Juliae。相关制定法在题目上都以 lex Julia 为开头,而将规范事项后缀,"如'lex Julia de adulteriis'涉及婚姻、嫁资及其相关问题"(《元照英美法词典》Lex Julia 词条)。不过,作为复数形式的 Legas Juliae 是 lex Julia judiciorum publicorum 和 lex Julia judiciorumprivitorum 的合称,是两部关于民事诉讼改革的朱利亚法,它们与《爱布蒂亚法》(*lex Aebutia*)一起合力废除了法定诉讼制度(legis actiones)。

〔27〕 作者在第十章中将指出,刑事审判权本属于民众大会,刑事审问处只是民众大会的下设机构。皇帝专权之后,先将刑事审判权赋予元老院,并开始一步一步蚕食这种民主性,而将之变成专制工具,并在后来设立了帝国枢密院作为常设上诉法庭,架空元老院。

第三章　自然法与衡平法

42 有一种思想很久以前便在罗马和英格兰畅行，它所内蕴的一系列法律原则具备与生俱来的优越性令其有资格更替更古老的法律。上一章将这种现身于一切法统中的思想命名为衡平法。你我很快就能发现，因了此术语的这一名号，罗马法学家方知晓衡平法这一种[尽管是独一无二的一种][1]法的演化工具。在英格兰，御前大臣法庭[2]的法也被冠名为衡平法，而若要详述英格兰衡平法，必另文述之。其纹路极尽繁复，而其衍化，亦源于若干纷杂之乱象。起初，神职出身的御前大臣将深藏在英格兰教会法[3]间架内的诸多原则挖掘了出来，献给衡平法。比诸教会

---

〔1〕 如无相反说明，方括号内的文字为从原文对译而来，圆括号内的内容为译者补写。

〔2〕 原文为 Court of Chancery，中文一般称为衡平法院或御前大臣法庭。Chancellor 或者 Lord Chancellor 有两个通译名：御前大臣或者大法官。通说认为，Chancellor 的职司兼具司法、行政和立法功能，因此采更为古老的“御前大臣”译名似更周到。

〔3〕 原文为 Canon Law。

法，罗马法调节世俗纷争的法律规范殊为膏腴，后世御前大臣常常回望而用之。你我在法官个人意见[4]之文存中处处可见当时御 43
前大臣对优士丁尼《国法大全》的大段誊抄，连术语都原模原样，且不论其源头从未得到考证。再后来，尤其是18世纪中后叶，低地国家的吹鼓手罗织出一套糅杂了法和道德的杂芜制度，貌似英格兰法律人对此已大举修习。在塔尔博特勋爵作为御前大臣的整个任期，直至艾尔登勋爵[5]下车伊始，（英格兰法律人的）相关著述对御前大臣法庭的推理方式产生了较大影响。该体系吸收了四面八方的养分，然因（法律人以为该体系）有必要与普通法时时类比，该体系的成长过程也被紧紧捆缚；不过，一套相对新奇的法律原则令因其固有的道德优势而主张推翻旧法，衡平法对此套原则亦有回应。

罗马衡平法在结构上要单纯得多，而自横空出世以来，其发展的步履更是有踪可循。其品性和沿革大有亮点，深有可挖。它乃是对人类思维方式产生深远影响的若干观念之根柢；而通过该等思维方式，这般观念亦深刻左右了人类命运。

罗马人声称其法律体系由两部分构成。优士丁尼皇帝御令颁 44
布的《法学阶梯》有言："大凡依成文法与习惯法而治民者，必一壁赖其本民之法律，一壁倚万民通行之法律。本民制定之法律，谓该民之市民法；自然理性为全人类所甄选者，谓之万民法[6]，盖因万

〔4〕 原文为 dicta，为 dictum 复数形式。法官个人意见指某一法官在法庭判决意见书中就某一并非与案件必定有关的法律点或并非确定当事人的权利所必要的法律点所发表的意见。此种意见在论证时有说服论述的价值，但不能作为判例约束以后的案件。参见《元照英美法词典》第413页关于 dictum 的词条。

〔5〕 原文为 Lord Eldon。正因艾尔登勋爵等人通过奠定"遵循先例"的司法原则，"衡平"逐渐摆脱个人色彩，其原则逐步体系化和固定下来，称为名副其实的"衡平法"。参见《元照英美法词典》第483页关于 equity 的词条。

〔6〕 原文为 Law of Nations。

民咸行之。”相信罗马人透过适用裁判官告示制度而将“自然理性为全人类所甄选”之法律的部分元素植入了罗马法。人为便宜行事，又称之为自然法；据说，自然法的效令受自然衡平法[7]和自然理性的影响。万民法、自然法和衡平法这几个术语名头响亮，我将试图找到它们的源头，并试图发掘它们所涵盖之观念的关联性。

初窥罗马史门径的研修人一定惶惑无伦，何以各地外邦人的涉足竟会使共和期的罗马帝国之境遇大受影响？至于其后世移民潮的成因，你我都易于理解为何各民族的人所涌入这个世界霸主[8]。但在罗马城邦出现的早期，相同情状亦有信史可载：大量外邦人和外籍居民[9]奔向罗马。古意大利社会跌宕不稳，各氏族俨
45 然寇贼啸聚；如有一社圈足以强大，勘御外辱，勘保小民，人必心向往之，移居该处，小民哪管这安身立命的代价是须支付沉重之税赋，须被褫夺市民籍，须受三邻之鄙薄。话又说回来，此解尚不周全，若要完满之，应考量另外一种因素，即先于文史载录的时代罗马与迦太基以及意大利内部邻邦之间活泼的经贸关系，尽管这经贸关系在罗马共和期穷兵黩武之传统面前相形失色。不管缘何成因，外邦人总之影响了整个罗马史历程，各个阶段充斥着冥顽不化的罗马人与外邦人之冲突。摩登时代断不如是；一方面，现代欧洲国家绝少抑或绝不接收潮涌般的外国人，使绝大部分土著人感受不到移民之众；另一方面，现代国家以效忠君主或政治领袖而凝
46 聚，它们吸纳移民之迅捷，古人望尘莫及，而古时候，一国的原住民往往认为，国家是因原住民的血缘关系而凝聚，因此，（若是外邦人

---

〔7〕 作者分别用英文 Natural Equity 和拉丁文 *naturalis aequitas* 描述之。

〔8〕 原文是 the mistress of the world。

〔9〕 原文是 denizen。Denizen 在国际法上指惯常居住于某国但又非该国的土生居民的人，其地位介于外国人与土生居民之间，可以享受某些公民权。参见《元照英美法词典》。

在此安居）他们认为自己与生俱来的权利被褫夺了，就愤愤不平地主张均沾特权。罗马共和时代之初期，对外邦人完全排斥适用之原则在市民法文本中处处体现，这与其习惯法时期之情状旗鼓相当。一个外邦人或是外籍居民无权从与罗马城邦一样古老的制度中分一杯羹。这人无权享有罗马市民法上的权益。[10]他也无法作为铜秤式买卖[11]的当事人（进行民事行为），铜秤式买卖在罗马先民时代曾经（同时）代表物权让与行为和契约行为。这人还不能依誓金制度[12]提起诉讼，该制度的诉讼方式之源头可上溯至人类文明的稚弱期。此外，这人既不可以违背罗马的利益，也不可以威胁罗马的安全。古时候，哪怕均势遭遇一丝一毫的侵扰，任何政权都有倾覆之虞。罗马人纯粹出于自保的本能也会想出一些办法调和外邦人的权与责，不然他们也兴许就以刀兵来断纷争了——这在古时候可是实实在在的重大危险。另外，对外贸易在罗马史的任何时代都有其举足轻重的地位，因此，半是出于安境保民，半是出于有利通商，法院甫一开始便需掂量外邦人之间或土著人与外邦人之间的争讼情形，并马上要发现若干能够解决该等争讼之原则。 47
彼时，这般原则经罗马法律人的这般适用，便矫矫不群，大放异彩。吾也有言，法律人判断此等案件，便拒用罗马市民法，而他们亦不愿自降身价，因此也拒用外邦人本国的法律。以为权变，他们便挑选了既适用罗马，又适用意大利其他城邦的一套法律规范。换言之，他们自己动手设置了一套与万民法初始字面意义相符的制度。事实上，万民法乃是古意大利各民族通用的习惯法之总和，盖因此等民族即为罗马人所能穷尽的**万民**[13]，而前赴后继地蜂拥向罗马

〔10〕 这里的"罗马市民法上的权益"对应"裁判官法上的权益"。
〔11〕 作者在第九章将详细解释这个制度的源流。
〔12〕 作者在第十章将详细解释这个制度的源头。
〔13〕 原文是 *all the nations*。

土壤的移民也正是由这些氏族输送的。只要万民适用共通的习惯法,罗马人总将其设为万民法。因此,试举一例,尽管罗马周边各民族的物权让与制度形态各异,但是,就拟让与的物而言,移交、让
48 渡或交付[14]乃是共通的仪程。此乃罗马所特有的要式买卖制度或物权让与制度的一部分,虽说它只是附带性的部分。交付很有可能是各种模式之物权让与行为之中共通的元素,法学家在穷尽其手段考察时,便将交付设为万民法制度。罗马人细致地对其他现象进行了大规模考察,并得出同样结论。在大规模考察过程中,就同一个考察客体,他们找到了若干共通特质,并将这类特质分门别类,写入万民法。相应地,万民法成为一系列规范和原则之集合,并成为意大利各个氏族之间优先适用的机制。

这便是万民法的由来,由此,人不会臆想罗马人对之存有些许的敬意。罗马法律人或鄙薄外邦人的本国法,或不情愿将自家的罗马市民法施惠予外邦人。不过,倘若由你我对罗马法律人所感染的病候来动手术,你我审度万民法的目光或又不同。从感性上,你我更当侦查出那些支撑起和弥漫于各民族之习惯法的背后的元
49 素。你我应对普适的规则和原则心怀某种敬畏。你我或应厝意交易行为之精髓中共通的元素,并剔除各民族交易行为仪式中倏忽而来却各各不同的其他程式。又或者,你我能归纳出,这些被考量的民族曾经遵循过一套共通的机制,而万民法只是该机制的复制品;而所有习惯法,只是规范过原始社会的简单律法在历经(寡头的)糜烂和盘剥之后变得冗繁而已。话又说回来,依现代观念而考察出的结论又几乎颠覆了古罗马人出自本能地收为自用的成果。

---

〔14〕 作者在此堆砌了三个词:transfer、tradition 和 delivery,其中,tradition 同拉丁文 traditio,与 delivery 一样,都具有"交付"之含义。就本句话的语境,作者要表明的是不同民族或氏族的习惯法中均存在对有体物的抽象"交付"行为,而罗马人将其抽象到万民法之中。

你我所敬仰和尊崇的，正是他们烦恶、妒忌而恐惧的。他们含情脉脉凝视的部分法学思想，正是现代学者视之如偶发的、瞬变的败叶般予以打扫的。惺惺作态的要式买卖，口头契约[15]中拿腔拿调的问与答，层出不穷的答辩仪程和诉讼程序。万民法纯粹成了因政治需求而强行要求罗马人留心的制度。罗马人对万民法之寡情，好比他们对外邦人之凉薄，而万民法本是从外邦人的制度中脱胎而来，也本是为外邦人的利益而设的。当万民法还不足以能够挑战罗马人对它的鄙薄之时，他们就需要彻底颠覆自身的观念。而他们的观念在实实在在被颠覆时，这颠覆之彻底，使我们发觉了缘何依现代分析方法得出的万民法迥乎于前文所述之万民法，原因 50
就在于现代法学和现代哲学都秉承了万民法成形之后法学家的成熟思想。万民法本是市民法卑微的旁支，但确有一段时光，它尽管发育不良，却一跃而被视为伟岸的楷模，所有法律都应当顺应之。不过，罗马人在实际运行万民法时，也肇始适用希腊的自然法思想，于是（万民法的）危机随之而来。

依某种理论的一家之言，自然法[16]可简单等同于万民法[17]。罗马法学家乌尔比安就着自己的品味而尝试过要将二者区分开来，想辨明它们在法律专业人士眼里有何特质，但结果很是不幸。盖尤斯之语录的权威性要大得多，而在其语录之中，并在其《盖尤斯法学阶梯》的字里行间，此二者可勘互换，没有丝毫怀疑的余地。此二者的差异完全是历史性的，当于创设之时，他们本质上没有区别。无须多言，万民法和**国际法**的混沌不清唯今方现。国际法的

---

〔15〕 作者在第九章将指出，口头契约中最典型的就是要式口约。

〔16〕 作者在此分别用拉丁文 *Jus Natuale* 和英文 Law of Nature 表述自然法。作者故意反复列举了这些字形相近的术语。

〔17〕 作者在此分别用拉丁文 *Jus Gentium* 和英文 Law of Nations 表述万民法。

古典表述,乃是宣战与议和法。[18]可是,无可争辩的是,万民法本身
51 模糊的影像在相当维度上造成现代理论的错觉,以为独立国家之间的关系也受自然法所调整。

在此有必要考订希腊人观念中的自然和法。希腊母语中的 φύσις 一词可视为拉丁文中的 natura 或英语中的 nature。尽管考虑到现代语言很难描画——这也体现了古今文化的两相永隔——但毋庸置疑,该词本初的含义是物质世界。世人认为,象征物质世界的自然是在原初的元素或法的作用下产生的。希腊最为远古的哲人都认为万物之构造是某个单项原则的表象,而这原则是什么,这些哲人却莫衷一是,有人坚称是运动,有人断言是**力**,有人谓之火,有人宣称水,还有人厥词是繁衍。在最单纯和最远古的希腊人看来,自然作为某个单项原则的表象,乃是目之所及的物质世界,不增不减。后来,希腊各个思想流派重入先贤的迷途,更在自然之**物质**世界的观念上添上一道**精神**世界。他们延拓了这个术语,使之不仅涵盖有形世界,更蕴含人类之意念、传统和热望。与前史相类,人类社会的精神表象由古希腊人通过**自然**(这一观念)而顿悟,不唯如此,他们更认为,此类表象可以熔炼到若干粗放和单纯的法律之中。

52 古希腊先哲猜想道,物质世界可能由原初的坯胎发生芽变,化为当下多样化的形态,于是乎,传承其衣钵的思想家们推想,若不是非理性因素的胡搅蛮缠,人类会将自身圈囿于一类简洁的行为规范内,过着不那么暴戾的生活。这类思想家还认为,人之被创造,其终极(价值)乃是顺应**自然**,精英人士对之应恪守不渝。所谓

〔18〕 原文是拉丁文 *Jus Feciale* 和英文 the law of negotiation and diplomacy,是早期国际法的一种,以人们不同的种族及宗教为基础。参见《元照英美法词典》第 760 页相关词条。

顺应**自然**,是说人应自我提升,不再沉溺凌杂之积习,并遵守一套更高的行为法则;而这行为法则无他,唯自我否定、自我训令而已,有志者必能守之。一般认为,顺应自然的教义出自于鼎鼎大名的斯多葛学派之建言。希腊被罗马人征服了,该学派之思想却在罗马社会迅速走红。罗马的权势阶层至少从理论上是坚守古意大利民族之朴素生活习惯的,他们鄙薄和抗拒洋派作风、奇技淫巧。自然,这阶层对斯多葛学派顺应自然的观念一见钟情;我还想说,这份慕恋不但极尽感佩,也极尽贵气,与弥漫于帝国城邦之恣睢纵欲和穷兵黩武正好形成对照。即便无信史佐证,你我仍可言之凿凿, 53
罗马法律人可充当这一新希腊学派之信徒的排头兵。丰富的史料表明,在罗马的共和期,社会思潮大抵只在于两大阵营,一是军伍,二是法律人;军伍被视为(社会风潮的)搅动派,而抵制派却首推法律人。

罗马法律人中的斯多葛学派联盟持续了好多个世纪。一批名望甚著的早期法学家与斯多葛主义有所沾染。最后,你我步入罗马法学众望所归的黄金时代,即安东尼和恺撒时代,这二人是斯多葛主义人生信条最熠熠生辉的拥趸。这些信条在此思想阵营薪火相传,必定要左右他们为之耕耘和影响的学问。唯用斯多葛主义之钥匙,你我方能从罗马法学家遗文残卷中探寻出其各自的观点;不过,仅挑拣些与斯多葛主义确凿相关的三两个法则来度量斯多葛主义本身对罗马法的影响力,却又失之谬误,乃是以讹传讹。公众已有论证,斯多葛主义的力道并未停歇于丑恶怪诞的行为准则,而于其耳提面命的禁欲原则。同理,希腊思想——简而言之就是 54
斯多葛主义——对罗马法的影响力不在乎于其贡献的三五个观点,而在乎于其外借给罗马法的(有关自然之观念的)单一基本设想。待到"自然"一词在罗马脍炙人口,罗马法律人渐渐认同,古老的万民法实质上是失落的自然法;他们也认同,裁判官正通过告示慢慢给万民法划定原则,以挽回分崩离析和沉坠恶化的法律。你我从罗马法律人的前述信念中可毫不迟疑地推断,用裁判官告示来最大限度地接替市民法、通过原始社会深入人心的自然之观念以最大程度地进行制度重建,乃是裁判官的职责所在。自然,这一法律改良工具窒碍苦多,即使是法律人自身或也需克服偏见。罗马社会痼疾难除,怎会轻易给一哲学思潮让位。裁判官告示从侧面将某些特别的怪状进行了杀伐,以此观之,裁判官告示的起草者情非得已,以避其锋。下溯至优士丁尼时代,仍有部分陈旧的法律
55 冥顽不灵地抵制这一哲学的影响力。不过,大而化之,一旦自然法思想注入其中,罗马法改良之迅捷令人啧啧称奇。简化和归纳的观念与自然之理念亦步亦趋,因此,世人开始认为,良性法律体系应具备简易、对称和通俗等特征;横蛮的言语、繁缛的仪式和无用的死结曾沆瀣一气,在良性法律体系中也湮灭殆尽。这需要优士丁尼具备坚定的意志,并利用非凡的机遇,以将罗马法引入既定的架构。不过,这一制度平面图远在皇帝推行改革之前就已经绘制出来了。

古老的万民法和自然法之间有何联结点?窃以为,这二者是通过发轫为衡平法〔19〕的理念而触碰和融合的;看起来,这是衡平法这一大名在法律史上首次亮相。这一术语发源如此久远、历时如此漫长,若要审视之,最保险的方式是力透至斜照到此观念上的朴素譬喻或影像。一般认为,衡平法等同于希腊语中的*ἰσότης*,意为平均分配或按比例分配之原则。数目等分或物产均分的观念无疑已经缠绕于现代人的公正观念之中;现代人具有这般将数目等分

〔19〕 作者分别用拉丁文 *aequitas* 和英文 equity 表述。

或物产均分与公正相联想的顽固思维基础；要从具有深邃思想的思想家头脑之中将此联想拔除掉，并不是一件易事。洄史之长河，这种联想在原始观念中并无立锥之地，而为后世之哲学迸溅。一 56
般还认为，古希腊民主人士自诩的法之“平等性”与古罗马人所谓“衡平法”殊无同处——据卡里斯特拉图[20]凄美的饮酒歌，哈尔摩狄奥斯和阿里斯托吉顿[21]告诉了雅典人这一法的“平等性”观念。前者指代国内法在市民阶层之间平等的施行，不管这个阶层之范畴多么狭窄；后者所说的法，其适用性未必涉及市民阶层，而该法并也不是实在法。前者对暴君并不适用；后者却适用于外邦人，有时还包括奴隶。我想从另一个方位探视罗马“衡平法”之萌芽，以资总览。拉丁文“æquus”[22]比希腊文“ἴσος”更直白地含有**“平齐化”**之意。当彼之时，该词所代表的平齐化趋向正是万民法所具之特性，这对古罗马人而言真真是振聋发聩。纯正的罗马市民法对不同阶层的人和不同种类的物进行过大量而任性的划分；而由各类习惯法归纳而来的万民法却摒除了此种划分。试举一例，古罗
马法严格区分宗亲关系和血亲[23]关系，即立足于家长权的家庭有 57
别于纯粹依共同血脉这一事实而缔结［同现代观念相一致］的家庭。罗马市民法中的此等划分在“万民咸行的法”面前杳杳而匿，一同遁走的还有陈旧的物的分类方式，即所谓“要式转移物”和“略式转移物”的分类。窃以为，万民法弃用前述分界线，此一特点体现在衡平法中。我猜想，如果外邦人的讼案归裁判官法管辖，裁判

〔20〕 即 Callistratus，是公元前 6 世纪的雅典诗人，因赞美诗《哈尔摩狄奥斯和阿里斯托吉顿》而闻名。

〔21〕 哈尔摩狄奥斯和阿里斯托吉顿，即 Harmodius and Aristogeiton，二人因谋杀希腊僭主希庇亚斯及其兄弟希帕库斯而声名遐迩。二人同去世于公元前 514 年，后成为古雅典民主、爱国精神的象征以及同性恋典范。

〔22〕 Æquus 意为“公平的、公正的”。

〔23〕 分别是 Agnatic 和 Cognatic。

官会不断齐平和剪除这般参差不齐的制度,而该词〔24〕的最初含义即这一过程的真实写照。起初,它并没有掺杂道德色彩;而你我有理由相信,其所隐喻的前述过程令罗马人极度不快。

此外,万民法的特性透过衡平法而为罗马人所领会,它正好直观而形象地实现了人类想象中的自然状态。自然这一概念隐喻出一种物质世界和精神世界中匀称的秩序以及原初的秩序观,而这种秩序观无疑涵盖古人对直线甚或平面、人类丈量出的距离等图形或影像的认识。而当于人类力求借此观念而勾勒出虚拟的自然
58 状态之外形时,或赖此观念掠视"万民咸行的法"之实际施行时,前述相同的图形或影像仍旧不自觉地蹦入人类的脑海之中;就你我所掌握的原始思维方式,你我可下结论,这种完满的相似性可激励人类去相信这二种观念〔25〕具有同一性。不过,万民法于罗马人几乎没有先验的分量,于是自然法思想便长驱直入。它身具哲学上的万般威望,并与这一民族渊源颇深,处之欢愉,于是具有万种风情。(衡平法)这个用语一度细数过古老原则的运行过程,并揭示过(万民法)这一新思想的结局〔26〕;就人类观点的差异将如何提升该用语的地位,也一望而知,因为,如要(将衡平法)描述为"齐平化",或谓之"对参差不齐的制度予以矫正",即便是以现代人的耳聪目明,这两种说法听起来也不尽相同,尽管这其中的隐喻殊无二致。我还相信,一旦罗马衡平法被认为隐喻和传达出(自然)这一希腊思想,人就开始联想到等分原则这一希腊式的观念。西塞罗的著作更明确了这一点,而且这是衡平法在罗马变形的第一步;在彼时初现端倪的伦理学思想也施予援手,或多或少对之予以传承。

---

〔24〕 仍指拉丁文 *æquuus*。

〔25〕 万民法和自然法。

〔26〕 自然法和万民法的融合。

衡平法这一正式工具的原则和特点先后与万民法和自然法有 59
过交集，而衡平法工具依靠这些原则和特点融入罗马法。对此要多说几句。在以塔昆氏[27]被逐为印记之古罗马史的危急关头，丕变迭生，这与编年史上的许多古老民族(的演化节奏)亦步亦趋，但是罗马的丕变与被我们称之为革命的政治事态路径迥然有别。简而言之，罗马的王权被散置于各个职能部门。原先由寡王累积和紧捂在口袋里的权力被掏了出去，散发于被推举的公职人员之手。王座的令名被保留下来，扣在大人物头上，就是后来的大祭司。又，既定的最高司法权被移交给了裁判官，随之而一同移交的是各王恣意玩弄而僭越了法律和立法权的至上王权，很明显，这份至上王权好比英雄时代和贵族时代寡头们一度欢愉地享用过的威权。共和制甫一建立，前来定居于罗马司法辖区的人络绎不绝。他们不能归于罗马原民这种特定类属。随着他们之间的讼狱之事往复呈前，政府虽勉强维持，却力有未逮。此情势下，由王权移交过来的各种权能虽然界限不清，却非常重要。如不是裁判官勉力决断， 60
移民之争或移民与罗马本土公民之争早就越积越多了；而罗马臣民与所谓外邦人之间商贸往来迅速扩大，擦枪走火之势便愈严峻，裁判官更少不得要去调停纷争。此类案卷在罗马法院堆积成山，其标志性事件便是第一次布匿战争[28]时期委任了一名特殊的裁

---

〔27〕 原文是 Tarquins。关于此君，特奥多尔 · 蒙森著、李稼年译、商务印书馆 2007 年版《罗马史》(第 2 卷)第 4 页写道："塔昆王家的末主'高傲者'被逐的故事，无论穿插着多少故事，发挥成多少传奇，它的主要轮廓却无可置疑。据可信的传说，人民造反的原因在于：国王应与元老洽商而不洽商，应补缺额而不补；不与顾问商议便判极刑。籍没财产；他的仓廪积谷如山，他还额外要求公民服兵役和工役…… 王族所有的人与末主同被逐出，当时氏族关系的密切可见于此。塔昆氏移居凯雷，他们的族茔晚近就在这里出土。"

〔28〕 布匿战争是罗马同迦太基之间的战争，共发生过三次，第一次在公元前 264 年至公元前 241 年。本次战争主要是为争夺西西里岛及其遍布的水域。

判官,后世谓之“外事裁判官”[29]。外事裁判官对此类案卷目不转睛地投射了注意力。为了压制专制的重新抬头,预防高官在其为期一年的任期内扩大权限之趋向,罗马人强令每一名高官下车伊始便颁布告示,以宣示其职司运转的方式。裁判官与其他高官同落入此等规制;可他既无必要、也不可能每年颁布一套崭新的原则,于是他便视上任时事态之急切和法令之紧迫,将其前任裁判官告示添枝加叶、改弦更张,并重新颁布一次。于是乎,裁判官告示
61 一年长于一年,获名为“永久告示”[30],意为**持续而延绵的**告示。
年复一年,裁判官告示文意紊乱,尾大不掉,臭不可闻,不过,到了哈德良[31]皇帝在位期间,优利安努斯[32]当于其任期终于不再续接之。因此,裁判官优利安努斯的告示乃是衡平法的集大成者,并呈现出一股清新和匀称的气象,从而为罗马法援引,并称之为优利安努斯告示。

提及这个别致的告示机制,英格兰人的第一个疑问或许就是,裁判官权力扩张如斯,于何等界限才受羁绊?他的威权如此随性,怎生与社会与法的既定情态达到鸾凤和鸣?唯有谨慎剖析我们英格兰法的施行状况,方能得出答案。我们回忆一下即知,罗马的裁判官或者本人就是法学家,或者就有许多法学家充当幕友。有可能每一个法学家都在坐立不安地等待这个司法高位出缺的时机,自己好填补或执掌。不可避免,补缺期间,他本人的品好、感观、取向和慧性,无一不具他这个阶层的特点;他能否胜任本职工作,取
62 决于他本人的执业实践和受训经历。英格兰御前大臣的受训经历

〔29〕 Preator Peregrinus.

〔30〕 原文是拉丁文 *edictum perpetuum*,故作者随之用英文予以解读。

〔31〕 原文是 Emperor Hadrian,拉丁文名是 Publius Aelius Hadrianus,生于公元 76 年 1 月 24 日,卒于公元 138 年 7 月 10 日。

〔32〕 原文是 Salvius Julianus,也被译为尤里安。

与罗马裁判官纤毫不差，更携了与罗马裁判官相同的资历坐在铺有羊毛袋的坐垫上。[33]于是可以确信，他上任之后、离任之前一定要或多或少修改法律；不过，唯有待到御前大臣交印以后，并相关讼案[34]之判决的判例报告梳理完成以后，你我方知他将前辈馈赠下来的法律原则之遗产解读到何等程度，或在这些原则上添加了几多砖瓦。裁判官对罗马法哲学之影响力的有效性仅限于确切的年份。如前所言，裁判官的任期是一年，其判决对诉讼当事人而言尽管是不可推翻的，然于后世而言却无既判力。那么，裁判官所宣示的变革，其发生的最自然的时刻，是他任期内任一诉讼被提起之时；因而，裁判官下车伊始就公开叫嚷着进行维新，而他在英格兰的代表[35]所力创的变革却是潜移默化的、甚至是下意识进行的。世人对裁判官之自由意志的制衡，正好与英格兰法官受到的约束一样大。理论上说，裁判官和御前大臣的权势无边无际，可实际上，裁判官早年受训之时已被灌输了先验的、将权限收缩到极为紧窄的观念；兼之，其在位时，他的职业观念强烈地掣肘他本人谋其政，而唯有亲历，方能体会到这种职业观念带来的自我约束力是何等遒劲。御前大臣的自我约束比起裁判官不遑多让。进一步讲， 63
他们头脑中自我划了一条防线：于防线内，他们可以自由活动，但防线之外，他们被禁足。每一种情形下的防线都分外明晰。[36]在英

---

〔33〕 原文是 woolsack，羊毛袋，借指上议院议长专座。英国御前大臣作为上议院议长时，必须坐在一个有红布面的羊毛袋作坐垫的专门的座位上。这起源于伊丽莎白一世时期。当时，一项禁止英格兰出口羊毛的法案被通过。在通过该法案时，几只羊毛袋放在上议院的座位上，几位法官分别坐在这些放在羊毛袋的座位上。这些羊毛袋能使法官不断想起羊毛是国民财富的源泉之一。在御前大臣受封为贵族称为上议院的议员前，御前大臣以上议院议长身份出席上议院会议时，他只可以坐在该专门座位上。以上摘自《元照英美法词典》第 1422 页 woolsack 词条。

〔34〕 原文是拉丁文 *Lis*，意为诉讼、争执、争议。

〔35〕 指御前大臣。

〔36〕 古罗马和英格兰两种情形。

格兰,就判例报告中依照互不相同的各组案情而作出的判决书,法官会拿来加以类比;而在罗马,裁判官受到的羁绊最早来自他本人对民族安全的朴素忧虑,既然如此,我猜想最初这等羁绊的力道与他本人试图消除这等忧虑的力道成正方向关系。而随即,法学家遍尝各类原则的滋味,作出各种解答,于是,裁判官本人、执业的其他法学家以及同时代的其他职业人士一致认为某一类基本原则乃是隐藏在法律背后而被深挖出来的,而裁判官更通过发布告示的手段而大胆并大尺度地对这类原则予以适用。希腊式的哲学思想一度将裁判官圈定在特定路径上,并引诱他步步向前,事到如今,裁判官的言行便受到希腊式哲学思想的十足影响。

优利安努斯的手段引发了极大的争议。〔37〕但无论本质如何,他公布的告示之效用却不匮平实特色。裁判官告示不再逐年加长,因之,自哈德良而继亚历山大·塞维鲁主政期,〔38〕归益于一连
64 串了不起的法学家笔耕不辍,罗马衡平法得以进步。这些人创建的优良制度,其片段犹存于优士丁尼的《学说汇纂》;其能证明,这些人的著述见于罗马法各个部门,但更以裁判官告示之评注的形貌见人。诚然,不管这个时代的法学家如何的术业有专攻,他们一般被称为衡平法释义人。这个时代终结之前,裁判官告示的种种原则以不同管道渗透到罗马法哲学之中。你我应知,无论罗马衡平法与罗马市民法如何泾渭分明,这二者皆得通过同一个司法机构方得以施行。裁判官一壁是衡平法上的首要审判官,一壁却是普通法上〔39〕的重要行政官;一朝裁判官告示演化成衡平法规则,裁判官法庭便着手适用之,以替换陈旧的罗马市民法规则,或兼采

〔37〕 指他处理裁判官告示的方式。

〔38〕 原文是 Alexander Severus,罗马皇帝,他于 222 年至 235 年在位。

〔39〕 作者将罗马市民法类比于英格兰普通法,而将裁判官告示比为英格兰衡平法。

之；如是，未经立法机构白纸黑字的立法，罗马市民法便被撤销或半撤销了。自然而然，这导致（罗马市民）法和衡平法的严重脱节，直到优士丁尼改革，此二者方得以融合。这两个法学术语特别的割裂状态引发了些许含混和磕绊，而罗马市民法中有些教条很坚固，无论是裁判官告示的书写者还是释义者都不敢斗胆侵扰。不过，同时要说明，罗马法没有一个角落不被衡平法的影响力或轻或重地扫荡过的。衡平法向法学家支助了所有供他们归纳的原料， 65
支助了所有释义方略，支助了它对基本原则的阐发逻辑，还支助了大量的限制规则，以使法学家在免受立法者侵扰的同时，还可严密控制制定法的适用范围。

法学家的时代在亚历山大·塞维鲁主政期便终结了。自哈德良皇帝而至亚历山大·塞维鲁皇帝的时代，如同现下绝大部分欧陆国家一样，（罗马的）法制能够不断进步，一部分归功于钦定的评注，一部分归功于直接立法。不过，到了亚历山大·塞维鲁主政期，罗马衡平法上升的力道似乎被耗尽了，而再无法学家接续之，罗马法史更空余了皇帝立法以及将罗马法法典化的尝试；如今观之，法典化的罗马法制度失之蠢笨。你我于是看到最为晚近、名头最响的优士丁尼《国法大全》。

若要细致入微地类比或对比英格兰与罗马衡平法，不免令人殚精竭虑；不过，要指出这二者共有的两个表征，却也值当。如下先述第一个。英格兰和罗马的衡平法都恰巧趋同于古老的普通法甫为衡平法侵扰时的状态，而且类似制度都有这趋向。（在任何社会，）德行原本仅为人奉行，但终究会被合法化，并且，发轫于德行 66
的制度终究会有一刻会僵直刚硬、故步自封，与最为陈腐的所谓法律规范相类，这二者都有可能落伍于德行的进化。亚历山大·塞维鲁主政期也迎来了这一刻，随后，即便罗马的每一个角落都在展开道德革命，罗马衡平法还是停驻了张扬的步履。在艾尔登勋爵就任御前大臣的时代，英格兰法律史也迎来了这一刻。作为我国首批衡平法官的一分子，艾尔登勋爵并没有借用间接立法而扩张衡平法的运用，而是举毕生之力阐述之、调和之。若要将英格兰法律史的哲学脉络领会得更加透彻，应当说，彼时之法律人一方面会更平实地评价艾尔登勋爵的贡献，而另一方面又对之会有更为深刻的领会。法律人还应绕开另一个结出过若干恶果的误区。英格兰法律人表露出这样一种观念，以为英格兰衡平法是基于德操的一套体系。他们忘了，这些德操是过去好几个世纪的——不是现下的——而人类已经最大限度地秉行过这些德操，还有，与当下之伦理信条相较，尽管前述德操未曾面目全非，却已然不在同一个层面上。这些观念有欠考虑，却流毒无穷，滋生了彼此对立的两种错误观念。一大批衡平法专著都陷入了当下体系之圆满性而不能自
67 拔，或明嘲，或暗讽，似是而非，以为衡平法思想的奠基人在铺设基石之时所深思熟虑的乃彼时横亘不移的德操。正如你我在法学争鸣之景象中经常听到有人牢骚满腹一样，另有一批人却又怨天懑地，说衡平法院采纳的德行尺度不能满足当下的需要。这批人恨不能让御前大臣对案牍之上的所有案件做出纤毫不差的同样裁判，却不顾英格兰衡平法之父辈的这类裁判是针对陈腐的普通法而做的。可（他们的）这类想法却颠倒了法律演化所依赖的工具（步入历史舞台）的顺序。[40]衡平法自有其现身的场合与时机；不过，我已指明，待其燃料耗尽之时，自有另一工具[41]正严阵以待，以备薪火相传。

---

〔40〕 作者在第二章指出，法律上的拟制、衡平法和直接立法在历史上先后出现，以促成法与社会的和谐。

〔41〕 制定法。

法律人曾为衡平法效力应高于实在法则的观点辩护，其辩护
的基础基于某个假定，而该假定的非实在性便是英格兰和罗马衡
平法共有的第二个明显表征。德行的进化是客观现实，可无论是
作为个体还是整体，没有比承认这一现实更令人类厌拒的。人类
对于不改初心这一有待商榷的风节品性过分推崇，以此可见，他们
对于前述客观现实存在抵御心理。社会观念明显在整体进步和向
好，人类很难熟视无睹，同时也很难清晰表述；但要接受其成为宏 68
伟社会现象却遭到激烈抗拒，人类普遍将其解释为完美情状的失
而复得，即德行从礼崩乐坏之中徐徐回归。你我已然发现，人类谈
及德行进化之时，往往回望，而不前瞻，这给古代罗马法带来了重
大而恒久的影响。当于解释裁判官给法学进步带来的丰功伟绩之
时，罗马法学家从希腊借入了一种“人的自然状态”之理念——人
最初存于自然社会中——这要早于由实在法所统辖的社会结构。
这边的情形呢，从前英格兰人尤其以讹传讹，以为衡平法应取代普
通法，因为他们认为，君主理应大权统揽，对司法权指挥如意，而这
司法权乃是由父权自然地赋予君主的。还有一套包装更加神奇诡
异、观点却是殊无二致的古老教条，说衡平法是从君主的良心里流
溢而出的——明明是社会整体道德标准在进步，人类偏说君主的
德操在自我提升。随之，英格兰结出这般酸涩的理论果实；不过，
衡平法院的管辖权已经扎扎实实地确立下来——要构思另一套正
式制度也不值当。人类从现代衡平法理论手册里寻觅到花式繁
多、千人一面和不堪一击的奇谈怪论。这些论调多是对罗马自然 69
法原理的篡改，而学者们正襟危坐，据此勾画出自然法正义和实在
法正义的分野，以资谈论衡平法院的管辖权问题。

第四章　自然法的现代化进程

70

从前文可以推论出，将罗马法改头换面的那一思想[1]未曾宣告其哲学上的精细性。客观上该思想采了“一塌糊涂的思维方式”，而今人认同道，这般思维方式纵有万般好处，却没能表明人类稚弱状态下的最高思想水准，而即便我们现代人努力彼此启发，这种思维方式也远越“不可知”状态。自然法思想混淆了**前世**和**现世**。[2]从逻辑上说，它成功隐喻了为自然法曾经调整过的**自然**状态；可是罗马法学家还是没能用清亮的嗓音信心满满地表明这一状态真切发生过。古时候，自然状态基本未被识得，只在黄金时代[3]的幻境里寻到一片芳影。为了其入世的抱负，自然法

---

〔1〕 自然法。本章后文有更详细的批判。

〔2〕 原文是大写首字母的“Past”和“Present”。两个大写的字母P，表明作者追求形式上的一致和对比。

〔3〕 原文是“Golden age”。据古希腊哲学家赫西俄德（Hesiod），黄金时代是一个纯粹安宁、和谐、稳定和富足的时代。黄金时代、白银时代、青铜时代之后，才轮到荷马史诗所描绘的英雄时代。

应当属于现世，与实在法藤盘根错，（古罗马的）有识之士自能将之 71
区分开来。他们从芜杂繁重的社会原料中区分出自然法，并掌握了一项提炼之术，即化繁为简与左右逢迎的理念；不过，自然法之备受推崇，倒不可归因于其简约和协调，而应归于其从茹毛饮血之**自然**万象中所承继的血脉。罗马法学家的现代教徒却没能拨云见日，而实际上，现代自然法思想一泻千里，越描越模糊；说句公道话，古罗马的法律人已经难逃言辞含混之罪愆，而现代罗马法学者更加不堪，文意浑浊，溃不成军。某些著述对根本性难题予以回避，称自然法生存于未来之土壤，所有社会的法都应当以此为标杆，可这种论调背离了古代自然法思想之出发点，甚或将两套不容于彼此的理论混为一谈。凡事着眼于未来，而不是过去，以达圆满，这是基督教带给尘世的观念。远古的文艺作品就基本不会暗示我们说，社会一定会越变越美好。

话又说回来，虽说自然法思想在哲学上有其不足——世人因此反而有所期待——但它对于人类的重要性还是明显得多，毕竟
谁也说不清，如果古代自然法思想未能普及，思想史以及随之而来 72
的人类史将要转向何方。

当于稚弱期，法及其所凝聚的社会均可能易于陷入两类特别的险境。第一类是，法总是发展得过于迅猛。这一点体现在古希腊法中，希腊人凭借新奇的手段，挣脱了繁复的程式和多余的文艺腔，并很快不再在僵化的律法上附加怪力乱神的价值观。其所作所为，虽让公民直接受益，但却非为人类的最高福祉。希腊人国民性格中最为罕有的特质是，他们总有本领制定和实施法律；与此同时，尽管抽象正义频频流产，他们却守望着，幻想着法与一种更崇高的理念鸾凤和鸣。希腊知识分子洋溢着贵气与灵动，他们总不定囿于法律方程式如紧身衣一般的箍缚；看看他们在雅典平民法

庭上的表演吧，这样能获得最精准的判断。古希腊的法庭展示出
将法律与事实拧巴在一起的最为遒劲的趋向。古希腊各个诡辩家
通过遗留的声音、亚里士多德通过《修辞学》中涉及法律话题的桥
73 段告诉世人，在每一个可能左右法官意志的层面上，他们曾经穷尽
一切手段抗击纯粹的法律问题。这种情态下，不可能产生持久的
法制。若是一个社会总在为特定案件的事实部分提出理想中完满
的解决之道（却无涉法律部分），并以此方式而畅快淋漓地松开成
文法规则，要说这个社会为子孙后代馈赠了何等司法原则，它馈赠
的只是应景的善恶观。这种法学思想没有蕴含与后世观念相匹配
的、更为深远的思维框架，至多达到一种带有残缺文明印记的哲学
高度，而希腊社会就是在这种文明中成长的。

鲜有这般国家化的社会，其法制会受迫于这种过早发育和过
早崩裂的险境。你我自然无法判断罗马人是否也曾遭致此类险境
的严重胁迫，但无论如何，他们在自然法思想层面做过充分防护。
只因在罗马法学家明确的构想中，只要实在法未被废除，它应当舒
缓地吸纳实在法，而不是取而代之。在罗马之外，世人却以为自然
法如此圣洁，更不会想到，对自然法的溺爱也许会左右法官的意
志，使其无法力尽断案之责。自然法观念的价值和实用性实质上
74 具有如下基奠：在人类的精神维度中，自然法始终保持为一套完美
的法律形象；它不断启示世人之愿景，以无限接近它；不过，自然法
从未引诱法律人或白丁布衣，不让他们抗御与自然法殊为脱节的
实在法义务。你我还应悟到，与后世的法哲学思想不同，这一完美
的体系从不嘲弄世人之期冀，它并非凭空想象而瓜熟蒂落，也并非
建立在未经实践之原则上。在罗马人的观念中，自然法蕴藏于实
在法之中，亦应在实在法中觅得。总而言之，自然法是救济性的，
而非颠覆性的、无法无天的。悲乎，今古自然法思想谬之于此

甚矣。

先民社会更易暴露于另一类险境，比之第一类，此类险境所羁绊和攫获的人群要广泛得多。因其与宗教千丝万缕的联系，原始人的法一般脱胎于宗教，并因之而僵化；当于人类正将习惯法初步整理到具备体系性之形貌时，原始人的法却将世人封锁在彼时之生活与行为观念中。普天之下只在于一两个民族境遇超凡，免遭此厄；由此嫁接而来的枝干为三两个现代国家供给了肥料。不过事实上，世界上的绝大部分人都以为，若要制定出完美的法，当恪守早期立法者或许已经勾勒完毕的平面图。倘使世人将这般认知 75
力作用在法律之上，以此对古代法进行总结性立法，其立法成果会对古代法存在微妙的曲解，但他们会不约而同地怡然自得，无从察觉其立法成果在字面意义上已经背离了古代法。就我所知，罗马法领先于印度法的唯一原因在于，自然法理论为罗马法注入了一种优质的差异性，使其有别于其他法。此乃旷古绝今的特例，罗马社会的双眸之中充溢着简约和匀称，这一社会还由于别的因素而注定要给全人类带来丰硕的影响力，即其特性中含有对理想和绝对完美之法律的孜孜追寻之势。倘若有一个国家或职业人群，其直接目标是对进步的渴求，那么，他们的重要性无论如何强调都不会过分。在过去的三十载，边沁在英格兰取得了巨大的影响力，其秘密就在于他成功地向国民宣示了此等目标。他清晰地告诉我们改革的方向在哪里。上个世纪有种陈词滥调，似是而非，声称英格兰法乃是人类理性的集大成者，对此，当时的英格兰法律人或许是精明过了头，他们并未受到蒙蔽，却假装深信不疑，只因彼时并没有出现可替代的行为准则。边沁描绘的社会美好愿景超越了其他目标，给困兽犹斗的同时代思潮找了一个逃生通道。

若是你我将前述古代思想对应于边沁主义，当不能算作天马 76

行空的比较。罗马法理论和那个英格兰人[4]提出的思想框架所指引的方向是一致的；英格兰法改革派基于对人类最大福祉的孜孜追求，其实践成果与罗马社会庶几不离。可是，谁要以为边沁的理论中涵盖了清醒的愿景，那便谬之深矣。罗马的大众文学和法律文献中无疑是提到了，人类福祉应作为补救性立法[5]的某个目标，不过，非常明显，比之自然法辉煌敞亮的旨趣所稳稳承载的分量，人类福祉之目标是微不足道的。罗马法学家（在自然法面前）心甘情愿，俯首帖耳，不是出于博爱的情怀，而是因为他们身怀对简约和协调之特质的感应力——并郑重其事地对之冠以"高洁雅致"之属性。一套更为精准的哲学思想[6]能与他们的心力相参相商，这种巧合真是人类共有的一个鸿运。

转向自然法之现代化进程，比之妄言自然法影响力的正面性或负面性，你我更易对其广泛性点头称是。当此百年之间，作为一个推手，法兰西向西欧国家播洒了法学、政治学和社会学等特殊思
77 潮；我们发现，其源头乃是自然法思想；而在当代，争议最大、争吵最烈的素材正是这般归因于自然法思想的原理和机理。在法兰西历史上，法学家起到的作用不容小觑，而法兰西人的法律观念之宽阔，也是非同小可。不过，现代欧洲法学之兴起，非在法兰西，而在意大利；意大利各个大学的掮客在欧陆各地大兴校舍，还试图在英伦三岛也创建学校[，却败兴而归]；不过，他们在法兰西兴办的学校在其国运上带来了重大成效。（这些学校甫一兴立，）法兰西的法律界立刻与卡佩王朝以及瓦卢瓦王朝[7]的君王缔结成紧密联

〔4〕 边沁。

〔5〕 作者在边码 74 中提到，罗马自然法是补救性的，而不是颠覆性的。

〔6〕 指罗马法学家向自然法取经。

〔7〕 The Houses of Capet and Valois，卡佩王朝存在于 987～1328 年，瓦卢瓦王朝存在于公元 1328～1589 年。

盟。他们背倚刀兵之势，一边宣示王权，一边阐释封建继承法，正因如此，法兰西君主制终方从行省和地方割据的局面中成长起来。你我唯有深入了解中世纪欧洲的观念，方能领悟法兰西君主在和大封建领主、寡头、教会的倾轧争斗时与法律界人士彼此达成谅解会给他们自身带来的重大优势。彼时的世人对归纳之方式怀有极 78
大的热忱，对于具有概括性的定理推崇不已，继而，在法律领域，要是可用概括性公式对各地睽隔之习惯法予以囊括和拢合，世人对此公式总会带有不自觉的企慕之情。任何对《国法大全》或其注释知之甚稔的法律界人士皆可轻而易举地无限量提出这类概括性公式。不过，法律人的权势被添加过相当分量，另有一个更重要的成因。同样在彼时，世人对于落于纸面上的成文法之权威度及其本质普遍没有一个清醒的认知。人多妄言道，**文经上就是这么写的**〔8〕，这似乎足以让一切质疑者闭嘴。对于别人援引的公式，当下的人或会满腹狐疑地细细查阅，找寻其渊源，又会[在必要时]质疑该公式所归属的法典，认为该法典本身的权威并不足以取代当地之习惯法。彼时的法律人可没有足够的胆量质疑这一公式的可适用性，又或者，他至多也只敢从《学说汇编》或教会法中援引相关抗辩之词。当时世人对于这一法律上十分重要的可争议性没有明确概念，对此，你我非常有必要了解，因为，掌握这一点不仅有助于解释彼时之法律人将多大的重量投掷到法兰西君主制之天平上， 79
还因为其关乎洒落在某些历史奇妙问题上的光芒。透过这道光芒，你我可更透彻地探到《伪教令集》〔9〕始作俑者的动机及其超凡

---

〔8〕 原文是拉丁文"*ita scriptum est*"。作者所述"scriptum"有可能指代《圣经》，也有可能指代中世纪的成文法。

〔9〕 原文是"Forged Decretals"。在英语世界里一般被称为"Pseudo - Isidorean Decretals"。《伪教令集》是9世纪一群法兰克教士所作的伪书，旨在维护基督教士利益和抨击世俗阶层，并以早期主教名义所作。

的成就。此外,提及另一个兴趣度较小的现象,这道光芒或多或少对掌握布莱克顿[10]剽窃事件(的动机)有所助益。其实,这位亨利三世时期的作者原有本事将一部从整体架构到三分之一内容都是从《国法大全》抄借的著作假之以纯粹英格兰法之纲目,裨资欺瞒国民;而当于罗马法之系统性研习被钦令禁止,这作者也本应当孤胆深入,续此(欺世盗名之)行为;向若如此,这必成为法律史上一段无解公案。无论如何,彼时的民众尽信书而不问其来源,以为经卷上的成文法自有其约束力,你我悟觉了此种情状,便不会(对前述伪书)莫名惊诧了。

为了最高统治权,法兰西各代君王历经长期奋战,终于大获全胜,而约当于瓦卢瓦—昂古勒姆家族的旁支被推上王座之时代,法律人的境遇十分特殊,此种境况一直延续到革命爆发。一方面,法律人形成全国受教育程度最高和权势最炙的阶层。他们紧挨封建贵胄,形成一个牢不可破的特权阶层;为保其影响力不失,他们抱
80 成一个团体,将其职业人群渗入全法兰西之大市镇,依该等市镇组织法之颁行而各谋权职,更趁势提出漫无边际的权利主张。当于欧罗巴所有律师、法官和立法者之锋,法兰西法律人的卓越远迈同行。这些人于法律悟性之机变圆润、于表达能力之驾轻就熟、于类比调和之天赋异禀,以及[即便将这些人置于顶级法学家名录之中]于正义观念之热情洋溢,可堪与从居雅思[11]和孟德斯鸠之一端

---

〔10〕 原文是 Bracton,作者似乎在含沙射影地讽刺亨利·布莱克顿(Henry de Bracton, 生平为 1210 ~ 1268)。布莱克顿之《论英格兰的法和习惯》(*On the Laws and Customs of England*) 主要内容被认为源自英国法上第一部法律专著、一般认为由格兰维尔(Ranulf de Glanvill,生年不详,卒于 1190 年)所著的《英格兰王国的成文法和习惯法专论》(*Treatise on the laws and customs of the Kingdom of England*)。也有人认为格兰维尔可能也直接剽窃了《国法大全》。

〔11〕 即 Jacques Cujas(1520 ~ 1590)。他属于人文主义法学派,反对中世纪对罗马法的评注,力主追溯罗马法的善本。

到杜加赛[12]**和**杜穆兰[13]之另一端的各路天才之艳惊四座相掠美。然而，另一方面，法兰西法律人所运行之法律体系却与其所培育之思维习惯生生相克。与欧罗巴其他国度绝不相类，法兰西之大部因法律人的耕耘而构建，却因这诡异而刺耳的法律咒语而遭厄。整个国度因一重大分途而隔断为**成文法地区**和**习惯法地区**，[14]前者承认罗马成文法为其法理依托，后者却唯有在罗马法为其提供了能融润于当地习惯法之一般表达方式和法律推理方法时才对之予以认同。而此两大部又细分为诸多小部。在**习惯法地区**，因各自的习惯法之本性，此省异于彼省，此县异于彼县，此镇[15]异于彼 81
镇。而在**成文法地区**，依托于罗马法之上的层层叠叠的封建制度可谓繁复无加。英格兰可从没这般混杂过。德意志确然有，然因其彻底的政教分离，德国人和谐共生，不曾相对饮泣，甚或不曾觉察此等繁复之制度。别致的是，虽法出多门，然法兰西君主国未遭丕变，盖因中央政府在不断自我膨胀，行政机构得以大跨步夯建，激昂的民族士气感染了每个国民。不过，另一面却结出了诸多恶果，当于其中，你我需要评判其在多大程度上左右了法兰西法律人的思想。他们的思想观点和认知偏好颇悖于其利己主义和职业作风。对于蕴含了简约和匀称特质之法律的完满情状，他们具备敏锐的感知力和丰富的认知力，而他们相信，植入法兰西法中的所有的恶都已根深蒂固；在法律实务中，他们常常顽固地抵制日新月异的（对恶法的）滥用现象，而启蒙意识偏弱的国人多不无这般顽固。

---

〔12〕 指三任掌玺大臣 Henri François D' aguesseau（1668～1751）。

〔13〕 原文是 Dumoulin。法国法学家，于 1500 年生于巴黎，卒于 1566 年。有的学者中译其名为"迪穆兰"，但法语中的 du 之音节更类似于汉语拼音中的 dü，而不似于 di。

〔14〕 原文是法文 *Pays du Droit Ecrit* 和 *Pays du Droit Coutumier*。

〔15〕 原文是 municipality，本意是地方自治体，在本文语境下应指法国最小行政区域，一般是市镇。

82 不过，他们却为协调这一矛盾找到了一个出路。他们成为壮怀激烈的自然法狂热分子。自然法覆盖了行省和市镇的边界，也无视贵胄与自由民、自由民与山野村夫的分野。自然法将透亮、简约、条理等特性置于一个荣尊的境地，但她却没有向其爱慕者许诺任何具体的（对法制的）提升，也没有露骨地威胁或贵气、或市侩的法律技术主义。有人或说，自然法成了法兰西的共同法，无论如何，承认自然法的尊严和主义，这倒成为法兰西法律人在实务中能秉承的一大圭臬了。大革命之前的法学家（对于自然法的）溢美之词漫无边际；一个有意思的现象是，习惯法学者经常自认为贬抑罗马法乃其职责所在，然而当他们言及自然法及其规则时，其颂扬之热烈，比起那些对《学说汇纂》和《优士丁尼法典》心怀别样敬意的罗马法专家更甚。古老的法国习惯法之泰山北斗杜穆兰笔下有些段落对自然法进行了过誉的描写；他这般的奉承是一个诡异的转折，意味着其在相当程度上背离了罗马法学家（对待自然法的）战战兢兢的态度。这一假定宇宙洪荒存在自然法的思想对时代的指导作用已经抵不上宣扬某种投机信仰的檄文，因此，你我发现，正当该
83 理论历经更大转变的时候，自然法最孱弱的部件[16]在其拥趸的眼中却一跃成其最强的层面。

十八世纪下半叶迎来了自然法史最为关键的时刻。若是关于自然法理论及其影响的讨论依旧是专属于法律专家的营生，自然法赢得的尊崇或者就不会有如此这般显赫；只因此时《论法的精神》横空出世了。孟德斯鸠的这部著述有时夸大其辞，带着过于热情的印记，但比诸前人泛泛的空论，作者的想法已然退避三舍；它有时又语焉不详，你我可寻得其欲与现实之褊狭握手言和的足迹。

---

〔16〕 自然状态说以及以此为基础的社会契约论。作者在本书中时时批驳这种状态和契约的荒谬性。

尽管有诸多缺憾，这部著述却循了**历史学方法**，在此之前，自然法的脚步未曾在这种方法上停留过哪怕一瞬。历史学方法对人类思维的影响力之大，堪媲美于其受众之广；不过，事实上，它从未获得出炉的好时机，因为反对它的学说从广场到街巷，东突西奔——而这是它命中注定所要击溃的对象——成为争闹声中的主音，比从法庭到学堂的争吵更为喧嚣。而令它开启全新征程的这位仁兄是一个了不起的人，他或许学识不足，豪情不长，性格不强，可他施展了生动的想象之力，借助了其本人对世人真挚和火热的爱，使自己 84
彪炳史册。因此世人一定早已宽宥了他。你我在当代从未见过——甚至这个世界在整个人类历史进程之中也未经历过一两次——一部著述会给人类的心智带来如此惊人的影响力，照亮了人类认知力的明暗两面。能与该著述之影响力具有相当分量的只有卢梭于 1749 年到 1762 年所立的学说。自贝尔〔17〕而始努力打碎神龛以来，卢梭的著述是重造人类信仰大厦的首次尝试。英国的洛克也建了部分功勋，而后伏尔泰大功告成。建造式的理论往之要笑傲拆毁式的理论；不唯如是，就过往；猜想的认知完满性而言，当于几乎所有的怀疑主义思想之中，卢梭的猜想在外观上具有巨大的先进性。好了，根据卢梭的想法，（自然状态之社会图景中的）中心人物，无论他是穿戴英式服饰的某一社会契约签字人，还是被剥去一切历史特性之衣衫的赤身裸体的人，都是普遍地处于某个特定自然状态下的人。任何触忤这种对理想情境中的人的想象的律法或机制都应遭到谴责，只因他们都偏离了原初的完满状态；社会的每一次变革若是与由**自然**人所主导的世界越来越接近，那这一变革是值得钦慕的，是值得完成的，无论代价有多大。卢梭的思

〔17〕 Pierre Bayle（1647 ~ 1706），法国哲学家，对启蒙主义影响甚大。

85 想倒是与罗马的法律人殊无二致，因为，在自然状态中，人影憧憧，虚虚实实，其表象和特征都从人的脑海中溜之大吉，除了简约和匀称——它们占据了罗马法律人心灵的魅影；可卢梭从本质上却颠倒了罗马法律人的自然法思想。他谈及的不是自然法，而是自然状态，这是卢梭思想所要考虑的首要主题。罗马法律人已经想到，通过仔细考察实在法，他可以挑选出一部分自然法，自然主导的制度痕迹可以直接呈现出来，也可通过细致净化而得以呈现；罗马法律人隐约地证实自然的这般实在性。而卢梭认为，通过对纯粹自然状态的考量，可以推演出理想的社会秩序，而这理想的社会秩序与世界的实际境况全无关联，也全无相似之处。两种观点大相枘凿，一个辛辣地大面积挞伐了现世，只因其与理想中的前世天差地远；一个认为现世和前世同样必要，并不假意无视或非难现世。你我不必特别追究建筑于自然状态思想基础之上的政治学、艺术学、教育学、伦理学以及社会学。迄今为止，卢梭这一思想基础对于各国不严密的思想家仍有其别样的魅力，而毫无疑问，尽管或多或少有些久远，它依旧几乎是拒斥使用**历史学方法**的先入为主的思想
86 之父。它与当今思想界一道丧尽了颜面，让对其想法上存在的致命讹误知之甚稔者啧啧称奇。或许当今被问及最多的还不是这一思想的价值几何，而是这般抹黑思想界名誉的思想在百年前何以面世。我认为答案很简单。人倘使心无旁骛地凝视古制，易于陷入误区。上个世纪的宗教研究如能纠正这些误区就太好了。不过据闻，希腊宗教因其天马行空的神话反而为人所排斥。纵观之，东方的宗教似已迷失于虚空的创世说。值得深究的只剩下一类原始记录——犹太远史。可是，求助于这一研究方向也为上个世纪的偏见所碍。卢梭派与伏尔泰派观点大抵相左，共通的少，但对传统宗教尤其是希伯来民族的宗教却集体彻底无视。人所共知，那个

年代的理性主义者怀带着荣光推断道，摩西诫律根本不是上帝的授予，不仅如此，其出产的实际年代也比自我宣扬的年代更为晚近，更有甚者，摩西诫律及整个《摩西五经》全部为无根无凭的杜撰，其成文乃是自巴比伦囚虏事件并犹太人重返巴勒斯坦之后[18]的事情[19]。因之，这一类法国哲学家被褫夺了能够抵挡其学说构 87
想之妄境的坚固后盾，从他们所谓教士的邪法中逃之夭夭，却急不可耐地堕入了法律人的妖术中。

虽说这一套假定存在自然状态的哲学思想获得的普遍好评在下降，但只要世人打量之的眼光更为粗浅，其便不会与那般伪装得更为精致的理论一般失却掌声、拥趸和威权。我相信，正如我所言，其仍是历史学方法的强劲敌手；而任何时间［除开宗教上的敌对思想］的任何思想，只要我们察觉了其在顽抗或非难此种研究方法，[20]我们一般也能察觉，其已为邪气森森的偏见所蛊惑，而此等偏见的起源乃是一种对非史学基础的社会或人类之自然状态的或有意或无意的依靠。自然原理和自然法一直在维系其能量，主要因为前述哲学思想与政治学或社会学趋向联了姻，它对某些趋向予以鞭策，对某些趋向又予以锻造，而对另外许许多多趋向，它编织了言语的外衣。这些思想大量地从法国而向所有文明国度辐射，从而与人类主流思想融为一体，并改变了人类文明。这种对整个法兰西民族之命运所施加的影响力的价值当时是我们这个时代

〔18〕 原文是 return from the Captivity。巴比伦囚虏是古犹太人被掳往巴比伦的历史事件。公元前597年和前538年，犹大王国两度被新巴比伦王国国王尼布甲尼撒二世征服，俘虏大批犹太富人、手工业者和平民上万人，并囚禁于巴比伦城。前538年，波斯国王居鲁士灭巴比伦后，被囚掳的犹太人才获准返回家园。

〔19〕 冯象的说法似与此一致。冯象：《创世记：传说与译注》，江苏人民出版社2004年版，第12、13页。更详细的考证见其所译和注的《摩西五经》，牛津大学出版社（香港）2006年版，第xv　xxiii页。

〔20〕 指历史学方法。

88 热烈争论的话题之一，不过这却不是本论著所要讨论的目的。可是，回望这个自然状态思想产生了厚重政治影响的时代，谁也不可否认，法国大革命初期滋生出巨大的失望感，而这失望感也是由自然状态之思想用了最强劲的力道而推动出来的。它生产或催生出彼时普适的思维习惯之恶：对实在法的嗤之以鼻，对经验的浅尝辄止，对**演绎**〔21〕的青眼有加，甚于其他任何推理方式。这种思想也恰如其分地攫获了那帮思考力不足、观察力不够的人的芳心，而其本身也显见越来越无序了。杜蒙〔22〕为边沁安排出版的那本《无序的诡辩》〔23〕尤其暴露了边沁在使用法语写作时所犯的谬误——殊为惊异的是，该书中怎会有如此之多的从罗马式假定〔24〕中继受而来并变形到法国的"无序的诡辩"〔25〕，而假如不参考罗马人的思想，这些观点又是何其云山雾罩。有关这一点，你我可以新奇地参考大革命主要时期的《世界箴言报》〔26〕而检验之。时代越是晦暗，人类呼唤自然法和自然状态的心声越是强烈。

可简单试举一例，以绚丽地描绘自然法思想对现代社会的效应（有多么巨大），并阐明这般效应距离耗尽还有多长的脚程。人
89 类平等的基本原则应当归功于自然法思想，我想这恐怕无人存疑。"人人平等"之语原常见于法律条文之中，然伴着时光的幻化，已经成为政治律条了。罗马的法律人远在安东尼时代就已经规定了

---

〔21〕 原文是拉丁文 *à priori*。

〔22〕 法国政论作家，非常崇拜边沁。边沁的若干著作都先由杜蒙安排在法国出版法语翻译本，而后在英国被回译在英国出版。

〔23〕 原文是法语 *Sophismes Anarchiques*。

〔24〕 如本章前文所述，罗马人假定有自然法的存在。

〔25〕 作者使用了一语双关的修辞。

〔26〕 原文是 *Moniteur*。该报的全称是 *Le Moniteur Universal*，创办于 1789 年 11 月 24 日，停刊于 1901 年 6 月 30 日，是法国大革命时期的主要报纸，也是官方报纸，尤其在拿破仑执政时期是宣传报，其发行量尤为广泛，在法国及全欧影响力甚广，甚至于法国大革命时期在美国也有发行。

“一切人自然都是平等的”。[27]不过，在他们眼中，此乃严格意义上的法律格言。他们的本意是要断定，假定自然法在实在法与之无限接近的情形下是真正存在的，罗马市民法所咬定的关于不同阶层的人的蛮横分野将在法律上不复存在。这一条规则对于罗马的法律实务工作者相当重要，他们应当谨记，只要罗马法与自然法亦步亦趋，罗马法庭上就不会存在罗马市民与外邦人、自由民与奴隶、宗亲与血亲的楚河汉界。罗马法学家的观点无比确信，他们决然不会非议当时的社会（制度）安排，认为实在法会缺少某种思辨的特色；他们也绝不会轻易相信，人类社会竟会与自然生态完全相同。不过，人人平等原则批上摩登的外衣登台亮相之时，其衣装的色度是全新的。罗马人写“都是平等的”[28]时，他笔写他心，而现代人写“人人平等”时，他是想说“人人应当平等”。罗马人关于自
然法的观念是别样的，他们认为自然法与实在法并存，并逐步吸纳 90
它；罗马人的思想已经无踪无迹，非二三言能懂也，而曾经极好地传达了人类思想之起源、结构和传承的这些珠玑之言，却开始表达出人类所遭厄的巨大而持久的不义。远在十四世纪之初，有关每个人出生之状态的这些言语就已经与乌尔比安及其同时代的人所传达的形式和内涵大相枘凿。路易十世非常出名的那篇关于将农奴从王权中解放出去的敕令之序言写道：“有鉴于：根据自然法，人人应当生而自由；依上古时代传承和长存于我朝的习俗与习惯，另，列祖列宗或也难逃其咎，令许多民众失去了自由，因此上，我辈……”这些语句对于古罗马人听来是十分陌生的。这是宣讲政

---

〔27〕 原文是加引号的拉丁文 *omnes homines naturâ æquales sunt*。这里参考了陈卫佐著《拉丁语法律用语和法律格言词典》之“*omnes homines æquales sunt*”词条的释义，参见陈卫佐：《拉丁语法律用语和法律格言词典》，法律出版社 2009 年版，第 240 页。需要指出，该释义并未出现“naturâ”。

〔28〕 作者在此引用了拉丁文 *æquales sunt*。

治信条，而非阐述法律规范；从此，法国的法律家们开始将人人平
等挂在嘴边，似乎这是一条被无意保存于法学档案馆的政治真理。
就像从假定存在自然法而作出的推演一样，也像对自然法本身的
信仰一样，对人人平等思想的应和总是有气无力的，其在观念上和
91 实践中的反响也很微弱，直到这思想挣脱了法律家的占有，投入十
八世纪文学家以及栖息于其足上之众生的掌控。这思想成了文学
家和群众之教义中最为通达的一条，甚至被看作所有教义的总纲。
不过，也许人人平等思想通过 1789 年之事件[29]所抓取的力量不能
完全归功于这思想在法兰西的普及，因为其在十八世纪中叶已漂
洋过海到了北美。彼时北美的法律人，尤其是弗吉尼亚的法律人，
似乎掌握了与同时代之英格兰人大不相同的大量知识，他们的知
识包括那些只能从欧洲大陆传承来的法律知识。你我只需粗浅地
扫描几眼杰弗逊的文存，便能发现其想法受到了那些在法兰西非
常时髦的半法律、半大众的观点多么强劲的侵蚀。他们的《独立宣
言》起头几行文字就显示了其与法兰西法律家之独特观点的意气
相投，正是依凭了法兰西法律家的这些观点，杰弗逊与主导了北美
殖民地事件进程的其他法律人一道，携了英格兰人耳熟能详的“人
人生而自由”之思想，而附应了法兰西人的“人人生而平等”之思
想。这宣言乃是摆在你我面前之人人平等之思想史上最厚重的文
92 牒之一。北美的法律人这般高调和决然地弘扬人类的基本平等
观，刺激了其本国的政治运动；当然，对大不列颠也是触动，只是程
度轻微一些，毕竟大不列颠（的社会运转之力）距耗费殆尽尚属太
早；不仅如此，他们还将自己采纳过的这一教义送还给了法兰西故
土，他们使出了更大的气力，发出了更响的嘶吼，就为了大众都能

[29] 指法国大革命。

接纳和看重这教义。在第一次国民代表大会上,即便是最谨小慎微的政客也反复吟诵着乌尔比安的主张,仿佛芸芸众生对这主张充盈了与生俱来的热望;当于所有的"1789 年原则","人人平等"原则受到的诘难是最为轻柔的,是在现代观念中发酵得最为透彻的,也是可望能最深刻地修正社会力量和国民政治信仰的。

当于其诞下现代国际法和现代战争法之时,自然法最伟大的功能被开释出来,不过在此,你我应当花费与其重要性很不对等的对价[30]将(自然法)此部分的效应予以开释。

种种假说建构了国际法的基石,或建构了那般维持第一批建筑师所赋予其原貌的类似理论的基础;这些假说有三两项超凡的要点。第一,国际法学者明确表示,自然法是确实存在的。格劳秀斯和他的徒子徒孙直接取用了古罗马的自然法,不过,他们与古罗 93
马的法学家思想迥然,在涉及自然法如何具有明确性之时,他们彼此之间的主张也大不相同。自文艺复兴以降而活跃的几乎每一位国际法学者都野心勃勃,要重新定义自然和自然法,使它们对自己更加柔顺。无须分辨,当从一长串国际法学者中穿行而出,(我们就可以察觉,国际法学者的自然法)观念周遭便淤积了大量掐头去尾的观点,它们都是从在大学里轮流坐庄的几乎每一派别的伦理学中脱胎而来。国际法学者的自然法观念的根本特征在于其使用了历史学方法,有一个显著的证据,即人类穷尽了一切努力,要从自然状态的必要特征中推演出一部自然法典,而其结局与人类不加质疑和审查而满足地采纳古罗马的自然法观点没有两样。撇开国际条约法不论,令人惊讶的是,国际法制度中的好大一部分都是由纯粹罗马法组成的。只要罗马法学家确信其(自身提炼的)任一

[30] 作者在此处使用了英美法中的术语"consideration"一词。

条原则与万民法是鸾凤和鸣的，国际法学者总是可以找到理由去把这原则借过来，无论它多么直观地被烙上了罗马法的鲜明印记。你我还可以发现，继受的（国际法）理论与其早期观点的孱弱息息相关。而当于其成熟期，国际法学者的思维模式依旧是“一塌糊
94 涂”[31]。研究他们的著作，最大的难题在于查明他们探讨的是法律还是道德——他们所描写的国际关系状态是现实存在的还是理想化的——他们建构的是实然法还是应然法。

还有一种假说：国与国**之间**[32]受到自然法的约束。这一假说构成了国际法的另一个基础。下面就此谈一谈。世人对此原则的诸多宣示或推崇可回溯于现代法学的稚弱期，其第一面目似乎是从（欧洲大学里）讲授罗马法过程中直接推导而出的。基于以下事实，使得社会的文明状态异于其自然状态：社会的文明状态中存在清醒的立法者，而自然状态中没有清醒的立法者——看起来，一朝世人认知到有许多的**单元**无须听命于共同领主或政治强权，马上这些单元就被迫服从于自然法的垂帘听政。国家便是前述单元。国家独立的假说排斥了国家之间存在共同立法者的观念，并因此，根据某些层面的理念而亲近国家服从原始自然秩序之观念。还有一种观念是，独立国家之间不存在任何法律联系，不过，这一无法无天的情态乃是为罗马法学家的自然法思想所憎厌的。总有肤浅的理由相信，在古罗马法学家的思维空间中，如果实在法已经被放
95 逐了，那么，显而易见，他们的思想真空马上会被自然法思想充满。然而，以当下的眼光望去，即便这一结论再确凿、再直观，若要说世人在任何历史时期真正得出过这结论，这是非常不保险的。依我的判断，罗马法的文存没有提供任何通道让罗马的法学家相信过

---

[31] 作者在本章开头便用这个表述指出罗马式自然法思想的混淆。

[32] 原文是拉丁文 *inter se*。

独立国家受到过自然法的强制约束力；而透过通盘的思忖，你我只会发现，罗马帝国的公民以为，教化所至之处，莫非罗马皇帝之疆土。所以，各国对于自然法的平等服从之极端结论一定是经过猎奇性的空想而得出的。看起来，真相似乎是，确乎从罗马法承流接响而来的现代国际法与自然法的联结点只有不规则的继受性。现代罗马法思想的早期解释者误解了万民法，不加迟疑地猜想道，罗马法为他们遗赠过关于调整国际经贸关系的（国际法）法律规范。此一“国际法”〔33〕学说起初要与可怕的敌人对抗，在欧洲，世人抵御了很久，一直不对此予以普遍的接纳。不过，西方世界变换了自身面貌，使之更适应于罗马法理论体系；大环境摧毁了（国际法的）敌对原则之美誉；最终，在阿亚拉和格劳秀斯贴身的别样裁剪之下，他们终于使之获取了欧洲热情洋溢的首肯，这首肯随着每一次 96
郑重其事的立约而一次次被延展下来。不言自明，（国际法的）胜利主要归功于这些学术巨匠；他们努力要将之搬上一个崭新的平台，而毫无疑问，当于这换位之进程中，其骨架也移形了，虽说不如世人普遍期待的那般全面。格劳秀斯与其前一辈和其后一辈的学者吸纳了古罗马安东尼时代之法学家的学术观点，认为万民法和自然法是一胎双生的兄弟，随之，他们赋予自然法一层威权。若不是彼时“Law of Nations”〔34〕这一表述如此含混不明，自然法怕是绝不会被认为还有这一层威权吧。他们倾心倾力地主张自然法是国与国之间的法典，并推动了以下进程的持续运转，庶几至今：将自

〔33〕 原文是 law of nations。作者要强调 jus gentium 和 law of nations 词义在彼时的同一性，都代表万民法。第三章中作者同时排列这两个术语，也是对其含义在罗马法中之同一性的强调。这里也暴露出一个中文译法上的含混之处，即“万民法”中的“民”实际上指代“各族”（拉丁文中的 Gentium 和英文中的 Nations），而不是汉语中的民事主体。似可将“万民法”之通译改成“万族法”。

〔34〕 国际法，或是万民法。参见上一条译者注对此混沌之处的解释。

然法思想嫁接到国际法规范之中——而人类认为国际法规范是从
对自然观念的思索中演化而成的。虽说在现代早期的欧洲史上，
人们也有所耳闻，但他们的思想对全人类还有一层重大的现实作
用，而这层作用在格劳秀斯学派占据统领地位之前是无从清晰或
97 普遍得以认知的。假若国际社会是由自然法管辖的，那么，组成国
际社会的原子理应绝对平等。身处于自然之权杖下的每个人都是
平等的，倘若国际社会也是自然的一部分，那么，每个国家相应地
也是平等的。无论疆域宽狭或实力强弱，每一个独立国家在国际
法的视野中都应当平等，这一观点在每个时代都受到过不同政治
趋向的裹挟，但仍为人类带来一大福祉。若不是文艺复兴以来国
际法学者的笔耕不辍，使得国际法完完全全地从自然观念气吞山
河的主张中继受而来，这一原则怕是无从安身立命。

然而，左思右想，我十分诧异，自格劳秀斯时代以来添加到国
际法中的佐料与自古罗马万民法之最古老层面中径自提炼的食材
殊不相称。开疆拓土乃是一国之野心中最锐利的马刺。开疆拓土
本身之行为规范以及其后用以粉饰太平的行为规范都是根据罗马
法中**依照万民法**〔35〕的物权取得方式是依葫芦画瓢而来的。正如
我曾想要说明的是，这一类取得方式是上代法学家从罗马周边之
诸氏族恪守和适用的习惯法之共同要素中抽象得来。因其“万民
咸行”〔36〕之原义，其被（罗马的法学家）归纳出来，又因其简约之特
98 性，后辈之法律人携了更为新近的自然法观念将其吸纳进去。因
此，这类取得方式踏出了一条现代国际法之路，进而，国际法中的
所有权制度，其本质、界限、取得方式、守御方式，都是纯粹的罗马

---

〔35〕 原文是拉丁文 jure gentium。

〔36〕 作者在第三章第二段中引用了优士丁尼《法学阶梯》对万民法的解释：“唯其自然理性与备天下苍生者，谓之万民法，盖因万民咸行之。”

物权法——亦即安东尼时代的法学家所想象出来的罗马物权法，其绝大部分与自然状态显示出某种协调性。为了使得国际法的这些章节得以适用，有必要将领主的关系譬喻为罗马法上物之所有权人的关系。此乃国际法门槛上的一种假设，在欧洲现代史的前几个世纪不可能得以认同。目下这假设已融入了“主权即领土主权”的二重论，主权总是与地表一小部分的所有权密不可分，又，领主和领主**之间**[37]不应存在疆土的**无上**所有权人，而应存在**绝对**所有权人。

当代许多国际法学家都自以为是，认为基于衡平法和常识而建立的国际法体系之原理在现代文明史的每一阶段都是倚马可待的。这种观点存在现实的陷隙，在现代史的绝大部分阶段都无从立足。当涉于国与国之时，万民法并不总能顺风顺水；相反，它须 99
与一些敌对学说打持久战。再有，主权的领土属性也并不总是一直被认可的，罗马帝国的疆土分崩离析之后，子民的头顶依旧笼罩着帝国思维，他们的主权观与万民法无从调和。事物及其衍生的观念之陈旧秩序必须消亡——崭新的欧洲以及与之契合的观念利器要萌生——这萌生还要早于国际法思想中两大最为重要的假说得到普遍认同。

吾辈之头脑中应当持久权衡：吾辈所谓现代欧洲史的大半都缺位了“**领土主权**”之观念。从前，在地球之一部分或分部的领土与主权两相暌隔。罗马帝国的阴影笼罩了好多个世纪，这个世界已经遗忘，帝国的广袤皇土已是四分五裂，散落成一个一个的独立实体，而帝国子民依旧号称其有权免于外来的干涉，还惺惺作态地认为（帝国的）国民具有平等权。经夷狄的侵入而沦陷之后，主流 100
的主权观似乎具有了两面性：一方面其认可所谓的“**氏族**主权”之

---

〔37〕 原文是拉丁文 *inter se*。

形貌。法兰克人、勃艮第人、汪达尔人、伦巴第人、西哥特人理所当然就是他们所占领之领地的主人,这些人另对其中某些领地冠以地理上的称谓;可是,他们并没有将占领地作为其宣示权利的基础,对此亦等闲视之。这些人似乎存留了从绿林和草莽中与身携来的习气,一直身处家长式社会和游牧民族的观念里,仅仅在某段期间于能够为其提供给养的土地上安营扎寨。阿尔卑斯山北面的高卢和德意志之一部现已为法兰克人**事实上**[38]所占领的国——即为法兰西;可是,克洛维[39]的子孙,梅罗文加王朝之王族却不是法兰西之王,乃是法兰克人之王。他们并非不懂领土主权的称谓,只是,他们使唤之,不过是为指代某一氏族**分部**之统领的便利模式;**整个**氏族之王,乃是其民的王,而不是其民之领地的王。另有一种主权观是其变种——这一点很重要——大一统的观念。如某王与其族首之职脱离了特殊的联系,并开始惦念为己之欲而自封
101 一份崭新的主权名号,那么,他所纳之先例便是成为罗马帝国的皇帝。容我拙劣地援引一个大众俗语,他"要么成为恺撒,要么一无是处"。[40]他要么号称执掌了拜占庭皇帝的全部皇权,要么毫无政治身份。在当下,假如新王朝要黼了一班废主的惯用头衔,当以**子民**的名义而为,而非以**领土**的名义。于是便有了"法兰西人的帝王"和"比利时人的王"之谓。而在你我于前文一直谈论的时代,于类似情状下,另一种不同路数自我呈现出来。如首领不再是氏族的王,他定要宣称为全天下的大帝。于是,当那班世袭的宫相[41]不

〔38〕 原文是拉丁文"*de facto*"。

〔39〕 原文是 Clovis,指代克洛维一世,墨洛温王朝(481 ~ 751)的第一位君主,他统一了法兰克各氏族并黜免各首领,也是第一个信奉天主教的高卢之王。

〔40〕 原文是拉丁文"*aut Caesar aut nullus*"。在大多语境里,"Caesar"一词本身就指代皇帝。

〔41〕 原文是"Mayors of the Palace"。

再想继续跟他们早已实质性地罢黜的君王们妥协之时，他们很快便不愿仅仅自称是法兰克人的王，因这名衔属于被废的墨洛温王朝[42]；他们也不愿号称是法兰西之王，因这一名头虽颇为响亮，却无尊严可言。于是乎，他们前迈一步，热衷于（宣告统领了）普天之下的大帝国。这班人的动机总是被深深地误会。近来，有一帮法兰西腐儒想当然耳，他们认为，查理曼大帝实施雄图[43]时所具有的品格以及一往无前地实现这等雄图的精力都将置身其中的时代远远甩在身后。且不论任何时期的任何人能不能将自己的时代甩 102
在身后，有一点却断乎正确，尽管查理曼大帝志在一统江湖，但他决绝而为的方略是彼时典型的社会观念所允许他可以遵循的不二法门。查理曼大帝韬略过人，殊无疑问，不过这一特质乃由其作为而非思想方得以佐证。

长久以来，人的主权思想普遍与罗马帝国的御座相连，而在日耳曼的（神圣罗马）帝国时期，这二者大抵也未脱离。领土主权观——将主权与地球表面有限区域相联系的观念——只是**封建制度**的一条晚近的支脉。世人一直翘首企盼可以**先验地**[44]得出这一结论，因为，正是封建制度才破天荒地将个人义务并因之而将个人权利与土地所有权联系起来。无论其源头和法律本质如何，若要为你我自身生动地摹绘出封建架构图，绝佳的方式是起步于其底层；要思考封臣与某一片赋予和限定其役务[45]的土地之间的关

[42] 原文是“Merovings”。

[43] 作者可能指代查理曼大帝称帝的思路。查理曼大帝数次倒向危机中的罗马教皇立奥三世（Pope Leo Ⅲ），与罗马贵族为敌。立奥三世为报答他，于 800 年的圣诞节为其加冕，称他为“罗马人的伟大皇帝”。作者认为查理曼大帝没有超越他的时代，只能二选一，在封号上成为罗马帝国的皇帝。

[44] 原文是拉丁文 *à priori*。

[45] 原文是“services”。役务指在封建土地保有制下，封臣因其保有土地而向领主提供的服务或贡献。

系。接下来，要往上攀援，将封建制度高层的外围缩小，直到无限接近封建制度的顶点。在黑暗时代[46]的后半段，很难辨别（封建架构的）顶点到底处于何方。兴许，不论在何地，一旦氏族主权观
103 销声匿迹，其顶点即转至西方的皇帝之身。不过，帝国的实际权限很快便大受掣肘，当这班帝胄偏安于德意志和意大利北部的零落山河之时，前加洛林王朝边隅之封建头人们惊觉自身实际上已经失去了最高领袖。他们慢慢地习惯了这一崭新的地位，而令他们得以幸免的事态终于使得人臣的观念淡出了视野；尽管如此，诸多症候表明，这等（观念的）转变要大功告成有其难度；此外，人越来越倾向认为世俗最高治权归于罗马教廷，而世人总有这种印象：普天之下，必有治者，此合万物之本。法兰西卡佩王朝的粉墨登场标志着观念革命的第一阶段得以成功。在此之前，加洛林王朝已经分崩离析，割据的若干大采邑领主不再自称为公爵或伯爵，而是自封为王。拥有巴黎外围领地的封建王公从前朝处篡取了封号：**法兰西人的王**，而这是观念革命的重要时段。雨果·卡佩及其子嗣乃是全新意义上的君王，君父之于法兰西的疆土，如直接封臣[47]
104 之于其土地，又如其他封臣之于完全保有地产；[48]氏族式的陈旧封号[49]虽说仍长存乎于王室官方的拉丁语境里，在寻常巷陌却急

〔46〕 指中世纪。

〔47〕 原文是“baron”。据《布莱克法律大词典》，它指代以军事役务（service）为交换而直接从国王处取得和保有土地的人。该词在爵位意义上被翻译成“男爵”。在英国史上，男爵之爵位是诺曼征服之后国王引进的一种贵族称谓，但他是位阶最高的封臣，其势力往往大于爵位更高的爵士。该词也被用来统称英国贵族阶层。

〔48〕 原文是“freehold”。完全保有地产的持有者除了向其领主履行一定不带奴役性的役务外，他有权自由、完全不受限制地占有处分其地产，如出租、抵押、转让。另外，今天与自由保有相对的是租地持有（leasehold），后者指依契约在一定时期内持有地产，但却是一种动产性权益。自由保有地有两个特征，即不动产性，如地产或地产性权益和保有期间的不确定性。见《元照英美法词典》第135页baron词条。

〔49〕 指代“法兰西人的王”。

转直下，变成了**法兰西的王**。法兰西君主制成效斐然，其外观也是大变；而在他国，这等转变之方向也是一致的。我国盎格鲁—撒克逊人的王制一度身处氏族主权制与领土主权制的半途，可是，诺曼征服之后的诸位国君棋高一着，仿造法兰西的王，旗帜鲜明地宣示了领土主权。以后历朝涌起，或合疆并土，无不采后一种模式。西班牙、那不勒斯以及在意大利每一个自由城邦的断瓦残垣上兴起的公国，均由奉行领土主权的王所统领。在此我想多一句嘴，（我觉得）不管从哪个角度看，没有比威尼斯共和国〔50〕的节节败退更为新奇的了。该共和国肇始鏖兵于外，辖管大量行省，却自视为罗马帝国的原型。然（自前述历史阶段而）上溯百年，你当察觉，其对征占的意大利和爱琴海地区主张封建宗主国的权利，期盼世人视其为独立自主的国家。

在一般的主权观历经这等鲜明转变时，对应于吾辈今日所谓之国际法的制度形貌参差不齐，而与其投缘的各项原则亦是青黄 105
不接。在为日耳曼神圣罗马帝国所辖的欧罗巴大部，各盟国的交往为繁复而残破的帝国之陈法所规制；此外，吾辈惊奇的是，最为日耳曼法律家称道的观念在于，所有盟国与外国的关系，不论是与另一盟国抑或是与帝国之外的另一国，均不应由**万民法**所规制，而应由纯粹的罗马法所规制，而在罗马法中，还要以皇帝为核心。〔51〕这一准则为众边陲国家所拒，吾辈对此或在前文已有所揣度，只不过他们不那么决绝；不过，纵观欧罗巴的余部，各封建属国实质上权且以一套法度充作（它们之间的）国际法；而当这套法度它语焉不详，或晦暗不明时，至少这些属国理论上还可背倚教廷的最高规制力量。不过，封建制度和基督教的二元影响力在十五世纪确然

〔50〕 原文是“Venetians”。这个例子的奇特之处在于，它逆了观念史的潮流。

〔51〕 作者的意思是说，应当遵守罗马法，更应当承认帝王权力的至高无上。

正在急遽消退,甚至在十四世纪已经消退。吾辈如细细审视现下
之兵戎相见的托词,以及盟友所宣之于口的动机,当可作结道,随
着陈腐原则被一步步地更换,阿亚拉和格劳秀斯所调和并夯实的
观点正在取得了不起的进展,虽说这进展既显低调,复又缓慢。各
种威权的溶解是否终于演化出了一套国际关系制度?这套制度是
106 否表明其与格劳秀斯的理论体系判若云泥?目前不可能下结论,
只因,宗教改革运动在事实上毁灭了一切潜在的(演变)元素,除开
一桩。这场肇始于日耳曼神圣罗马帝国的运动起了一道地缝,将
帝国的王公割裂开来。这地缝过于宽阔,帝国首脑即便是两不相
帮,也无法桥接。皇帝无奈,只得看教廷的脸色行事,以对付改革
派;当然,教皇本人也因这场运动而同样狼狈不堪;因此,这两大威
权体系原应负斡旋之责,却成为国家分裂之派系争斗的带头大哥。
封建制度作为国际关系的准则此时已力小不从心,德寡难服众,身
无长物,抵挡不住僧侣的合围。于是,当于国际法紊乱无序之情
状,那一套据说早已得到罗马法学家认可的状态体系〔52〕在世人观
念中犹遗世独立。这些理论经格劳秀斯之手写来,美观、匀称、闻
达,读书人都是知道的;而其著述《战争与和平法》〔53〕因其迅捷、全
面而普遍的胜利而艳惊四座。三十年战争带给人们以惊惧,穷兵
黩武带给人们以悚怅和恻悯——我们必须据此在一定程度上解释
107 《战争与和平法》为什么取得成功,不过这还不足以诠释。若不是
格劳秀斯在这本鸿篇巨制中勾勒的国际法大厦之平面图在理论上
如此完美,法学家早都弃之不用,而政治家和军事家也定是怠慢了
下来——要说服我们相信这些,不太需要特别深入了解彼时人的
观念。

---

〔52〕 指代自然状态下的体系。

〔53〕 原文是 De Jure Belli et Pacis。

显然，格劳秀斯的思想体系如此完美，因为其与我们在一直在谈说的领土主权观环环相扣。国际法理论认为，各个国家相对处于自然状态中；不过，自然社会的这些构成原子必须彼此睽隔而独立。若是他们为一更高的力道所黏结，不管这力道何等轻柔、何等随意，只要有人声明是他们的共同头领，共同头领观势必引致实在法理念，抛弃自然法理念。更有甚者，譬若帝国元首的普遍宗主权得到粗暴无理的承认，格劳秀斯再是笔耕不辍也枉然，现代国际法与各种主权观[我在前文奋力描述了其进程]的唯一连结点也无法得到接合。我已言及，国际法确实包括了罗马物权法理论。那么，我们能推导出什么呢？——若是主权观没有产生我所描述的这般 108
转变——若是主权与土地所有权无关，换言之，若没有领土主权观——当时格劳秀斯理论的三大块[54]就无法得以适用。

〔54〕 据高全喜介绍，"格劳秀斯的法权思想主要有三部分内容，一是自然法，二是国际法，三是民商法，它们集中体现在他的三部著作《战争与和平法》、《捕获法》与《海洋自由论》之中。作为一个伟大的思想家，格劳秀斯是有一个完整的法权理论的，上述三部分只是他的思想体系中的三个分支脉络"。参见高全喜：《格劳秀斯与他的时代：自然法、海洋法权与国际法秩序》，载《比较法研究》2008 年第 4 期。

第五章　古代社会与古代法

109 现代人时时记得，当予法学以科学的招待。人在创作各种论著时，对此必要性却是有计较的，只是胸中文墨多寡不一；不过我在想，极少有人推定，其实大部站在科学之立场所为的却实是一套揣测之术，也就是上两章所提的罗马法律人的揣测。一众结识、接纳自然状态说，以及跟它同气连枝的学说，言之凿凿，延绵至今，只是偶被打断[1]。这般学说一度闻达于教会法学家的教
110 义中。因古代经文的重现江湖，经纶满腹的罗马法腐儒[2]也一度把它捧得高高在上。格劳秀斯及其徒子徒孙鼓吹其光鲜度和可信性，殊不吝于鼓吹其实用性。英国布莱克斯通所著的《英国法释义》中，开篇就可读到这般学说，而这是从博拉

〔1〕 后文马上会提到，孟德斯鸠和边沁不与这类学说一脉相承，这二人使用了历史学方法对待法学。

〔2〕 作者应当指代罗马法复兴时的注释法学派。

马奎[3]的著作中誊抄而来的。还有，在当下，学生或开业律师指导手册，不管是哪里刊行的，只要一开始讨论法的基本原理，总要溶入对该罗马式假设的重述之中。不过，该假说混迹于人类的全部思想之中，吾辈要得其精奥，既须明辨其伪装，又须查明其真身。洛克之“社会契约中的法之起源说”绝无遮挡其罗马法原形（之情弊），而其究竟，却无非是古代观念所穿上的一袭晚礼服，可是迷惑了更多现代人；不过，另一方面，霍布斯有意构架的社会契约，却抵御由罗马法学家及其门徒思索出来的自然法之实在性。这两种理论早已将光鲜夺目的英格兰政客划为两个敌对的阵营，可它们有一点却极尽相似，这二者对人类情境的揣测在根本上均非以史为据，且均无法证实。对前社会状态[4]之特性，两位论者各持己见[5]；而于彼时世人赖以逃离此等状态并一头扎入吾人所知的社 111
会组织体[6]的怪诞行径[7]之本质，两位论者也持不同的看法。不过这二位有一点是一致的，他们都认为原始状态里的人与社会中的人之间睽隔了一道大峡谷，而我们确信，他们这一观念却都是或有意或无意从罗马人处借用的。若是法律现象真真如这些思想家所以为的样子——是广袤繁复的一体——那么，这就不奇怪了：人心常常会从自我设定的苦役中逃之夭夭[8]，退守至巧言令色的假说。[9]——它［头头是道，］似已平定万象——即便没有如此，人心还是偶尔会绝望，放弃对法学的系统化梳理工作。

---

〔3〕 指 Jean – Jacques Burlamaqui（1694 ~ 1748），瑞士法政思想家。

〔4〕 前社会状态即社会契约订立之前的自然状态。

〔5〕 霍布斯认为人在自然状态下互相杀伐，而洛克认为人在自然状态下和平自由地相处。

〔6〕 国家。

〔7〕 签署社会契约的行为。作者一贯斥之为无历史凭据的荒唐假设。

〔8〕 指人类不再苦苦探索真理。

〔9〕 自然状态说。

有两位名流，其法学思想并不依赖罗马人的（自然法）假说。第一套思想来自鼎鼎大名的孟德斯鸠。虽说其《论法的精神》前半部言语晦暗——孟氏似乎不欲与向今通说公然破脸——然通读全书，显然，孟氏关于法的观念迥乎于向前世人所接纳者。世人留意到，孟氏进行了广泛调查，列举了繁多例证，将各个法统袭扫笼来；透过这般例证，（世人之）行为方式和（世界之）风土人情或粗鄙，或
112 怪诞，或猥琐，令吾等历经教化的看官舌挢不下；而当于其中，此书暴露出显而易见的焦灼之情，要强硬地将那般行为方式和风土人情赋以诡异的声名。孟氏时时推论道，法是气候条件、社会状况、偶发事件甚或是招摇撞骗的产儿——万因皆能结出法律之果，而世人所能经受的那般常态化因素却不能。说实话，孟氏似乎认为，人性之柔顺，恰如它在重现人类观感时一般的被动，又如它被冲动所左右时一般的沉默——而人性会毫无来由地遭受冲动之若。无疑，若是孟氏的思想是有体系的，那么此处就显出那般破坏了其体系的错误。孟氏将人性的稳定性瞧得过低。他无视人类薪火相传的品性，这般品性绝少有变，授之于先祖，传之于后裔。除非你我能适当为《论法的精神》中所留意到的各种变数打出留量，否则，我们确实不能完满地阐释社会现象，而相应地，也不能完满地阐释法律本身；孟氏却夸大了这般变数的数目和力道。孟氏将诸般异数在书中过度列览，殊不知这等异数乃是凭靠了前人子虚乌有的载录以及舛错百出的拼接而列出的；这等载录和拼接不知凡几，恰恰证明了人性之亘古不移，而非朝秦暮楚，因为它们是陈迹斑斑的人类（进步）石阶上遗落的残砾——对那般在别处发挥过功用和影响
113 的观念，这些残砾还在负隅顽抗。其实，精神结构、道德框架和生理构成主要都是稳定的，这些成分对变革的抗拒力非常强悍；虽说在某些地区，社会变革颇为寻常，然其变革既非过于迅猛，亦非过

于广泛，故其数量、特征、整体走向并非游移不定。以当下的知识水平，我们是有能力接近人性之实质的，不过，我们没有理由顾虑，此路何其漫漫，或顾虑到［这两种顾虑都是一样的］由于未来需要花大力气（对当下的工作成果）进行修正，因此当下的工作就毫无实用性和指导性。

前文言及的另一套（未受自然法浸染的）思想即边沁的历史法学思想。这一思想由边沁在其著述的若干章节中晦涩地［换言之，是怯懦地］得以提出，其殊异于他在《政府片论》开篇关于法的观念之剖析；后来，约翰·奥斯丁先生更是对《政府片论》中的观点进行了完善。在一定意义上，将法分解成命令，这除了能保护我们免受语意艰涩之害——这等害处确实最可怖——实在带不来其他功用。社会将命令加于自身的动机是什么？命令和命令之间有何联系？先于命令存在以及又为命令所迭替的物事与命令之间的依赖关系，其实质是什么？这些问题至今悬而不决。边沁所持的答案 114
是，随着世人之一般自利选择观的不断修正，社会定将改变法律，且往往改变了法律。这一主张虽说难以证伪，不过，也确乎难以证实。当自利观的修正改变了法律规范时，对社会整体或主流有利的选择与造成该等变革的自利选择观其实是同一回事。自利选择原理和最大幸福原理[10]无非是引发社会变革冲动的别名；故，在将自利选择原理定为法律变革或观念变迁之准则时，吾人能从边沁的主张中所斩获的，只是一个术语的替身，在法律发生变化时，总要安一个现世的术语，以暗示变化来临了。

人们对法学思想的现状普遍不满，他们普遍认为，这般理论都在装模作样地应付问题，并没有实际解决问题；遵循某些研究进路

[10] 这是边沁之功利主义思想的两大前提性原理。

本可找到完满的答案,不过有人疑心,这种思想路线或并未得到贯彻,或被某些思想家完全忽略了。前述普遍不满和普遍看法为这疑心正了名。或许除开孟德斯鸠的思想,所有的法理都忽略了明显的一点:就某一时代的法之存在而言,这法在远古时代的真身是什么模样?这些法理的发起人细致入微地考察了其设身处地之时
115 代和文明的制度,而对于某些时代和文明的制度,他们或多或少怀有知识分子的悲悯之心,故也予以认真考察。而上古社会与这些思想家身处的时代表露出一望而知的差异,于是他们的注意力发生了偏移,停止了考察,开始了揣测。倘若有一个人在考察物质世界之定律时,先将物质世界作为一个整体予以考虑,而没有先考察作为其最简单元素的粒子,则这些思想家所犯的错与这个人类似。世人当然找不出理由,何以这等法哲学上的舛错比其他科学领域的思想谬误更值得辩解。吾人似乎有义务从最简单的社会形态入手,考察距其原生态最为接近的状态。换言之,若要追寻这般研究进路,吾辈当尽可能遥远地上溯古代社会史。刚开始或不好理解古代社会为我们呈现出来的万象,不过,难度虽大,我们却免受因理会现代社会肌理之纷乱牵缠而遭受的困扰。难就难在古代万象之生僻,而非其多寡和深浅。世人以现代眼光打量古代社会之万
116 象时,无法立即克服其惊异之情。而一旦逾越,怪象将由多而至寡,由深而至浅。即便是在逾越之前带来的困境大于其后,吾等经受的痛楚不会白费,因吾人寻到了萌芽,并由此而揭露了精神钳制力量的每一个形态——此等精神力量在当下仍在控制吾人之举止,规范吾人之品行。

我们可通过三类证据来知晓先民社会的形态:身处优等文明的考察者对同时代之劣等文明的阐释、特定民族所留存的对其远史的载录、古代法。的确,吾人本可以期盼第一类证据最为有利。

各个社会的发展并不同步，但在各自进程的不同阶段，总会有那么一个时代，有人经过学术训练，已经保有了系统性地考察事物的习惯，已有能力观察和描述人类的稚弱期。塔西佗紧紧把握住了此等机遇；不过，《日耳曼尼亚志》一书不类于大多其他著名经典文献，塔西佗的立言未能垂范世人，[11]因此，吾人掌握的第一类证据可谓绝少。开化的民族自视甚高，对化外之邻嗤之以鼻，显然就会忽视对它们的考察。此等漫不经心偶会加重，或因惶悚，或因宗教上的褊狭，甚或因（考察者）用了如此这般的术语——文明与荒蛮， 117
这带给世人以民族差异之印象，这不是程度的差异，而是种类的差异。甚至《日耳曼尼亚志》也遭到若干评论家的诘难，疑其牺牲了精准和忠实，在反衬手法上过于刻薄，在叙事手法上过于灵动。而那般从人类的稚弱期传承至吾辈档案馆的其他史料，也因民族的傲气和新时代的宗教情绪而受到曲解。还要留心，这般（对其他文明的）疑虑，不管无理有理，总与古代法大为疏离。绝大部流传至今的古代法得以留存，仅仅因为其古老。有些人实施古代法，遵守古代法，但都不情愿装作读懂了它，有时候还讪笑和嬉笑。这些人也不去解释古代法，只说这是老祖宗留下来的。我们若是专注于古代观念中不大可能为人所玩弄过的残片，也许有能力清醒地了解这些观念所归属的社会所具备的浓郁特色。再往前一步，吾人可将自身的知识适用到那些真真假假的法统上，譬如《摩奴法典》；还有，利用已攥得之钥匙，吾人有能力将古代法的真金白银从那些被其编纂者的偏心、私心和粗心所改变的伪法中分拣出来。在这 118
过程中，倘使材料充分，而人进行精细的比较，则可想而知，我们的

〔11〕《日耳曼尼亚志》是塔西佗发表于公元98年的作品，全名为《论日耳曼人的起源、分布地区和风俗习惯》。这是现存的有关古代日耳曼人的社会组织、经济生活、风俗习惯以及宗教信仰的最早的也是最详细和最完备的记载文献。

去伪存真之术将可以取得惊人的成果，而对其异议之少见，将颇不输于采用比较语言学所能达到的成果。

可以利用比较法找出一些蛛丝马迹，用以确定人类在原始状态下的观念，即父权思想。这一思想无疑源于圣经所载录的亚洲低地[12]的希伯来先祖[13]。从古而今，研究父权思想的人大都目不斜视地以最大的热忱梳拢社会现象，他们或对希伯来先祖怀有最强烈的偏见，或最想撇开经文的载录而大发宏愿，以构筑自己的思想体系，所以，我也解释过，因其与圣经所具有的这般牵连，父权思想还不能为世人所接纳为一套完备的思想。现今约摸仍有一股倾向，或瞧低圣经载录，或否认自身的制度乃是由这般载录中归纳而来——它也是犹太人传统的组成部分。可是，吾人须知悉，这般具有法律意义的蛛丝马迹庶几来自印欧语系民族之源头——罗马、印度、斯拉夫的社会制度，这些民族所献尤多；现下吾人要探访之，
119 须知晓在何方停下脚步，我是说，何等民族不应当位列于彼等由父权模式组成的社会。《创世记》的前几章积攒了父权社会的大体面目，这用不着我来细细地描画，有两方面的原因：一是，吾人大抵自总角之年便对其知之甚稔；二是，如果对洛克和菲尔麦[14]的论战导致的所谓争议感到饶有兴味，就当发现其英语文献中充斥了好大一编[15]关于父权社会的轮廓——不过这一编文献也没能给出明确

---

〔12〕 原文是 Lower Asia。作者可能想暗指迦南（迦南在希伯来语中指“低地”，参见 Blue Print Bible 之 Caaan 词条，链接是 http://www. blueletterbible. org/lang/lexicon/lexicon. cfm? Strongs = H03667&t = KJV）。

〔13〕 原文是 patriarchs。据韦氏词典，patriarch 的第一项意义是 one of the scriptural fathers of the human race or of the Hebrew people，即圣经中万民之父或者希伯来人的先祖。作者在此使用了复数的 patriarchs，应该指万民之王亚伯拉罕、其子以撒、其孙雅各。

〔14〕 Robert Filmer（1588 ~ 1653），是英国政治理论家，鼓吹君权神授。

〔15〕 作者可能指代洛克之《政府论》上编。该编逐点批驳了菲尔麦的君权神授论，而讨论的材料主要是《创世记》。

答案。(有关父权,)历史表面呈现出的要点在于:年岁最长的男性家长——年岁最长的尊上——是一个家庭中说一不二的最高统领。他的统辖权可延拓至生杀予夺,他可以全面支配其子嗣、房屋和奴隶。父子关系和主隶关系的差异无非在于,亲子的权能更大,有朝一日他会翻身成为一家之主。子女的牛羊就是父亲的牛羊,而就父亲之财产而言,与其说他像个所有人,毋宁说他像个代理人;父亲见背的,这些财产由子辈[16]平分。长子间或能以长子权[17]的名义多分一份;一般而言,长子具有名义上的优先权,但除此之外,他并无世袭权。从圣经的载录中可以导出一个更加晦暗的推论,即吾人可从家长的帝国[18]首次破裂[19]这一暗线为起点 120
(而往下推演国家的形成过程)。雅各和以扫分家[20],形成了两个民族[21];而雅各之子的各个家庭团结在一起,自成一族。[22]这似是国家的稚嫩萌芽,又似那般高于因家庭关系而派生的权利的权利秩序之稚嫩萌芽。

---

〔16〕 作者此处用的字眼是 descendants in the first degree,强调下一代后裔,并未刻意强调继承人的男性性别,故译作“子辈”,而不是“诸子”。

〔17〕 旧约关于长子权的载录是:“一人若娶两房,一宠,一嫌弃;两房都给他生了儿子,但长子出于嫌弃之妻:到了为儿子分家产的时候,他不可把爱妻的儿子立为长子,而废了那嫌弃之妻所生的儿子。必须承认后者的名分,给他双份家产。因他是父亲力量的开端,长子权非他莫属。”参见《摩西五经》,冯象译注,牛津大学出版社(香港)2006 年版,申命记 22:15—22:17。有关长子权观念的变迁史,可参考本书第七章。

〔18〕 原文是 the empire of the parent。作者可能将家庭比作帝国:诸子共同受到一个家父(皇帝)的统治。

〔19〕 以撒的次子雅各骗得长子权,造成兄弟反目。

〔20〕 以撒不是长子,却得到亚伯拉罕的全部家产。雅各和以扫是以撒一胎双生的两个儿子。以扫先落地,是长子,但将长子权卖给了雅各。参见《摩西五经》,冯象译注,牛津大学出版社(香港)2006 年版,创世记 25:23—25:34。

〔21〕 据说以扫是阿拉伯人的先祖,而雅各是犹太人先祖。作者在下两段还要提到,如果家长死亡而其子孙的家庭没有分散,就会形成大大小小的社圈:家庭、宗族、氏族和国家。

〔22〕 以色列。

为一个法学家更为特别的目的，我试图简明扼要地表达人类在历史的拂晓所身处的境地之特点；而如能援引荷马史诗《奥德赛》的若干诗篇，我将心感喜慰：

τοῖσιν δ' οὔτ' ἀγοραὶ βουληφόροι οὔτε ϑέμιστες.
. . . ϑεμιστεύει δὲ ἕκαστος
παίδων ἠδ' ἀλόχων οὐδ' ἀλλήλων ἀλέγουσιν.

“他们没有议事的集会，也没有**法律**[23]。
……[24]各人管束
自己的妻子儿女，不关心他人事情。”[25]

这几行诗描述的是库克洛普斯族人[26]。想来，我如下的看法也不会过于奇幻：库克洛普斯族是荷马时代某一类未开化的生番；在古代社会，如另一人群的行为方式与自身的社会相差过远，他们
121 当会强烈憎恶这个人群，形容其为妖怪，如巨人，甚或牛鬼蛇神［在东方的神话中经常如是］。不管怎样，这几行诗凝练成些许暗线，透过那般古代习惯法令我等知晓。太初，人只听命于家长，并因此

---

〔23〕 原文是 *themistes*。关于此词，作者在第一章已经分析过，他认为其是女神忒弥斯（*themis*）的名字的变形，是法律的初级形式——判决。见边码 3 以下。在本段稍后还要提到。

〔24〕 中间被作者省略的内容是：“他们居住在挺拔险峻的山峰之巅，或者阴森幽暗的山洞。”

〔25〕 这几行史诗包括上注直接援引自王焕生的译本，参见荷马著：《奥德赛》，王焕生译，人民文学出版社 1997 年版，第 156 页。第九卷的第 112 ~ 115 行，王焕生直接从古希腊文译成中文，而作者可能也是直接从古希腊文译成如下英文：“They have neither assemblies for consultation nor *themistes*, but every one exercises jurisdiction over his wives and children, and they pay no regard to one another.”译者手边有华兹华斯出版公司 2002 年的英文版，关于这几行史诗的英文表述在其第 173 页，第九卷的第 174 ~ 181 行，摘录如下：

. . . No counsels there, No counsellor, no laws; but all men bear
Their heads aloft on mountains, and those steep, And on their tops too; and their houses keep
In vaulty caves, their households govern'd all
By each man's law, impos'd in several, No wife, nor child aw'd but as he thinks good, None for another caring.

这几个版本无论是形式还是内容均互有或多或少的出入。

〔26〕 在荷马史诗中他们是独眼巨人。

群居，而群与群彻底睽隔，散落人间。家长的言辞就是法律。不过，该情形与本书第一章中分析的**判决**[27]还不一样。让我们下溯一个社会阶段，看看人类的法律观当于彼时的早期形貌。我们发现，人类仍处在神秘而自发地听命于说一不二的家长的状态；但与此同时，既然头人的出现引发了新的法律观念，那么，应当先出现由众多家庭集合而成的团体，以让法律观念处于一个更宽泛的社会构成之下（这才有头人借神意而为的判决作为古代法制度的雏形[28]）。接下来有一个问题，这等社会团体的本质是什么？它的内部联系有多么紧密？古代法对此居功甚伟，并填平了鸿沟，否则吾人只好妄加揣测，胡乱搭桥。在古代法的全部构成之内，满满都是有关古代社会与由**个人**集合而成的当代社会之差异的伏线。实际上，就社会构成人群而言，古代社会是**家庭的合集**。如要正话反说，可强有力地表达为：古代社会的**单元**是**家庭**，现代社会的单元是**个人**。这般差别所带来的后果应由吾人从古代法中去寻得。古 122
代法是粗犷的，因之可以跟得上由细小独立的法人[29]所构成的社会体系。又因了家长专断的命令作为填补，故古代法勉强够用。古代法又是议程化的，它所重视的交往规范近于国际法所顾及的规则，却远于人际关系中的快来快往。它毕竟是有其别致的重要性，以当今的观念无法全盘显现出来。古代法（关于家庭之法人）的**持续期间**观与发达法全然不同。这一法人**永不消亡**[30]，相应地，古代法所要顾虑的，就是这般实体，意即这诸般由父权式的或曰家庭式的群集是永垂不朽的、绵绵无绝的。这种看法与上古时代的精神归属紧密相关。个人道德的起落沉浮总与他所归属之社圈的

---

〔27〕 *Themistes*。作者在前段援引的《奥德赛》片段中有此词汇。

〔28〕 见边码 3 ~ 6。

〔29〕 作者将家庭比作法人。

〔30〕 边码 178 会提及，作者认为家庭类似于法人，家长好比法定代表人。

功过亦步亦趋。若是社圈犯了错，其罪愆比其成员之罪过的总和还深重；犯罪行为被视为一个法人的行为，其后果不仅由实际作恶的个体承担，还殃及更多人员。另外，若是一个人犯了重罪，其子嗣、亲属、族人或国人要与其共担责罚，或代他受罚。因此，在古
123 代，道德上的责任感和报应观较之现代常常表现得更为直白，因家庭作为群体是不灭的，故对其的罚责也是无限的，因此，只要原始人不被视为脱离团体成为（独立的）个人，他便不会为这个问题所困扰。用神学或形而上学来解读的话，这个原始而简单的观念在后世前进了一步，发生了转化，其的标志是古希腊之诅咒继承观。儿孙因祖上的罪行而继承的遗物[31]不是可能会落到自身的刑责，而是，他们可能会犯新罪，而这将是他们应得的报应；因此，家庭责任与新思想达成和解——罪与罚当归于同一人。

前文述及的圣经实例伏线万里，让吾人对社会的起源有个简便的解释和大体的结论，吾人还可以猜想，若是在某地，父权式的酋长故去之后，家庭没有解散，反而拢合，该地就会出现大大小小的社圈。希腊众城邦和罗马长存（并被发掘出）一类群体（活动过的）越来越多的遗址——这种群体是**国家**首次出现时的组建单元。可以将这些遗址分类为古罗马人的**家庭**、**宗族**和**氏族**。这些遗址
124 很是直露显白，我们忍不住将其看作从原点缓缓外扩的一组同心圆。**家庭**是基本群落，其成员共同屈从于男性尊长。**家庭**之合集构成**宗族**[32]。**宗族**之合集构成**氏族**。**氏族**之合集构成**国家**。沿着这般思路，我们可不可以随心所欲地主张，一个国家是否由先民之家庭的共同后代凝聚而成？关于这个问题，我们至少可以确信，原始社会的人一致视其自身的群体具有共同的血缘，归属同一个政

---

〔31〕 咒语继承给后代。

〔32〕 作者分别用拉丁语 *Gens* 和 *House* 表达之。

治团体,否则他们想不出还有别的理由让他们可以共耕共猎。事实是,政治思想史发轫于这般假定,即任何具备政治功能的社圈均应以亲属为基石,不然人就会离心离德;吾人可郑重将离心离德定义为革命,它带来的丕变之惊心颤胆、翻天覆地,与其他原则——诸如**地邻接触原则**之类——破天荒地得以确立作为共同政治行动之基础时带来的变革不遑多让。就远古之社圈,其公民认为自己所身处的各级群体都跟自己共血脉。人以为**家庭**当如是,那么接下来的**宗族**亦当如是,再下来的**氏族**亦当如是,最后,**国家**亦当如 125
是。不过,即便原始人都有这般信仰或推测[如果可以用这个词],可是,吾人发觉,大大小小的社圈所残留的载录和传统都能证明前述基本假设为伪。无论将目光投向希腊众城邦,或是罗马,或是迪特马申[33]的德意志贵族制政体——这给尼布尔[34]提供了极多珍贵的启示——或是凯尔特人的氏族,抑或是斯拉夫人中的俄罗斯人和波兰人[35]所组建的陌生而新近瞩目的社会组织,当于每一地的历史发展踪迹,吾人都可察觉,生番可被允许与血脉相连的原住民相融相合。单就罗马而论,既然有关某原始**氏族**的人口曾经被抽离、并某一位王曾经将外人充入**宗族**的说法通行至今,我们便注意到,收养之情事不断腐蚀作为社会基本人群的**家庭**。因此,认为国家乃是自然形成,这种猜想在极大程度上是虚妄的。(原始人认为自身所处之群体具有共同血脉的)信仰或推测与通说的事实是有冲突的,乍一看,这让人困惑;真正在社会初阶发挥作用的是**法**

〔33〕 原文是英语 Ditmarsh。其德语名称是 Dithmarschen。

〔34〕 作者指代德国启蒙主义政治家和历史学家 Barthold Georg Niebuhr(1776～1831);他以其对古罗马史的研究和作为现代历史编纂学之父而闻名。

〔35〕 在人种上,“东部斯拉夫人”主要是俄罗斯人、乌克兰人、白俄罗斯人。“西部斯拉夫人”主要是波兰人、捷克人、斯洛伐克人、索布人。“南部斯拉夫人”主要是塞尔维亚人、克罗地亚人、斯洛文尼亚人、马其顿人、保加利亚人。

律上的拟制。法律上的拟制最初始和最广泛的应用，是在家庭关
126 系可由人力创建这一事实上；而我想不出人类除此之外还能更多
仰仗哪一点。若是法律上的拟制工具当于彼时并不存在，我实在
想不出原始人群［不管本身是什么形态[36]］以何等方式彼此吸纳、
以何等基础彼此融合，除非一方威怒无俦，而另一方奴颜婢膝。确
然，以现代观念揣测这众多社圈之独立社会单元，吾人可想出一百
种解决模式，最简单的就是人人投票，或乡党共御；可是，仅仅因为
一群人相邻而居，便共同行使政治权利，于老祖宗而言，这观念又
陌生，又古怪。彼时能帮上忙的权变之计是，生番应**佯装自己**与本
地人同宗同源；而吾辈不能理解的正是这般拟制得到严格遵守的
程度有几分、其对现实的仿造是何等逼真。还须思量一个重要情
境：这般不同形态的政治群体有定期共聚共祭的习惯，以神化组
织。溶入亲属组织的外乡人自然也能参加祭祀仪式；以此为据，吾
127 辈同样不难将他们想成具有共同血脉的人群。有了这等证据，不
应下结语说一切原始社会都由具有共同祖先的人聚合而成，而应
下结语说，一切恒久和牢实的原始社会组织都是由实际具有或视
为具有共同祖先的人聚合而成。原始群体或因各种原因而破碎，
而一旦诸多元素重组，无论何地，它都要遵照亲属群体之样板或原
则。具体情形如何不去管它，先民之一切观念、言语、法律都须与
这结论相协调。这些人所共知的社圈之史料已为我们所熟知，基
于此，就我自身而言，以上推论得以确立；不过，**法律上的拟制**（对
原始社会）施加的影响力短促多变，没能存留下来任何记录，原始
社会史的其他层面只能踟蹰不前（我们无法追寻原始人观念发展
的其他轨迹）。在某个时间点上——或许是在他们自我壮大，足以

〔36〕 如家庭、宗族、氏族等群体形态。

抵御外侮之时——这些政体不再厝借拟制壮大亲属的方式扩张队伍。因此,不论外乡人基于何等缘故而聚合在他们[37]周围,都不能再自称与他们共有一个祖先,而他们顺势成为**贵族阶层**。这些人冥顽不灵,坚持一个核心原则——有关政治权利的制度必须以实质亲属和拟制亲属为联系而建立,而不可以依附于其他任何条件。
于是,他们也教会了下等人一个原则,后世表明,这一原则比前一 128
原则持久得太多了。这就是**地邻接触原则**,此原则现在作为决定某一社圈之地位的政治功能无人不晓。地邻接触原则产生之后,旋即出现了一套全新的政治思想,它们属于我和你,属于吾辈思想家,在极大程度上也属于我们的老祖宗。吾人有了它们,却被蒙蔽,较难识别老祖宗所压抑和蠲弃的老思想。

于是乎,不管以什么方式推想其本质,**家庭**即一类远古社会组织;不过,此处所谓之家庭不完全等于吾人所理解的摩登家庭。为触及古代观念,吾人应慎重延展现代思维,并应慎重圈限现代思维。吾人应将家庭视为经对外乡人的吸纳而在圈子内不断扩大的实体,还应注意,收养之拟制工具将亲属关系模仿得惟妙惟肖,不管从法律上,还是从观念上观察,实质亲属和收养亲属的差异微乎其微。此外,从理论上讲,一个人并入家庭之列,应视为与家人拥有共同的血脉,而实际上,这人和其他家人一道,都要恭顺于在世之尊上,父、祖父或曾祖父。就以家庭为单元的人群而言,首领之父权是其观念中必要的一分子;首领之父权是从父亲的下身迸跳出来的,这是实情[或曰拟制的实情],所以父权的存在也是必要
的;这两个必要性旗鼓相当。因此,吾人应知晓,不管一个人由于 129
血缘关系而多么亲密地被纳入同胞之列,只要他**在事实上**[38]从尊

---

〔37〕 指由实质亲属和拟制亲属组成的人群。

〔38〕 原文是拉丁文 *de facto*。

上的帝国[39]逃之夭夭，以古代法的观念，他一般会被视为家庭的弃儿。正是这般父权的全集——现代家庭将其一端斫去，而续接了另一端[40]——与吾人在古代法之门槛上会晤。父权的初现兴许要早于**国家**，**氏族**和**宗族**，而在宗族和氏族为世人所遗忘的良久之后，在血缘与国家之组成方式脱离联系的许久之后，父权仍在私法中遗留了自己的踪影。世人终将在所有重要的法统中查探到了它的真身，而我认为，人类终将寻访到，这些法统最为厚重和最为持久的特点之真正源泉就是父权。吾人无法抗辩，只好得出结论道，从源头上讲，古代法在最原始的状态下别具一格，其对以家庭为单元之群体所持有的观念与现今欧罗巴通行的权利义务体系对以个人为单元的群体持有毫厘不差的看法。还有这样一批留待考察的社会群落，若是它们没有从前述原始情态中勃发，吾人兴许无力解释其成文法和习惯法；而某些社圈的境遇沾了更多运气，其法
130 律之织物片片散落，吾人可细细审看和思量道，散落的碎片绝多是曾为先民之家庭观念所深深浸染的部分材质。拿罗马法这个重中之重的范例来讲，它的演化极端迟缓，吾人可从一个时代探访到另一个时代，查明其追随线条和纹路，还能据其走向而想出其结局。此外，要探寻最后一个疑问，吾人无须因为在想象中有一个线头会使现代观念和古代观念分叉而困顿不前。罗马法包罗了原始而蛮荒的习惯法，而从中提炼出来的混合物自有其效应，其中之一以欺骗性的名字“封建制度”而广为人知，它将还原古代法的许多特质，故对其的解构一度循环往复，并在一定程度上还要继续。

有那么几个法统，在关涉**父亲**或操控子孙之人身权和财产权

---

〔39〕 作者在本章前文就将家庭比为帝国，见边码 120 及相应的译者注。

〔40〕 作者所谓的两端应当分别指代家长丧失对家属的生杀权，而承担了对家人的扶养责任。

的其他尊长之终身性威权上，原始社会的家庭结构投射了平直而壮阔的标线，我们可方便地使唤这般威权的罗马名称：家长权。[41]全人类的其他原始制度提供不出这么多证据来，也没有这般特色；而伴随着社圈的演化，罗马法的特色似乎没有（如其他社会般）如此快速地整体消亡。盖尤斯在安东尼·比乌在位时[42]曾下笔形容家长权为罗马人绝无仅有。而实情是，他若是将目光投射至莱 131
茵河或多瑙河畔的一众蛮族，他当如其同时代的法学家一般，好奇心被点燃，而父权之实例以最为原始的形态展现在他眼前；而在遥远的**东方**[43]，罗马人所发端的同一支蛮族[44]也在最严格意义上的琐事里头重复他们自身的家长权。不过，在罗马帝国的范围之内，盖尤斯在其他民族中应当找不到类似于罗马人之"父亲的权力"[45]观，唯一的例外是（流入）小亚细亚的加拉太人[46]。为什么在繁多的改革型社会[47]中，尊长的直接威权所占比例较之原始状态下突然就羸弱了呢？我觉得这是有理由的。化外之人会盲目地恭顺于家长，这是确凿的基本事实，不应由于他们思量着恭顺的好处而抹掉他们的盲目性，这将是荒唐的；不过同时，如要说家子恭从家父乃天经地义，那么，家子在家父身上寻求更威猛的力量和更

---

〔41〕 原文是拉丁文 *Patria Potestas*。

〔42〕 有关盖尤斯的生平似无定说。比较保守的说法是他生活于公元 110 年至 179 年。自其著述倒推，他应当经历了罗马四帝：哈德良（Hadrianus，117 ~ 138 年在位）、安东尼·比乌（Antoninus Pius，138 ~ 161 年在位）、马尔库斯·奥勒留（Marcus Aurelius，161 ~ 177 年在位，其中 161 ~ 168 年与维鲁共治）和康茂德（Commodus，177 ~ 180，与奥勒留共治）。

〔43〕 这里不应译作"远东"，因作者有意小写 far 而大写 East。

〔44〕 作者应当指代印度日耳曼族。关于印度日耳曼民族迁入意大利及意大利与希腊的渊源，可参见［德］奥特多尔·蒙森：《罗马史》（第 1 卷），李稼年译，商务印书馆 2007 年版，第 7 ~ 28 页。

〔45〕 引号内的原文是直白的英语"Power of the Father"。

〔46〕 加拉太人是凯尔特人的支系。

〔47〕 作者在边码 22 ~ 23 有关于改革型社会的阐释。

深邃的智慧,这同样天经地义。于是,这般别致的价值观与身心俱强之要素相附相依,这般情境下的社会当有股导向之力道,将家长
132 权的行使限定在权利人真正睿智和强健之前提下。吾人可将目光投向古希腊社会,乍一看,即便家父力衰,但如他睿智过人,其权力便能得以存续。不过,《奥德赛》中,尤利西斯和拉埃尔特斯〔48〕的关系显示,在勇猛和聪慧集于家子一身时,随着家父的衰老,其在家庭中的头人地位将会被褫夺〔49〕。当于希腊法学思想的成熟期,这条规则在实际生活又往前跨越了几步,这一点在荷马史诗中有所暗示;虽说许多家风严密的家庭(为后世)遗留了不少(相反的)踪迹(以显示在那个时代家父仍享有终身的威权),但欧罗巴许多法典显示,家父的直接威权被限定到未成年家子身上,换言之,家父只有在家子心智不熟和体质羸弱的时期才能行使家长权。不过,尽管罗马法对原始习惯推陈出新,但出于家国危难的需要,罗马法既保留了原始观念,又保留了我觉得罗马法一直在服从的自然限制力。在此人合社圈〔50〕生活关系的方方面面,只要家子〔51〕——或称处于父权威慑之下的儿子——足够聪慧和孔勇,那么,为了一切议事或战事之需要,他将与家父一般自由。罗马法关于家长权的维度并未延展到公法〔52〕领域。在城邦里,父与子一同投票,

---

〔48〕 尤利西斯(希腊语为Ὀδυσσεύς,拉丁语为 Ulinex,英语为 Ulysses)即奥德修斯(Odysseus)。拉埃尔特斯是奥德修斯的父亲。

〔49〕 一个明显的例子是《奥德赛》第 24 卷第 498 ~ 501 行:

拉埃尔特斯和多利奥斯也穿好铠甲,
头发虽已灰白,却也很渴望参战。
待他们把闪光的甲胄在身上披挂齐整,
他们开门走出,奥德修斯在前率领。

参见《奥德赛》,王焕生译,人民文学出版社 2003 年版,第 455 页。

〔50〕 指家庭。

〔51〕 原文是拉丁文 *filius familias*。在罗马法中,此词还有"未解放的子女"之意。因此,作者在本句后段提到"自由"的字眼。

〔52〕 原文是拉丁文 *jus publicum*。

在沙场上，父与子并肩抗敌；作为将军，家子兴许要统领家父，作为衙官，家子兴许要勾判家父的契约，惩罚他的过失。可是，在全部 133
的**私法**关系中，家子苟活在家内专制之下，想想吧，这严苛的专制维系至终，历经了多少年岁，真正构成了法律史上的一大奇案。

罗马法上的家长权从逻辑上相当于我国古代的父权，就文明时代的观念来说，无论是对人身权〔53〕的影响还是对财产权〔54〕的影响角度进行考察，要理解这二者的难度不分轩轾。很遗憾，历史的峡谷是填不平的。从我们掌握的资料开始分析，就对人身权而言，家长对儿女具有**生杀权**〔55〕，**更有理由**〔56〕随意体罚；他但凭适意，有权对子女进行人格小变更〔57〕，有权为子聘妇，有权为女选夫，有权拆散儿女的婚姻，有权将儿女出养别家，有权卖儿鬻女。在帝政之晚期，吾人还可觅得这般威权的痕迹，不过已大为萎缩，适用范围尤为狭窄；无拘无束的家法权已然演变成将家内不法行为入禀至城邦的衙官之治下的诉权；儿女婚事的主导权弱化成了有条件的否决权；卖儿鬻女的自主权实质上已被废止；而在优士丁尼制度维 134
新的背景下，收养制度本身也失却了其原始的厚重，未经待出养之家子的同意，收养再不生效力。简言之，我们已经接近终那般将在现代世界得到普及的观念。不过，这两个时代相隔远弥，〔58〕忽明忽

〔53〕 原文是 person。从边码 133 涉及的人格变更和出养家子看来，此词译作“人身”似为妥当。边码涉及的家子身份可被家父交付他人更可佐证。

〔54〕 原文是 property。此词含义的外延即便在英美法下也是一言难尽（《布莱克法律大词典》就给出了四个层面的含义），但从边码 136 提及的，家父享有家子的契约利益来看，不宜翻译为“物”，而应译作“财产”。

〔55〕 作者同时用拉丁文 *jus vitae necisque* 和正体的英文 the power of life and death 表达这个术语。

〔56〕 原文是拉丁文 *à fortiori*。

〔57〕 “指丧失原有的家族权而取得新的家族权，权利人原来享有的自由权和市民权不变，因而在法律上仍然具有完全的人格。”引自周枏：《罗马法原论》（上），商务印书馆 1994 年版，第 120 页。

〔58〕 家长权制度自兴盛而萎缩的过程漫长。

暗;家子积极地对国家履行其最为重要的义务,如此,即便没有废止家长的威权,也势必削弱之。吾人当深信,一位衙官位高年长,但若他不是倒行逆施,丧尽颜面,家长将不得对他动用家法。不过,在历史的早期,这般现实的解放[59]还为数稀少,不能与罗马的连年征战时的解放相提并论。[60]早期兵戎生涯中,有些军事保民官和列兵一年四季倒有三季在疆场度过,待征伐结束,总督要统管行省,军团要驻守行省,于是,家主若要行家法,这些人却找不到实在的理由做他的奴隶。这般逃离的门径五花八门,越积越多。胜利带来征服,征服带来驻守,后来,军团对殖民地的驻守模式为常
135 驻军制度所更迭。每每前行一步,情势就呼唤外遣更多罗马公民,并从渐衰的拉丁族血统里征召新兵。我们可推断出,在建立帝国和平复四方之时,民众就怀有强烈的情绪,要放松家长权。对该原始制度首次予以狂轰滥炸的是早前几任皇帝;图拉真和哈德良对此也予以过散兵游勇似的骚扰,他二人对后世的一系列明确立法奠定了基础。我们虽说无法确定每一部法律出台的具体日期,但却知晓,这一系列立法一壁缩限了家长权,一壁为家父们主动投诚攒了诸多便利工具。在更远古的时期,也存在通过约束卖子三次者的立法模式来对付家长权。[61]我想申明,这表明人们对家长权无谓的扩张产生了抵触情绪。家子被其父售卖三次的,得以解放,这条规则的旨趣本是要引致(对家子的)惩罚性后果,[62]但即便以古罗马人之伦理观的残缺不全,他们也对此甚为反感。还好,在

---

〔59〕 家子从家长权中得以解放。

〔60〕 对外征战时,家长更不能对家子自行行使体罚权,家长权因之被削弱得更厉害。

〔61〕《十二表法》对此有明确规定:“家长如3次出卖他的儿子,该子即脱离家长权而获得解放。”参见周枏:《罗马法原论》(下),商务印书馆1994年版,第1009页。

〔62〕“它甚至可能是一种处罚,意味着将儿子赶到没有财产的外界,让其丧失从父亲那里继承任何财物的希望。”参见[英]巴里·尼古拉斯:《罗马法概论》,黄风译,法律出版社2010年版,第73页。

《十二表法》得以公布之前，出于罗马法学家的机变无双，这条规则已摇身一变，权作摧毁家长权的手段，而家长无时无刻都在呼吁停 136
用这条规则。

家父之于子嗣的威权由严苛而至缓和，当有诸多因素促成，这般因素无疑未能附身于历史的表面。吾辈现今讲不清楚，民意对消解由法律赋予的家长权起了多大作用，而天然情感又将这般民意推进了多少岁月。不过，虽说家长权中对**人身权**的威力后来变得有名无实，但众多罗马法学家中的俊才通过文稿告诉我们，就行使家子之**财产权**，家父可是毫不客气，一直到法律阻止他才罢休。自这权利第一次得以行使，不管其范围有多宽泛，吾辈都不意外。古罗马法禁止处于**家长权**之下的**子嗣**背着家长异财，或[我们可以换一种说法]，他们不应当心动妄念，主张独立的财产权。家长得将家子的所有全部据为己有，还能享有家子的契约利益而不受赔偿责任之累。这就是你我所能想得到的关于罗马最远古社会形态[63]建立时的全部(观念)，因为，除非你我做这般推想：彼时的家属但有所得，一律交公，却个个无能为力，无法率性立约以限用公产。有关家长权的谜团还不在此，而在于家长对财产之特权被削 137
弱的节奏如此迟缓，还在于，在家长权没有被严重消解之计，整个文明世界已出现在他们的视野，他们的境况(仍然落后，令人匪夷所思)。直至帝国初年方有创举，家长权的行使对象不再包括兵勇服役时的所得，这般所得无疑当作了对军队的恩赏；此举一把推翻了(家长的)自由国度。三百年后，这个范围予以扩大到任何人列任政府文职之所得。显然，这两次维新适用范围有限，思路也流于技术层面，只扰乱了家长权原则的万一。未解放的奴隶和家子如

[63] 指家庭。

未受命，可不将津贴和储蓄纳入家庭账目而自取之，但就这部分财物，罗马法长期以来也承认家父具有限制物权〔64〕。家父许可的这类物有其特殊的名称，叫作特有产〔65〕，适用于新近从家长权的管束中脱身的所得财物；在兵勇之情形，则唤作军人储蓄；〔66〕而在文官之情形，则唤作准军人储蓄〔67〕。对家长特权的其他修正手段予以跟进，而对这一古老原则的推崇也越来越流于应付。在引入准军人贮蓄制度不久，就家子从母亲处所继承之物，君士坦丁大帝不
138 许家父再行绝对的控制权，而将之降等为**用益权**〔68〕，或曰终身权益〔69〕。后在西罗马帝国，又有三五个无关痛痒的制度变化尾随而来，走得最远的点还在东罗马帝国，当时优士丁尼规定道，除非子嗣取得的财产乃是从家长自有的财产继承而来，否则，家长对子女财产的权益不应超出终身享有孳息〔70〕的范畴。即是如此，罗马法

---

〔64〕 原文是普通法系上的表达 qualified ownership。关于此词，《元照英美法词典》译之为“受限制的所有权”，并解释道：“所有权可以分为完全所有权[absolute ownership]和受限制的所有权[qualified ownership]……受限制的所有权存在于下述所有权人的权利受到某种制约的情况下：(1)多人共同享有同一物的所有权，即共有[co - ownership]及信托关系中受托人与受益人对信托财产分别享有名义所有权[nominal ownership]或普通法所有权[legal ownership]及受益所有权[beneficiary ownership]或衡平法所有权[equitable ownership]的情况；(2)享有所有权的时间受限制——如终身地产权[estate for life]或承租人的权利或被拖延如剩余地产权[remainder]或归复地产权[reversion]；(3)所有权人对物的使用或处分受到某种限制——例如一定期限内不得转让。”《布莱克法律大词典》的解释比较简单，只是包含共有的情形和前述第(3)条情形。

〔65〕 原文是拉丁文 *Peculium*。

〔66〕 原文是拉丁文 *castrense peculium*。也有译作“军营特有产”的，参见[英]巴里·尼古拉斯：《罗马法概论》，黄风译，法律出版社2010年版，第62页。

〔67〕 原文是拉丁文 *quasi - castrense peculium*。

〔68〕 原文是拉丁文 *usufruct*。这是罗马法和大陆法上的术语。对他人财产在一定时期内使用和收益，而不损害或损毁原物的权利，不过财产随着时间的流逝而发生的自然损耗不论。参见《布莱克法律大词典》(第8版)，第4796页。

〔69〕 原文是英语 life - interest。指对不动产或动产享有的权益或请求权，低于所有权，并以权益享有人或相关他人的生存期为限。

〔70〕 原文是英语 produce。此词既含自然出产物，又含金钱之利息，还有劳动所得之意，但尤指农产。

上的家长权内藏之丰富、之严苛，远非现代世界的类似制度所能及。现代法理学最早的一批论著者认为，征服罗马的人只有（比罗马人）更激进，更粗鲁，显然，斯拉夫人的国家所展示的家长权制度与《学说汇纂》和《优士丁尼法典》中所描述的大抵相当，以**保护权和监护权**〔71〕或父亲之领导权威为基础而存在的家庭这一法人团体似已得到全体日耳曼移民的认可；不过，他的权力显然已成为罗马法之家长权消弭后的遗踪，与古罗马家父享有的权力相比，已然一落千丈。历史特别表明，法兰克人并未施行过罗马法上的家长权制度，相应地，过去的法兰西法律人虽然狠命往野蛮的习惯法缝隙中塞入罗马法规则，他们却仍自觉有义务对家长权的侵扰进行自卫，他们使用了这一浅白的格言，**在法兰西，父亲的支配权没有** 139
形成。〔72〕罗马人顽固地保留了这一上古情形的遗踪，这种坚持颇为出彩，而更加出彩的是，家长权在其他文明里一度销声匿迹，罗马人却再度四面洒播。军人储蓄制构成家父的财产权制度中绝无仅有的缺口，家父对子女的人身支配权仍显宽泛。罗马法上的市民籍以及与之相伴相生的家长权弥散到帝国的边边角角。非洲人、西班牙人、高卢人、不列颠人或犹太人，无论是谁，或以赠与、买卖或继承的方式获得这一荣誉，〔73〕他们无一例外都将自身置于**罗马法上的人法**的管辖，还有，虽说吾人手头的材料宣称，对于在（父亲）取得市民籍之前出生的子女，不能违背他们的意愿而将他们置于在家长权之下，不过，（父亲）取得市民籍之后出生的子女以及他

〔71〕 原文是斜体的 mund。这是日耳曼法上的术语。参见薛波主编：《元照英美法词典》，法律出版社 2003 年版，第 935 页。

〔72〕 原文是法语 *Puyssance de père en France n' a lieu*。Puyssance 即 puissance。完整的表达应当是 *puissance de père en France n' a pas lieu*。这里 puissance 可以理解成“父亲的权威、父亲的支配权”。

〔73〕 罗马市民籍。

们将来的子嗣都处于**家子**的寻常位置上了。罗马后世的社会机制并不在本书考察范畴之内，但读者或能容我说明一点，有人认为，通过安托尼努斯敕令，卡拉卡拉赋予全体臣民以市民籍，该敕令代表的观念对构筑后世社会殊无寸功，而敕令本身也属雕虫小技。我认为这种看法毫无根基。无论怎样诠释，该敕令都将扩张解释
140 家长权的维度，并且，我认为它有一个媒介作用，使得家庭关系变得更为紧致，在解释得以彼时正在改造世界的盛大道德革命这一点上，我的这个看法理应得到比以往更大的重视。

在结束本节主题之前，我们还应注意，在**家长权制度**之下，**家长**应当对**家子**的**侵权行为**[74]承担责任。与此类似，他对其奴隶的侵权行为也应承担责任；不过，在前述两种情形下，为完全弥补损害，家长原先享有一项特权，可以（向受害人）交付不法侵害人的人身权。因此，责任以家子的名义得以负担；再加上处于**家长权制度**中的**父母**与**子女**无力互诉，这两个现象可能使得罗马法学家提出一个假设，以圆满解释之，那就是家父和家子的人格是统一性。我当在有关继承的一章[75]试图揭示，这等“统一性”的实在性在何等情境下以及在多大范围里内得到过认可。行文至此，我只能说，家父的这般责任以及接下来要探讨的其他法律现象都指向父权式原始头人的某一类**义务**及其**权利**的平衡问题。我在想，他要是对家人的人身权和财产权具有绝对的处分权，那么，这一有代表性的所有权与他为拥有共同血脉的家人所承担之责任具有同等宽泛的外
141 延。难点在于，吾人当抛开家父义务之本质的惯常想象思维，它并不是法律上的义务，因法尚未穿越家庭之辖区。若管它叫**伦理**，却又发现这一观念其实属于观念史的后来阶段；若是吾等能领悟到

---

〔74〕 原文同时使用了拉丁文 *delicts* 和英语 torts，二者均是复数形式。

〔75〕 第六章。

这是义务，但先民懵懵懂懂，遵循和施行之，与其说是由于法律上确然的约束力，倒不如说是出于本能和习惯，于是我们可谋求"伦理义务"这一意味丰蕴的表述。

一般意义上的家长权制度未能经久不衰，而在我看来，也不可能经久不衰。只要吾人考察其本身，当发掘其曾经的普适性并没有十足的证据予以支撑。不过，通过检视最终立足于家长制的古代法其他部门，这般证据可适用的程度更为深远，当然，不能仅凭家长权制度与古代法其他所有部门之间通过一般人的肉眼一望而知的联系而得出结论。我们来转向亲属关系之范例，或换言之，看看古代法如何计算亲与疏。在此又一次方便地引入罗马法术语，宗亲和血亲。[76] **血亲**关系是现代观念所熟知的亲属关系；这种关系系由同一对夫妻的共同血脉得以形成，无论这血脉追溯至男性还是女性。**宗亲**关系就很不一样：它将现代人认为理所当然是亲属的许多人排除在外，却将我们绝不承认是亲属的更多人纳入其中。实际上，宗亲关系是存在于最远古形态之**家庭**成员间的亲属 142
关系，而这般亲属关系之与现代亲属关系远未接壤。

因此，血亲中的所有人能将血脉追溯至单个的男祖或女祖，或者，我们可取用罗马法上严格的特定含义：血亲可将血脉追溯至一对配偶合法缔结的婚姻关系上；故而，"血亲"乃是一个相对的概念，其所昭示的血缘之远近取决于所选中作为起算点的特定婚姻关系。如从父母的婚姻起算，血亲仅指兄妹；如从祖父母和外祖父母起算，叔舅姑姨及其子嗣也可纳入；同理，若从更高辈分起算，血亲人数就越来越多。现代人很好理解这些；不过，何为宗亲呢？首先，他们是血亲，并仅从男祖下溯血缘关系。自然，次第列举嫡亲

〔76〕 作者在第三章用过一次，参见边码 56。

143 尊长，又在表格中罗列其男女后裔，就得出血亲的系谱表。在缕析系谱表或曰系谱树的各个枝杈时，我们在遇到妇人的姓名时随时停止，不再追觅那一特定枝干，那么，将妇人全部排出之后的全部后裔都是宗亲，他们之亲缘的合集就是**宗亲**关系，就这一将妇人从血亲中分离出去的过程，我斟酌了片刻，因为其解释了一条值得记住的法谚："妇女是家庭的边界。"[77]妇人的姓名出现时，当止住系谱的树杈或细枝。在有关家庭关系的原始观念中，没有一个女性后裔被接纳过。

若是此处所考察的古代法承认**收养制度**，当补充道，古人将男男女女接入家来，人为地拓展了家庭之外围，这些男男女女都可被涵盖在宗亲范畴之内，而假如他们满足前述条件，他们的后嗣将仅仅也是宗亲。

是什么缘由让他们这般随意地增删呢？为何一个亲属的概念一壁如此活泛，以至于他们将陌生人透过收养制度纳入家庭，而一
144 壁如此狭隘，以至于将妇人拒之门外？要解决这些难题，吾人当重拾家长权制度。宗亲关系并非建立在**家父**与**母亲**之婚姻的基础上，而是建立在**家父**的威权上。所有正处于或曾经处于同一家长权之下的人均因宗亲关系而彼此产生联系，那些因其高寿的直系尊亲属行使其在帝国[78]里的职权而一直处于家长权下的人也概莫能外。实际情形即是如此，在古人看来，**亲属关系**与家长权亦步亦趋。家长权产生的，亲属关系随之产生；因之，因收养而产生的亲戚关系也隶属于亲属关系。家长权终结的，亲属关系随之终结；因之，家子被家父解放的，将失去其在宗亲关系中的一切权利。好

---

〔77〕 作者分别用拉丁语"*Mulier est finis familiæ*"和英语"a woman is the terminus of the family"表述之。

〔78〕 作者又一次将家庭比作帝国，在此，家父乃是家庭的皇帝。

了，到此为止吾人已经找到女性后嗣被排拒在古代亲属关系之外的缘由。若是一个妇人终身不嫁，她就不能拥有合法的后嗣。若是她有婚配，其子女将处于家长权之下，此乃其**夫君**的家长权，而非其**家父**的家长权，因此，这妇人的子嗣将不与这妇人所出身的家庭有任何关系。显而易见，譬若所有男子均自称是其嫡母的亲戚的亲戚，古代社会之机理将被扰乱，人们就会推论道，一个人将同时听命于两份明确的家长权；而任何明确的家长权都有其明确的权力辖区，因此，任何臣服于这二者的人同时也将苟活于两套不同的监管体系之下。只要**家庭**还有**主权内的主权**〔79〕、还是国家系统下的一种社圈形态、还服从其自身由家长说了算的制度，宗亲关系 145
之边界仍然是一道必要的屏障，以抵御亲属会议〔80〕规则的龃龉。

前述严格意义上的家长权因**家长**去世而消亡，可是，宗亲制依旧如故，它好比一道模具，即便家长权已经亡佚，仍留下同样的印记。故这引发了探究者的兴趣，想深入了解有关宗亲制的法律史。家长权制度仅能从相对少量的古代法文献中辨别出来，而隐喻了其前世之存在方式的宗亲关系则随处可见。有那么三五个法统，它们被归类于印欧语系社圈，其最原始的构架也没外显出什么特质，而这部分构架却与宗亲制有明朗的关系。试举一例，印度法洋溢着先民对家庭之依赖的观念，而其亲属关系十足是宗亲制的，我还听说，妇人的名字在宗谱中一般是被省去的。那些击溃罗马帝国的各个民族，它们的法律极其浓厚地弥漫着相同的亲属观，这似乎已经成为这些古老民族之习惯法的一部分。若不是后世的罗马

〔79〕 原文是拉丁语 *imperium in imperio*，译为英语是 an order within an order，或者 a state within a state。

〔80〕 “亲属会议不是罗马法上的法定机构，而只是习惯上的组织……是一种咨询机构，家长惩罚家属或者丈夫休妻等重大事由要征求它的意见，其作用是制止家长滥用家长权及丈夫滥用夫权。”参见周枏：《罗马法原论》（上），商务印书馆1994年版，第147页。

法如此广泛地影响了现代人的思维，吾人可怀疑，这般亲属观在欧
146 罗巴法哲学中将占据更大的领地。起初，裁判官认为，血亲制乃是亲属关系的**自然**形态，并且，他们在净化古老观念上耗费了全部心力。他们的理念沉降至今，不过，现代继承法的多处还是可以见到宗亲制的踪影。妇人及外戚不得问政，这一原则被普遍认为出自萨利族法兰克人的习惯，其源头当然是宗亲制观念；实际上，这是古日耳曼人有关家产之继承的规则。英格兰法中原先有一条异样的规则，禁止同母异父或同父异母的兄弟互相继承土地。这条规则最近才被废止。在解释这条规则时，也可以在宗亲制（的内蕴）中寻找答案。在诺曼底习惯法中，前述规则只适用于**同母异父**的兄弟，即他们同母不同父；[81]他们做了如此这般的限定，乃是经由宗亲制而进行的（对继承人的）严格排除。当这条规则被移植到英格兰时，英格兰法官对其原理一头雾水，将其解释为同父异母或同母异父的兄弟应被普遍禁止互为继承，从而将此规则延展至**同父异母**的兄弟，这些兄弟的生父是同一人，而其母分别是生父的各房妻妾。当于所有装腔作势的法学文献中，布莱克斯通（《英国法释义》中的）相关篇幅试图解释同父异母或同母异父兄弟（在继承中的）排除法，并试图为其正名，这一精致的诡辩给人的感觉最为奇特。[82]

---

〔81〕 作者在表述本句之“同母异父”时，使用了一个术语“uterine”并用斜体书写，后半句从翻译的角度来看实属多余，在英文中却是作者对“uterine”一词的解释。该词是uterus（子宫）的变形，并作为形容词，其另一层含义直接是“子宫的、与子宫相关的”。

〔82〕 经查，布莱克斯通在《英国法释义》第1卷第184页对此的解释是，保有四代以上的祖传地产（feudum antiquum）之继承应当与受封人（feudatory）或取得人（purchasor）有血缘关系。年代久远的，法官会认为，作为直系血亲的同胞兄弟作为继承人接近土地取得人之血统的可能性更大，而同父异母或同母异父的兄弟作为继承人接近该等血统的可能性要小一些，因此当被排除继承。参见 Sir William Blackstone, KNT: *Commentaries on the Laws of England*, Collins and Hanny; Collins and Co.; N. and J. White; and Grigg and Elliot, Philodalphia, 1832, Book One, p. 184。

我的看法是，经由家长权聚合的**家庭**或是**人法**开枝散叶的原点。在人法的全部内容中，有关**女性**身份的法最为重要。方才提 147
到，虽然妇人不可以为其子女谋求宗亲制下的任何权利，不过，她本人还是宗亲的一分子。实际上，较之女性与其男性宗亲的连结关系，她与娘家的关系要更严格、更密切、更持久。吾辈已数次作结，古代法的眼里只有家庭，[83]这等同于说，古代法的眼里只有行使家长权的人；而在**家长**去世之时，其中一子或一孙将经由一条独一无二的原则而得以解放；相应地，这条原则乃是该子或该孙与生俱来的能够成为新家长之权利能力的原因，也是一套焕然一新的家长权制度之根源。可是，妇人理所当然就没有这种权利能力，相应地，也不具有由此派生的获得自由之权利。因而，为了稳住她这根**家庭**终身纽带，古代法创设了一个别样的制度，这便是人所熟知
的最远古罗马法上的**妇女终身监护**[84]制：**家长**逝世的，**女性**将从 148
其家长权中脱身，不过，却将持续和终身顺从与她亲缘最近的男性宗亲或是她的**家父**指定的人作为她的**监护人**。很明显，**终身监护制**[85]因为其他原因而被消解，但其恰如其分并人为地延长了家长权制度的寿命。在印度，这一制度既决绝又完备地沿袭下来，履行得万分严厉，**印度母亲**都频频成为亲子的被监护人。即便在欧罗巴，斯堪的纳维亚国家是敬重妇女的，他们也是不久前才废除了妇女终身监护制。入侵西罗马帝国的各民族在其本土习惯法中普遍适用了这一制度。别看这些民族的妇女监护观五光十色，其实，当于他们引介给西方世界的一切，这一制度却是最为大逆不道的。可是它就是从成熟的罗马法中消失得无影无踪。譬若仅仅参阅优

[83] 如边码 121 所述，原始社会的单元是家庭，现代社会的单元是个人。

[84] 此处原文是 Perpetual Tutelage of Women。

[85] 此处原文是 Perpetual Guardianship。

帝编纂的法律文库，只言片语亦属难觅；还好盖尤斯的手稿重现江湖，为吾等展示了一段最为饶有兴味的岁月，在那个年代，妇女终身监护制已经跌落，彻底失道，处于分崩离析的边缘。妇女终身监护制令女人自卑自怜，民众很是歉疚，这位了不起的罗马法学家对此予以躬亲核查，而他还以相当多的篇幅载录了大量的变策，其中
149 一些襄助**妇女**打败这一旧制度的变策相当高明。他们借用自然法思想提出，男女平等应是衡平法的一个原则。吾人还将考察出，他们所要攻克的（加于妇女之身的）束缚是，妇女对财产的处分权仍需要其监护人的正式同意。看起来，在盖尤斯的时代，对妇女人身权的管控显然已属不合时宜。

古代法使妇女屈从于其亲属，现代法最初令妇女屈从于其夫君。这是历史的重大转变。回翻史册，这般转变的起点是罗马。根据罗马习惯法，古时候缔结婚姻的方式有三，其中一种饱含宗教的肃穆，另外两种要求先民恪守世俗议程。它们分别是：通过宗教婚形式缔结的婚姻，或称**共食婚**；通过严格仪式缔结的世俗婚，这被唤作**买卖婚**；通过相对松散的仪式所缔结的世俗婚也有个说法，叫作**时效婚**。经过这三种结婚方式，**丈夫**取得妇女大量人身权和财产权，总之比现代法赋予丈夫的权利要多。不过，他是以何等能力取得这些权利的呢？不是作为**丈夫**，而是作为**家父**。无论是经由共食婚、买卖婚还是时效婚，妇人都将转入夫权[86]的控制，这意味着，在法律上她是其夫君的**女儿**，她被置于其夫君的家长权之下。她承担了家长权存续期间的所有义务，而夫君的家长权届满
150 的，她仍赖家长权而苟活。她的全部财产都成为夫君的财产，夫君亡故的，她还要受到他生前通过遗嘱所指定的监护人的监护。不

〔86〕 原文是拉丁语 *in manum viri*。*Manum* 尤指权力，尤指夫权；*Viri*，指成年男子，或指丈夫。

过，这三种缔结婚姻的方式还是衰落了，人们逐步弃用之，因而，到了罗马风华绝代的时期，它们已经基本给一种历时很古老、声名却一直很不堪的结婚形式[87]让了位，这种结婚形式是在松散世俗婚仪式的基础上修正和建立起来的。[88]它在现今已广泛采用，其专门机制就不多解释了，我只想描述，其在法律上正好相当于，女性成了娘家（寄于夫家）的临时寄托物。娘家的权利毫不动摇，女士的双亲可以为其指定监护人，而女士处于该人的监护之下继续生活。比起这位监护人，其夫君的权力在许多实质性层面皆逊了一筹。这般结果是，罗马女性不管是否许了人家，其在人身和财产上都有巨大的独立性，因为，正如我已经暗指过的，后世之法律还要趋向削弱监护人的权力，直至他完全失势[89]，而这一通行的结婚方式并未赋予夫君以惩戒权。不过，基督教从一开始就在一定程度上倾向于压制这般自由。起初，他们很是大义凛然，对堕落的异教徒世界此等随便的婚姻方式嗤之以鼻；随即他们激情澎湃和心急火燎地开始鼓吹禁欲主义，因为彼时的婚姻法乃是西方世界有 151
史以来最为宽松的，禁欲主义的鼓吹者对此看不顺眼。将基督教奉为国教之后，罗马帝国历任皇帝颁行的法时时触及婚姻制度，于是，最为晚近的罗马法显山露水，对安东尼时代[90]的杰出法学家们主张的婚姻制度自由化予以反击。现代法学历经蛮族征服之熔炉的锻造，又成形于带有父权制习惯法之罗马法的冶炼，为何要吸纳如此众多有关妇女地位的规则呢？尤其是当这些规则归属于残缺文明之时？万古不易的宗教情结或能解释这个道理。在现代史发端的混沌期，日耳曼人和斯拉夫人的移民所奉行的律法依旧像

〔87〕 无夫权婚姻。

〔88〕 时效婚。

〔89〕 见边码 148 的相关表述。

〔90〕 安东尼·比乌（Antoninus Pius），138～161 年在位。

毫不相干的一层膜，叠放在各地臣民所贯行的罗马法上，这时，绝大多数民族的妇女普遍被置于形形色色的陈腐监护制之内。除开他本人的家族，丈夫迎娶妻子的，当支付一笔价金给其亲属，以令其放弃监护。让我们回溯历史，当发觉中世纪的法律是两套制度的糅合物，而与妇女相关的法律也有两个源头。罗马法截至彼时
152 已经取得了胜利：未婚女子已经摆脱了家庭的桎梏［当然，各地也存有例外］；而蛮族法却将已婚妇女在家庭中的位置予以禁锢：丈夫利用其在婚姻关系中的地位将一度属于其妻子之男性血亲的权力拢入自己的掌握。因此，当此历史节点，西欧和南欧的法律开始格外别致，其主要特征是：它们赋予未婚女子和孀妇以相对的自由，并在已婚妇女身上强加了沉甸甸的束缚。漫长的岁月过去之后，婚姻强加给异性的附庸地位才明显消除。的确，欧罗巴重新沦陷于荒蛮之境，〔91〕可是法典化的优士丁尼法是最主要和最强效的溶剂，它总能唤醒人们去壮怀激烈地研习之。欧罗巴鬼鬼祟祟而一日千里地瓦解了自身装模作样予以阐释的习惯法。可是，有关已婚妇女的法律部门不归罗马法解释，而归教会法解释；教会法是特立独行的，就婚姻关系而言，它的视角与世俗法过于疏离。就某些层面而言，这是无法规避的，因为没有一个被基督教义之颜色所沾染的社会可以为已婚妇女保留中期罗马法制度赋予她们的人身
153 自由，不过，已婚女子没有财产权与她们没有人身权是两回事，而正是由于教会法倾向于永世永生地巩固她们这种财产权状态，才使教会法的解释者深深地伤害了人类文明。历史的痕迹显示，世俗法与神法缠斗不休，神法却几乎处处完胜。在法兰西的有些行省，普通阶层的已婚妇女取得了罗马法赋予她们的处分财产的全

〔91〕 陷入日尔曼法和教会法的禁锢。

部权力，这些地方法的大部都由《拿破仑法典》萧规曹随。但苏格兰法的情形却告诉我们，即便对罗马法学家创立的所有原则毕恭毕敬，也不见得能顺从到可以缓解无财产权之人妻的绝境。然而，对已婚妇女最为刻薄的总是那般唯教会法之命是从的制度，或是那般未曾拔除万年老毒草的制度。丹麦法和瑞典法许多个世纪以来一直在欺负所有女性，迄今仍未施惠于人妻，相较于欧陆的法律，它们小气多了。这些倒都罢了，限制妇女财产权更苛刻的是英格兰普通法，它从教会法借用的基本原则数目最多，远迈前者。普通法中有关已婚妇女法律地位的规定使得英格兰人对本章讨论的 154
这一重大制度有了清晰的概念。尽管想到纯粹英格兰普通法赋予贵族阶层之丈夫们的家长权，又想到那般认为妇女十足处于法律上的附庸地位的观念与普通法本身之间如此合缝合榫，我还是不能理解为什么古老的家长权制度的运作方式和本来面目在英格兰人头脑中如此的鲜活，就此，衡平法或制定法在权利、义务和救济程序等各个方面都没有触及过普通法原则。在涉及家长权下的**家子**层面，最远古与最晚近的罗马法差距很大，而在涉及已婚妇女之法律规则的层面，衡平法与普通法之差异较之前者一般的巨大。

在前文中，若是忽视这一**监护制度**在这两个法律渊源之下的真正起点，〔92〕若是人云亦云，吾人肯定会认为，古代法将延缓权利行使的拟制期间延长到令人咋舌的程度，**妇女监护制度**就是一个明证，可是，如果这样认为，就会得出结论说其对**男孤监护制度**之规制就是一个彻底的反例，它就是错误的，男孤**监护制度**延缓权利的期限太短了。古罗马法可被归于此类法律，就此而言，家子因父亲或祖父去世而从家长权中得以解放的，若不到一定年龄，他仍应 155

〔92〕 罗马法和教会法。

处于监护制的管辖之内，这年龄一般被描述为 15 岁；一旦长到这个年龄，他立即享有人身权和财产权上的独立。男子未成年的期间短到匪夷所思，而妇人无行为能力的期间长到荒谬绝伦。不过，实际上，在孕育这两种监护制的社会背景中，其基本元素既不会太过分，也不会太贫弱。这两种监护制都没有一丝一毫考虑过个人或公众的便利。起初，**男孤监护制度**的规制是为了在其达到自决年龄之前保护他们，这就像妇人生来柔弱，妇女监护制度也是用来呵护她们一样。缘何家父死亡时家子可从家庭束缚中解放出来？这是为了使家子自己具有成为新家长和创建新家长权的行为能力；女人不具有这般行为能力，她们**一直到死**也得不到解放。相应地，男孤监护制度乃是一种人为的筹划，目的是维持家子附属于**家**
156 **父**的形态，直到社会认可家子具有担任家长的行为能力为止。它是对家长权的一种延展，且只管延展到家子在身体上成年。因其理论的僵化性要求，它应当止乎于男子的青春期。尽管有前述总结，不过，这一制度并未宣告其将一直监护男孤到他心智上完全成熟，故而，其与公众的适用便利性之目的并不对等；关于此，罗马人在社会发展的很早阶段就察觉出来了。罗马法上最古老的立法成就之一便是《普勒托里亚法》[93]，它将处于足够年龄和具有足够权利能力的自由男子置于某个特定监护人群的临时性管控之下，这些人唤作**保佐人**[94]，前述男子所为的行为和订立的契约都应得到他们的认可。年满 26 岁的青年男子便是这般监督权的上限；而罗

〔93〕 作者使用了两种拉丁语表达，*lex lætoria* 和 *Lex plætoria*。这是“公元前 3 世纪制定的一部保护未成年人免受欺诈的法律。它规定，凡从未满 25 岁的人那里获利者，都要受到惩罚，与该未满 25 岁的人之间的交易可以宣告无效。它还允许 12 岁至 25 岁的人在特定条件下申请指定监护人，并由此监护人批准被监护人与他人的交易”。参见薛波主编：《元照英美法词典》，法律出版社 2003 年版，第 839 页。

〔94〕 原文是复数形式 *Curatores*。

马法上引入的术语“成年人”和“未成年人”之唯一参考值乃是25周岁。现代法学上对**监护制度**〔95〕有所矫正,其原则比较简单、克制和匀称,就是要保护身体上和心智上不成熟的人。任何人达到自决年龄的,对他的监护将自然而然地终止。可是,罗马人对于羸弱身体和残缺心智的保护有两套不同的机制,它们在理论基础和规制思路上都有区别。这两套机制伴随的观念已融入现代监护制度之中。

为进行分析,此处还可以援引**人法**上的另外一个篇章为我所用。成熟法上调整**家主与奴隶**之间关系的法律规则并没能显现出 157
十分清楚的印记,以普适于各个原始社会的初境。这个领域的例外是有原因的。奴隶制中似乎隐含了某些因素,不管其如何与现实水土不服,也不管其所教化的道德直觉〔96〕是何等幼稚,世人却无论身处何朝何代,对之既不会瞠目结舌,亦不会茫然失措。古代社会大大小小的社圈几乎都历经过对奴隶制的下意识的悔恨之情,它们因此反倒会搬出想象中的原则,为奴隶制狡辩,或者至少为其找到一套花团锦簇的说辞。在远古时代,希腊人解释说,奴隶制的建立基础是,某些民族头脑愚钝,活该地位卑贱。就此,罗马人的气质与希腊人一般的独特,他们认为,奴隶制衍生于(沙场上)胜败二者所订立的契约,胜者令敌手为永生永世的役作,而以为对价,这敌手将捡回本可以在战场上被合法剥夺的性命。这般奇谈怪论不但千疮百孔,而且,罗马人故弄玄虚,因就这般情形而言,二

〔95〕 作者使用了两个词,分别是 *pulilage* 和 *wardship*。

〔96〕 “所谓道德直觉,即以直觉方式去把握道德原则……人们在道德直觉中所表现出的‘道德价值倾向’,并非是先天就有的,而是在社会生活中形成的,其中还包括了由于长期的传统文化所形成的积淀。这种积淀是‘直觉认识模式’的构成成分,它对于判断某个行为是‘善’,还是‘恶’时,是一种既定的认识定势。”参见夏军:《非理性世界》,上海三联书店1993年版,第311～313页。

者的地位一望而知并不平等(,故无从订立契约)。话虽如此,这般理论还是在许多方面发挥了重大的影响力。家主的道德感得以填满,奴隶的卑贱感得以维持,甚或提升。于是,这些理论自然而然地遮瞒了从一开始就与其他家内制度并足而立的有关奴隶身份的
158 制度的关系,这种关系半遮半掩,散见于古代法的大部分内容中,尤其在古代法的垂范——罗马法中。

在原始社会,**奴隶**是否被视为**家庭**的一分子?美利坚合众国对此问题倾注了许多气力,进行了大量探索。他们觉得必须给出一个明确的答案。显然,古代法和古老史料都有证据能显示,奴隶在若干情形下可作为**家主**的**继承人**〔97〕和**概括继承人**。我将在有关继承的篇章〔98〕中解释奴隶的这般非同小可的能力,这种能力暗示着,**家庭**的统治权和代表权在情况特殊时可能移交给奴隶。不过,若是吾人承认**奴隶制**曾是古代**家庭**制度的一部分,美国人的观点看起来是承认了当今〔99〕黑奴身份的道德正当性。称**奴隶**本来是**家庭**的一分子,此意何为?这并不能说明其惨状不是由某些人下作的动机所推动。**奴隶制**与人性一般古老,其根本就在于,人都
159 想借用他人之力气,以展一己之适意和愉悦。如果众口一词,称古时候**奴隶**是**家庭**的一分子,那么大家就没想过要说破,那些使人成为奴隶或巩固其奴隶身份的人,他们的动机何在。大家仅仅暗示说,将奴隶束缚在家主身畔的绳带与家庭其他所有成员结成一体的索线具有某种共性。该等观念上的后果早就夹带在我所概括的结论之中,原始人的思想并不同于现代人,除开家庭关系,他们并

---

〔97〕 原文是首字母大写的 Heir。据《布莱克法律大词典》第 8 版第 2116 页的解释,其在一般意义上是无遗嘱死亡者的继承人,而在普通法上,其外延既可包含遗嘱继承,也包含无遗嘱继承。作者也认为不需要区别继承原因,见边码 175 ~ 176 的相关表述。

〔98〕 第六章。

〔99〕 本书第 1 版于 1861 年出版,而美国南北局势山雨欲来。

不能理解理解人与人**之间**[100]之关系的基础。他们认为，**家庭**主要由亲属组成，退而求其次，被收养的人也转作一分子；可是，还有第三类人，他们被纳为家庭的一分子，只因为他们共同顺从于家长，这第三类人就是**奴隶**。生子、养子和奴隶同是家长蓄养的对象，生子和养子的地位却高于**奴隶**，因为社会观念确信，就一般情形而言，他们终将摆脱其束缚，自己行使家长权。而以虽**奴隶**之卑贱，却不至于从**家庭**之手掌中被排除出来，也不至于被减等至无知无觉的物之地位。诸多遗迹清楚地表明，在原始社会，家长在万不得已时会赋予**奴隶**以继承财产的行为能力。当然，若是孤注一掷，在 160
家父的帝国为**奴隶**特地预留一个位置，以妄想他的命运在原始社会改善了几何，这将是不保险的。家子或者近乎**奴隶**，可**奴隶**却不见得能分享家父在后世对家子流露出的半片柔情。话又说回来，那般进步而成熟的法典给了我们一些底气，令我们可以断言，当于一切允准奴隶身份存在的地方，较之当于那些吸纳了其他思想——根据这般思想，奴隶在实在法上的地位更低[101]——的制度，如果另一种制度为他们保留了远古情境[102]的印记，奴隶的境遇一概更为优越。法对待**奴隶**的观点对他们而言是举足轻重的。在自然法影响下，罗马法就曾束手就缚，越来越倾向于认为奴隶是一类物（不过它到底只是倾向而已）；于是，但凡奴隶身份乃是由深受罗马法影响的制度所允准，奴隶的境遇就绝不会惨绝人寰。这里的证据太多了，路易斯安那州法是高度罗马法化的，而在采其为法学理论基础的美国各州，黑人的际遇和前景在许多重大的层面都要比采英格兰普通法的各州要更优越，直至最近，制定法在恐慌 161

---

[100] 原文是拉丁文 *inter se*。

[101] 不是家庭的一员，而是物。

[102] 奴隶在原始社会是家庭的一员。

情绪的笼罩下得以通过,并覆盖了基本法的字面意义。英格兰普通法无**奴隶**的容身之所,根据新近的判例解读,而只能视其为动产。

我们已经检视了古代法中与本书范畴相关之**人法**的方方面面,我相信其结果必将使吾辈对雏形期的法学思想有精准和精细的认知。起初,一切**国家**的实在法均以父系社会头人之**判决**的面貌现身,[103]而吾人还发觉,这般**判决**兴许只是由不计后果的命令所演化而成,此时人类尚且稚弱,各家各户暌隔不闻,家长会对其妻妾、子女或奴隶发号施令。不过,即便建立了**国家**,法的适用还是极端受限。法是维持**判决**之原貌也好,是发展成**习惯法**或**成文法典**也好,其约束的不是个人,而是**家庭**。若是引入一种或具有误导性的类比方法,古代法好比是国际法,它身无寸功,只好填补作为社会之原子的众多庞大群体所形成的裂缝。在这般社圈,议会之立法权和法院之管辖权均只可触及家庭首脑,而规范家庭其他
162 人员的行为规则乃是家法,**家父**就是家法的立法者。实在法的体积起初还很弱小,不过却稳步增大。法(跟上社会演化之脚步)的演化工具,法律上的拟制、衡平法、直接立法,次第得以借用,对古法施加影响。社会每前行一小步,就会有更多人身权和财产权从亲属会议中脱身,进入法院的管辖权。就国家而言,政府的律法一步一步地取得了(跟家长)对私人权利之关切度相等的效力,安坐于壁炉旁的暴君[104]呵斥再三,却也于事无补了。通过对罗马法材料的重行拼凑,我们基本上获得了一部砸烂旧法统、建立新秩序的完整史;当于这新秩序中,一部分乃是毫发无损并沉降至今的,另

〔103〕 原文是大写了首字母的 Themistes。有关该词所包含社会观念的演进,参见作者在第一章的表述,边码 3 以下。另外,作者在本章前部分援引《奥德赛》时,也带出了该词,见边码 120。

〔104〕 家长。

一部分虽然在黑暗岁月触碰了化外之治,被捣毁或侵蚀,但其终究为世人所重构。在优帝所复建的制度中,吾人觅不得家长权之古制的半片衣角,唯见到他所保留的一个孤零零的条款,**家长**还挽住了宽泛的权力。在红尘别处,通达、匀称或简至的各类原则——所有位阶的崭新原则——已经替代了被视为天经地义的(同意奴隶身份的)弱智对价[105]——正是它在古时候填满了家主的道德感。在每一处,崭新的道德观取代了由习惯法所孕生并因此而与之琴瑟和鸣的行为准则和默许恶行的合理性。 163

从一个层面讲来,各个改革型社会的运动步调一致。综观社会运动的整体进程,改革型社会矫矫不群,其对家庭的依存在缓缓消融,而个人之间债的关系在慢慢滋长。个人稳步代替家庭作为实在法所调整的单元。这般进程快慢不一;而某些社会也不是绝对的停滞型,原始社会结构的土崩瓦解只能透过细细地研究其表象方可推测出来。社会变动的步伐有大有小,但它并不为任何抵制力或反弹力所左右。而若是社会变动明显迟滞不前,世人当发觉,这是由于它在远古时代消化了外来的观念和习惯法。权利和义务互依互存的情态最初源于**家庭**,而人与人之间的纽带缓缓地取代了此类情态,这个纽带是什么?其实也不难理解。是**契约**。在原始社会状态下,**人**的关系的总和即是**家庭**关系;从这一历史界点而始,我们稳步上升至社会秩序的另一个层次——人的全部关系乃是个人与个人之间的自由允诺[106]的关系。在西欧[107],朝此方位爬升的社会运动一直具有非凡意义。于是,**奴隶**的身份消失 164

---

[105] 见边码 157 有关罗马人对奴隶制的看法。

[106] 原文是 Agreement。第九章有更多阐释。在契约发展史,最初允诺本身不具有法律效力,须有作为议程的外部行为以为债的拘束力。契约发展的过程就是逐步去掉议程而令允诺单独具有债的效力的过程。

[107] 作者在第二章特别指出西欧是典型的改革型社会。

了——它被主仆之间的契约关系所取代。曾几何时，**女性**处于夫君之外的其他人的**监护**之下，而如今，她的这等身份也不复存在；自适婚年龄而始，她可能缔结的所有关系都是契约关系。还有，在现代欧洲社会，**家子**一度处于**家长权**之下的身份在法律上也不再有立锥之地。若要使家长与成年子女受到实在法上的债的约束，唯有契约才能赋予这般债以法律效力。明显的除外制度[108]反倒最可以用来解释规则。对于未达到自决年龄的子女、处于监护关系下的孤儿、被判丧失心智者，自会有**人法**来规范其各自行为能力的足与不足。可道理何在？不同法统自有不同的契约法话语，但在本质上表达的是同一个效果意思。大多数**法律家**都守住一个原则，即前述人群应当受到外力管束，理由只有一个，他们没有处分自身权益的行为能力；换言之，他们匮乏通过订立**契约**而经受约束的第一要素。

就前述不断进步的法，要搭建一个公式来描述之，此处引入**身份**一词或大有裨益；不管其价值几何，我个人认为这种法律运动足够真切。**人法**所关切的形形色色的**身份**都从栖身于**家庭**的威权和
165 特权中脱胎而生，并在一定程度上仍携带着这般威权和特权的色彩。行文至此，若是仅仅表明为了人身状态而引入**身份**一词，也为了避免该词被或近或远地适用于允诺[109]的情形，在一流学者对该词的含义可以达成一致的前提下，我们可以说，迄今为止，所有改革型社会的进程都是一场**从身份到契约**的运动。

---

[108] 现代的主体制度仍然对某些人的缔约能力有限制，这种除外制度反倒证明契约制度的成熟。

[109] 根据第九章的阐释，铜秤式买卖是混合了契约和物权让与的复杂观念；允诺即是简约，它加上债的观念就等于契约。在铜秤式买卖中，未能清偿债务的当事人具有债务奴隶的身份。作者在此加入这一限定条件，可能是为了缩小“身份”一词的外延，去掉它在前述契约情形中的适用可能性。

第六章　遗嘱继承之远史

在我们英格兰，时髦的法学研究模式是历史学方法，若要证明历史学方法的优越性，当于所有法律部门之中，拿遗嘱继承制度来举例是再好不过的。遗嘱继承制度这么有资格，要感谢其自身的源远流长和延绵不绝。回溯到其历史源头，你我当置身于社会的稚弱状态，需要动脑子去思考彼时的各种观念；而在其演化路线的另一极端，在如今的时代，吾人身周满是千人一面的法律观念，它们自我伪装的方法无非是措辞叠句，或者借用现代思维习惯；所以，要理解现代法律观念另有难处，难就难在现代人要相信，寻常的精神观念真正需要分析和考察。自彼端而至此端，遗嘱继承法之演进的踪迹颇为鲜明和别致。当于封建制度降生之初，相较于其他诸多法律部门，遗嘱继承法少为世人所叨扰。说实在的，古代史和现代史的割裂——换言之，罗马帝国的土崩瓦解——对法学的全部研究部门造成的裂痕

166

167

被夸大了。茫然历经六百年光阴之后，它们有了千丝万缕的纠缠郁结，好多学者慵懒无力，不想费心血找寻结点。还有一些学者，他们生来就不缺少卧薪尝胆和皓首穷经的品性，但他们好没来由，对自己祖国的法律体系傲气冲天，又不想承认其是亏欠了罗马法的，于是这些学者也歧路难返。还好，相对而言，这些糟糕的影响力较少作用在继承法部门。蛮族自己也承认，他们在遗嘱观念面前就是一群陌生人。自作息于故乡而至殖民于罗马帝国边陲的历史时期，蛮族的成文法中充斥着他们一直践行的习惯法，而他们的权威也同意，自身的成文法中并没有遗嘱继承制度的雪泥鸿爪。可是，当与罗马众行省的人混居之后，他们却鸠占鹊巢，将罗马帝国中的遗嘱观念一点一丁地全盘褫夺了过去。就这般快速抄袭的
168 过程，教会之外力没少参和。好些个异教徒的僧院一度享有特权，对遗嘱设立权予以管制，并要求遗嘱设立人进行登记；基督教的势力后将这等特权接掌过去。遗嘱可以一时具有宗教基础，唯一的原因是彼时存在暗地里通过遗嘱进行财产处分的现象。故最古老的教省宗教会议就一再出台过教谕，诅咒那般否认遗嘱神圣性的人。回到国内，在英格兰，一般认为继承法一度栖身于其他法律部门的历史演进之中；无论如何，在预防继承法产生历史断层这一点上，教会的影响力立了大功。某一类遗嘱的司法管辖权被划归基督教庭，它们适用了罗马法的原则，尽管有时候也用得蠢笨；还有，普通法法院和御前大臣法庭在实证主义角度都没有义务遵循基督教庭的判例，可是，在自顾自的适用罗马法过程中，基督教庭之判决体现出的规则既有体系性，又有力量感，普通法法院和御前大臣法庭对此影响力都无可逃脱。英格兰法中的动产遗嘱继承制度是

由适用于罗马公民的法律地位概括继承[1]制度所改良而来。

遗嘱继承制度有其历史本貌；若是吾人只凭借**粗浅**[2]印象而 169
苦苦分析，将被误导至另一形貌；这二者落差极大，而历史地看待之，要分辨出落差也并非难事。提到对遗嘱的第一印象，从寻常人的观念甚或法律观念上，我相信没有人不会联想到其内蕴的若干特征，譬如说，任何人都会讲，遗嘱必定是**死因行为**——针对遗嘱条款中的利益相关人士，遗嘱自然而然是要**保密的**——遗嘱还是**可撤销的**，意即这份遗嘱可被一个全新的以遗嘱处分行为所取代。不过，我有办法证明，有那么一个时期，遗嘱继承制度中不包括前述任何一个特征。最初，那般直接传承至我们英格兰遗嘱制度的遗嘱一经签署即告生效；它不对当事人保密；它是不可撤销的。复杂的历史工具结出了许多法律工具之果，这其中最成熟的果实便是，人的书面意图可以控制其财产在他身亡后得以处分。遗嘱继承制度十分迟缓而循序渐进地聚合了前文所述的诸般特征；凡此种种，既为随机事件所诱发，也为其力道所挤压；还有一些事件，它们与当今众生的权益无牵无涉，但却影响了法律史，这些事件也是遗嘱继承制度聚合前述特征的缘由。

说实话，有那么一个时期，法学思想绝多是凭空捏造的，并且很是幼稚，不过它们却将法学从吾人所不可知的更为低级的情境
中解救了出来，在那个情境里头，世人只将法律当成经验主义的东 170
西来追求，不知归纳方法为何物。这个时期的法学思想比当今世界还要绚烂多姿，就遗嘱继承制度的若干特征，世人时兴将对其既

---

〔1〕 原文是 inheritance。据《布莱克法律大词典》，在现代普通法中，该词指代依据无遗嘱死亡法（laws of intestacy）继承之遗产，或接受遗赠而得的财产。但根据作者分别在边码 175 和 176 的表述和解释，该词与拉丁文 *hæriditas* 可互换。根据作者的说法，*hæriditas* 即"对逝者法律地位的完全继承"。

〔2〕 原文是拉丁语 *primâ facie*。

有和直观的认知力——我们也有这样的看法——说得通俗易懂，他们说，遗嘱继承制度的特征是自然存在的；我们也可以换一个表达方式以进行完备描述：他们说，通过自然法，遗嘱继承制度才存在了这般特征。我推想，一旦遗嘱继承制度的诸般特征能够在历史的记忆中确定源头，没有人再愿意保留前述信条；与此同时，这一信条的思想源头[3]还残留在全人类的表达方式之中，但世人并不知道怎么去甩掉。我将提及十七世纪法律文献中的普遍观点，以此来阐释这一现象。彼时的法学家认为，遗嘱设立权即等同于自然法上的权力，是自然法赋予的。并不是所有人都可以很快想通其中的关节，可这些法学家的教义却大抵为人所听从，人们大言不惭地说，对财产之身后处分的把控力是财产权本身的应有之义或自然而然的结果。研修这一特别法律部门[4]的学子们一定都遭遇过这类身披不同学派之术语的外衣但却千人一面的观点；这类观点对继承法部门有自身的理解，它们认为，**依据遗嘱**[5]而完成继承是逝者之财产应当遵循的主要转移方式；这类观点还认为，由于财产所有权人生前的疏忽大意或不幸罹难，他们未能为遗嘱
171 行为，由此，**无遗嘱**[6]继承制度乃是立法者为这些人准备的非常制度。这些意见只是对如下简练原则的扩张：遗嘱处分乃是符合自然法的制度。若是现代人来掂量自然及自然法，他们的意见将在多大程度上与这些意见一脉相承？武断发言是不大保险的；不过，我相信，多数认为遗嘱设立权符合自然法的人或者会不自觉地认为遗嘱设立权具有普遍性，或者会不自觉地认为，那些允准它存

〔3〕 自然法思想。
〔4〕 继承法。
〔5〕 原文是拉丁文 *ex testamento*。
〔6〕 原文是拉丁文 *ab intestato*。

在的国家法都受了人类原始直觉和冲动的刺激。就前一种观点〔7〕,我要表明,虽然现代法开明宗义地规定了遗嘱设立权,但《拿破仑法典》严格限制其适用,并且以这部法典为典范的国家法在稳步增多,因此,该种观点并不能严格适用于这个时代。我们也应当反对第二种观点〔8〕,因为它与古代法律史上板上钉钉的史实截然相反。我还要斗胆说,一般而言,当于所有自发生长的社会里,人类起初不允许有关遗嘱设立权之思想的存在,或者人类头脑中起初没有闪念过这般思想,而到了法律演化的后一阶段,世人方才允准财产所有权人仅仅透过一份遗嘱而推翻其亲属的意见。 172

我们不能仅仅从其本身来琢磨遗嘱继承制度。它是一系列制度中的一员,且还不是第一位成员。遗嘱继承制度本身只是一个简单的工具,透过它,遗嘱设立人的意图得以彰明。我认为,在讨论这个工具之前,还要检视三五个初步要点,举例来说,离世之人所传递的,到底是什么?是什么样的权利或权益?他要传递给谁?以什么方式来传递?为什么允许逝者在死亡之后还能把握其财产的处分?遗嘱观念由各种思维习惯合力构筑而成,它们相互之间也存在依存关系,只有丢掷进了前述特定语境中,这种依存关系才能明明白白。遗嘱是一种工具,通过它,法律地位概括继承权的流转才有法可依。法律地位概括继承是概括承受〔9〕的其中一种形

〔7〕 遗嘱设立权具有普遍性。

〔8〕 那些允准它存在的国家法都受了人类原始直觉和冲动的刺激。

〔9〕 原文是 universal succession(概括承受)。应当说,universal succession 这一表达应当通过不同语境分别对应于中文的“概括继承”或“概括继受”。不过,我们应当注意到作者使用该词是要一次性涵盖二者,一个明例是,作者在边码 175 中用罗马法上的自权人收养制度解释财产转移方式。可见,不一定非有死亡之事实才发生 universal succession。为了体现作者的意图,包括边码 257 中有关家产买受人的类比,译者尽量将之译为“概括承受”。

式。而概括承受是一种对**法律上的集合物**[10]的承受,或者说,对权利和义务的概括承受。如此这般颠来倒去,我们于是需要探究,**法律上的集合物**何解,概括承受何解,这种被称为概括承受一种形式的法律地位概括继承又何解?还需要解决两个问题,这两个问题在一定程度上与我提出的要点无关,却在遗嘱继承制度之议题被充分讨论之前需要得到解决:在任意情形下,遗嘱设立人如何通过
173 自身的意志而把控法律地位概括继承之事宜?这一把控之工具,其本质是什么呢?

第一个问题与**法律上的集合物**——权利义务的集合物[或称为集合体]——息息相关。只因为单一的情形,当这般权利和义务在同一时间归属于同一个人之时,**法律上的集合物**得以将全部的权利和义务集合在一起。它在现代和古代是一致的,都是特定个人的法律外衣。它并不是由**任何**权利和**任何**义务组合而成,而是将某个特定的人的全部权利和全部义务组合而成。人都有大量的权利和义务:财产权、通行权、遗产处分权、特定履行的义务、清偿债务的义务、就不法行为(造成的损害)进行补偿的义务;为了形成**法律上的集合物**而集合这些权利和义务,须有一根纽带,而这跟纽带就是如下这一**事实**:这些权利和义务归属于某个有资格行使的人。如果没有这个**事实**的存在,就没有权利和义务的集合物的存在。正是由于法学观念受了罗马法的恩泽,**法律上的集合**物这一术语才如此的古香古色;可也正因如此,这一术语才难以把握。吾人当放眼世界,在同一个概念下尽量收罗整套的法律关系,不管它们各自的特性和架构是什么模样,这些法律关系叠加起来就是法律上的集合物;我们只须在意,收罗的义务和权利应当对等,而除

---

〔10〕 原文是拉丁文 *universitas juris*。

此之外，也不必担心这一观念的搭建会出岔子。也许，义务要大于权利。某人的负债或者要大于其资产，因此，就他的法律关系合 174
集，若是用金钱来衡量其价值，他有可能成为所谓“失去偿债能力”的人。尽管如此，环绕此人的权利和义务全集同样称之为“法律上的集合物”。

下面来谈谈“概括承受”。概括承受就是对**法律上的集合物**的承受。当某人披上另一个人法律上的外衣之时，当发生概括承受，此时，他既受到其义务的约束，又享有其全部的权利。为将概括承受概念解释得真切而无瑕，法学家们称，该等承受应当**即刻**[11]完成。我们要想到，一个人可能在不同期间取得另一个人的全部权利和义务，比如说，通过多次买卖方式来实现；他还可以具有多种能力以取得，如他既是继承人，又是买主，还是受遗赠人。但是，即便经过如此堆砌，而此人身上的权利和义务全集在事实上达到了其人格所能背负的上限，该等取得还是不能称之为概括承受。为了真实完成概括承受，当基于承受人之**相同的**法律能力而将权利和义务合集在**相同的**时刻转移。在英格兰法上，由于权利取得能 175
力天差地远，财产法上的“动产”和“不动产”两大分部壁垒森严，因此，英格兰法律体系显得艰涩晦暗；尽管如此，概括承受和法律上的集合物等概念在法律上确是恒定的。不过，虽然依照破产程序，受让人只需在破产人的资产范畴之内偿付债务，但承受人对破产人全部财产的承受也是概括承受，这只是大抵对概括承受观念的修正。若是一般而言，世人都可在偿付某人**全部**债务的条件下转入其**全部**财产，那么，这等财产转移方式正好与最古老罗马法所熟知的概括承受丝丝入扣。如果一个罗马公民**收养一个自权人**，亦

〔11〕 原文是拉丁文 *uno ictu*。该词等同于英文中的 at once。作者在边码 175“继承人将即刻跨入逝者的权利和义务之中”一句中将另外用英文 at once 表述“即刻”之意。

即收养一位不处于家长权下的人〔12〕作为其养子，他将**概括**承受养子的权利义务总和〔13〕，亦即他取得其全部资产，并承担其全部债务。罗马法的稚弱期还出现过概括承受的三五种其他形貌，但世人关注的还是其中最为厚重和持久的，即法律地位概括继承。〔14〕法律地位概括继承是被继承人死亡时适用的一种概括承受。该概括承受人即为继承人。（被继承人逝世时）继承人即刻〔15〕跨入逝者的全部权利和全部义务关系之中，并旋即披上逝者全部人格的外衣，而几乎不需要我多说的是，无论继承人是通过遗嘱所指定，还是因无遗嘱死亡的事实为承受行为，其特别的权能〔16〕维持不

176 变。不管是因无遗嘱死亡还是遗嘱继承（而发生的继承）方式下，"继承人"这一术语的使用殊无二致，因为无论哪种方式，一个人作为继承人所保有的法律权能均与此无关。不管他以何等方式成为了逝者的概括承受人，不管是因为有遗嘱，还是通过无遗嘱死亡之事实，他都是逝者的继承人。不过，继承人未必非得是一个人，法律可以考虑将一群人看作一个单元，这个单元可以作为共同继承人对逝者之法律地位概括继承。

容我援引罗马法对**法律地位概括继承**的常用释义，由此读者可以理解不同术语的外延。"**法律地位概括继承是对逝者法律地**

〔12〕 原文如此。更准确地说，在自权人收养关系中，收养人和被收养人都是家长。这种类型的收养是为了延绵宗祠。参见周枏：《罗马法原论》（上），商务印书馆 1994 年版，第 162～165 页。

〔13〕 原文是 estate。当此词"用作遗产之义时，也指被继承人死亡时所遗留下来的权利义务总体，包括积极的财产权和消极的财产权，即债务"。参见《元照英美法词典》第 494 页，estate 词条。虽然如此，但考虑到自权人被收养时虽然失去了人格，但在事实上并未死亡，此处不宜译为"遗产"。

〔14〕 此处作者分别使用拉丁语 *hæreditas* 和英文 inheritance。

〔15〕 原文是英文 at once，呼应了边码 174 中出现的拉丁文 *uno itcu*。

〔16〕 原文是 character。该词在一定程度上可以等于 capacity。

位的完全承受”。[17]彼时的观念认为，逝者的肉身虽然消灭，其法律人格却毫发无损，沉降至其继承人或共同继承人身上，通过他们，逝者的法律人格[此乃法律所关注的层面]得以延续。我国法搭建了遗嘱执行人或遗产管理人制度，让他们代表逝者处理其资产，这是对罗马法所发轫的理论所进行的注解；不过，他们是注解了，却没能解释清楚。即便罗马法演化至后世，还认为逝者与继承人的亲缘必须非常紧密，这一点与英格兰法上的逝者代表制度很不一样；在原始人的法中，万事万物的承流接响都显露其可持续性。若是遗嘱设立人未能在遗嘱中声明将其全部和义务即刻转移 177
给其**继承人或共同继承人**，该遗嘱的全部内容即告失效。

现代遗嘱继承制度的首要目标是实现遗嘱设立人的遗愿，这与晚近罗马法一致。在古罗马法中，人首先注重的是(遗嘱设立人)有无授予概括承受的权利。以现代人的眼光来看，在前述法则中，有一条是可以通过常识确定的准则，而另一条是无凭无据的痴念。话虽如此，若是第二条法则没有存在过，则第一条法则也不会形成；对此观点，我很是确定，就像我对在本章所表明的其他同类观点一样确定。

为了解决前述表面上的悖论，也为了将我一直在努力发掘的观念演化历程整理得更为清晰，我需要借用上一章前半部分所剖析的结论。我们已经看到，社会稚弱期总是有一个鲜明的特色。人不被视为个体，而总被视为某一特定群体的一员。人首先是公民。其次，他作为公民，是他所在阶层——专制国家或民主国家[18]

---

〔17〕 作者分别用拉丁文 *Hæreditas est succession in universum jus quod defunctus habuit* 和英文 an inheritance is a succession to the entire legal position of a deceased man 表述这句话。

〔18〕 这里的民主当是王政结束之后的罗马式民主。

所在之阶层、贵族[19]阶层或平民[20]阶层——的一员；或者，社会演化进程遭遇别样的扭曲，命运悲惨，备受磨难，他又是特定种姓的一员。接下来，他又是宗族的一员。最后，他还是**家庭**的一员。在
178 他所身处的社会关系中，该最后一层最为狭窄，最为私密；这听起来似乎似是而非，其实不然，作为独一无二的个体，他从来就不被视为**他本人**。他的个人实在性被家庭所吞食。我还要重复一遍之前给原始社会下的定义。原始社会只将因实质亲属或拟制亲属而集合起来的人群、而不是个人作为其单元。

吾人正要在未开化社会的诸般特性之中捞得概括承受的第一条脉络。与现代国家的组织结构不同，在古代，国家正可被描述为由繁多的专制小政府所组成，小政府与小政府之间互不相问，各被各的君父专政牢牢把控。不过，虽然**家长**的权限如此宽泛——我们现在还不能称呼他们为家父——不用怀疑，他们要负担的义务也同样繁多。他齐家，是为了家庭的好处；他成为物主，是为了子嗣和亲属的利益而像受托人[21]一样持有该物。他所治理的蕞尔小国赋予了他特权和地位，但这些与他无关。家庭实际上就像是一个法人，他是其法定代表人，或者我们几乎可以称呼他为公职人员。他享有权利，背负义务，但在同胞和法律的众目睽睽之下，这
179 个集合体的权利和义务与他自身的权利和义务等量齐观。吾人可以思量片刻，若是这样一位法定代表人逝世了，会造成什么样的后果？以法律的眼光来看，又在衙官的眼中，一家之主的谢世将无关痛痒，将来代表家庭之集合体而对地方负责的将另有其人，仅此而已。在不扰乱其连贯性的情形下，辞世的一家之主所背负的权利

---

〔19〕 作者在上一章提到，特权贵族的形成是基于家长权的存在和收养之拟制工具合力构成的。家庭规模通过收养这一拟制工具扩大之后，家长就成为贵族。

〔20〕 不享有特权的贵族。

〔21〕 Trustee，具有信托法上的含义。

和义务将转移到其承受者身上;因为,说句实话,这些权利和义务就是归属于家庭的,家庭与法人一样有此特点——它是不灭的。债权人可以向旧主主张的救济一样可以向新主主张,因为继续存在的家庭所应承担的责任没有发生丝毫改变。领袖谢世之后,家庭享有的权利等同于其谢世之前——除开一点:该法人有义务,若是语言的精准度如此高强、技术性如此高超,足以恰如其分的适用于远古时代的话,有义务在**诉讼**中将诉讼主体名称〔22〕稍做改动。

如想把握社会以何种方式迟缓地分解成如今一个一个的原子,〔23〕吾人当毕路追觅法律史的进程——个人与个人的关系以何等悄无声息的渐变方式取代了个人与家庭、家庭与家庭的关系。 180
此刻要注意一点,即便已经完成了自我革命,即便衙官已经取代了家父的位置,〔24〕即便法院已经取代了亲属会议,然而,司法机关所领驭的全部权利义务还是受到陈腐特权之影响力的挤压,还是因了这等特权所反射的光芒而在各方各面都蒙上它们的色彩。在遗嘱继承或无遗嘱继承法崭露头角时,罗马法排除万难,坚持留有法律上的集合物之流转制度,吾人无须疑虑,该制度体现的乃是社会旧貌;虽说新颜与旧貌没有实在或特殊的联系,但以当时的观念,世人还一直没有想出办法将二者割裂开来。实际上,将一个人的法律存在延续至其继承人或共同继承人身上,这恰如其分地具有得以通过拟制工具而将**家庭**转移至**个人**的特征。对法人(的全部权利和全部义务)一定要概括承受,而家庭即是法人;法人是不灭的。法人成员的谢世无涉于法人集合体的续存,亦丝毫不会影响其权利能力、行为能力或责任能力。此时此刻,罗马法上的概括承

〔22〕 家长是以自己的名义而不是以家庭的名义争讼。

〔23〕 如第五章所述,作者指的是个人。

〔24〕 家内惩戒权被公共权力所接管。

181 受观念认为，法人的能力都已转至作为个人的公民身上；若是将其地位严格比作家庭，则其肉体上的死亡将不影响其充任的法律地位，因为，家庭具有法人的能力，其躯壳当然不那么容易消亡。

概括承受制度中混合了不同内蕴，它们互有关联；我注意到，要把握其本质，许多大陆法学者颇有难处；其中怕是没什么法哲学上的道理，他们冥思苦想，却常常无功而返。而对于我们此刻正在探讨的观念，英格兰法的学子如要进行分析，应该不会有跌倒的风险。在我们所熟知的自身法统中，透过法律上的拟制工具，万道光芒都打射到概括承受制度之身。英格兰法律人将法人分为集合法人与独体法人。集合法人是真正的法人，而独体法人是一个人，此人乃是次第出现之人众中的一员，经由法律上的拟制，他被赋予法人的品格。国王或堂区主持牧师是独体法人，这几乎不需要搬出来作为例子。其身份或职位与不时的位居者要区别对待，该等位置是永久性的，而次第填任该位置的个人则身具法人的要害——
182 永续性。好了，古罗马法中的个人与家庭之关系精准地等同于英格兰法上独体法人与集合法人的关系。这两类观念的继受性与关联性殊无二致。实际上，我们若要自言自语，称为理解罗马法上的遗嘱继承制度，应将每一个公民视为一个独体法人，那么，我们将不仅仅能发掘出法律地位概括继承的所有内涵，还一定能顺藤摸瓜，找到其思想源头。人人皆知一个公理：国王作为独体法人是绝不会灭的。他的位置会即刻为继位人所填补，世人不认为王国的万世基业受到了惊扰。罗马人将这一过程看得同样简单和自然，他们也将生生死死从权利和义务的转承中抹去了。遗嘱设立人续命于继承人或共同继承人。在法律上，他与继承人是同一个人，若其遗嘱处分文书中任有一样会毁灭性地破坏他身前身后的存在法则，法律将拒绝承认这份有瑕疵的文书，并将法律地位概括继承权给予其亲属;该亲属能够包揽继承事宜的资格是法律本身赋予的,而不是任何文书,文书可能犯错。

若是一位罗马公民未立遗嘱而辞世,或其订立的遗嘱无效,其后嗣或亲属即成为继承人,我们接下来就讨论此等继承法则。据 183
前文所述之理论,该等单一或多数继承人不仅仅要**代表**逝者,他们还将**延续**其在尘世中的生命和法律上的存在。若是遗嘱决定了继承顺位,后果并不会不同,不过,在历史上,认为逝者与继承人之间具有人格统一性的思想当先于任何形态的遗嘱或遗嘱继承法出现。我们越是深入发掘这一议题,疑窦越是深重,此时正是提出该疑窦的良机——若非概括承受之理念横空出世,**遗嘱**会出现吗?(现代)遗嘱继承法乃是适用某一条原理的结果,而该原理可从哲学上那般花言巧语和信口开河的假设得以解释;遗嘱继承法与现代社会有着无孔不入的交织,可以自利选择原理[25]作为其广袤的立足土壤。不过,无论我将警告重复多少次都不为过,法学上的这一讹误主要源自一种印象:我们如今拥护现有制度,盖因受了诸般理性的驱动,而该等理性却与发祥了现有制度的观念必然具有一定的相关性。我要是把话说绝,有一点可以确信,罗马法上的法律地位概括继承制度与如下思想牵缠郁结,即逝者当续命于继承人的人格。 184

如今,概括承受观念虽已紧紧根植于法学理论之中,不过,并不是每个法统的立法者都能自发地想到它。不论在哪一个法统找到这一观念,都可追溯于罗马法;并伴随着罗马法的演化,发展出一套有关遗嘱继承和遗赠的法则;现代法律执业人士适用这般法则时,并不会去辨识其与概括承受制度的联系。不过,再明显不过

〔25〕 边沁功利主义思想的两大基础性原理之一。

了，纯粹以罗马法理论观之，有关逝者得以续命于继承人的原则——可不可以这么讲，根据这条原则，死亡的事实被泯灭了——误导了遗嘱继承或无遗嘱继承制度所圈画的圆环。罗马法对此主导性的思想予以大无畏的拥护，这本身就说明，该思想是从罗马社会的原始架构中滋养出来的；不过，吾人不应局限于推论，还应作出漂亮的验算。巧得很，从遗嘱继承制度的发源期起算，有三五个专门用语不经意保留了下来。我们手头掌握盖尤斯所记述的家产转让仪式，[26]概括承受制度正是由此创建。我们手头又掌握一个古词，[27]它第一次使某一类人得以正名，是为后世所谓继承人。我
185 们手头还掌握《十二表法》闻名遐迩的条文，它明确承认了遗嘱设立权能；[28]关于无遗嘱继承的各个条款亦得以传承。[29]这类古语有一条殊异的特性，他们指明，遗嘱设立人传递给继承人的客体乃是**家庭**，这是家长权所内含的并从中生发而出的权利和义务合集。在前述五个例证中，倒是有三个例证没有提及有体之财产，而在另外两例中，财产则被鲜明地视为**家庭**（传承）附带的产物。[30]由此，遗嘱的原始面貌是一个工具，或称［兴许是由于起初其是不成文

---

〔26〕 原文是 formula of investiture。《布莱克法律大辞典》给出两层含义：一是授封仪式，尤其指神职人员就职仪式；二是 livery of seisin（土地转让仪式）。土地转让仪式分为两种，其一，让与人通过向受让人象征性交付一段树枝、一团泥块或一块草皮的方式转移土地，这称为“行为转让”（livery in deed）；其二，让与人和受让人来到土地跟前，让与人宣布该等让与，受让人于是走进土地，仪式即告完成，这称为“法律转让”（livery in law）。作者在此想援引的很有可能是盖尤斯关于铜秤式遗嘱仪式的描述，参见《盖尤斯法学阶梯》，黄风译，中国政法大学出版社。

〔27〕 作者所述当是“heredes”一词。

〔28〕 《十二表法》第 5 表（题为继承和监护）第 3 条规定：“凡以遗嘱处分自己的财产，或对其家属指定监护人的，具有法律上的效力。”参见周枏前列书，第 1010 页。

〔29〕 《十二表法》第 5 表第 4 条规定：“死者未立遗嘱指定其继承人，又无当然继承人，其遗产由最近的族亲继承。”参见周枏前列书，第 1010 页。

〔30〕 前文只有四个例证。作者当是将《十二表法》第 5 表第 3 条的内容视为两个实例，它们都涉及财产。

的］一种程序，经由此，**家庭**的传承得以规制。这是一个模版，宣布谁是遗嘱设立人之后的一家之长。当我们知晓了遗嘱被赋予了这等原初的目标，我们即刻恍悟它以何等方式与上古宗教和法律上惊奇无伦的残迹联系起来：当是**圣礼**，或称**家礼**。在没有完全挣脱其荒蛮的外壳时，所有社会都会显出一种制度形貌，而罗马社会的这般制度形貌就是**圣礼**。它表现为各种祭礼和仪程，古人以此来纪念家庭的亲缘，也是对延绵家庙的盟誓和见证。且不论这些**圣礼**的本质如何——是否全然为对杜撰的先祖所进行的祭拜——世人总是借助它们宣示了家庭关系的神圣性，因此，只要家庭因首领 186
的更迭而涉险，**圣礼**总能显示出非凡的意义和影响力。于是，其每每与一家之主归于大限息息相关。在印度，继承人对逝者财产的继承权与其扶灵之责不增不减，恰恰可以等量齐观。若是丧事操办不当，或操办人不适格，则往生者和余生者之间不应成立任何关系，他们不能适用继承法，无人当继承其财产。就印度人而言，似乎生平所为之一切大事都是为那一片庄严做准备，都会加添庄严的成色。他娶妻，是为了生子，孩子会在他死后哭灵；若是膝下无儿，他会背负沉重无伦的债，他定要从别家抱养。一位印度神学家曾写道，“无他，为供饼、圣水和大祭”。在西塞罗时代，罗马之**圣礼**亦留有这般氛围，且有过之而无不及。它隐含了法律地位概括继承制度和收养制度。养子未对出养之家庭尽到**圣礼**的，不得对之进行收养；而遗嘱无涉于共同继承人严格摊派这等议程之花费事项的，将不得分配法律地位概括继承权。我们刚才瞅了一眼**圣礼**制度，对于比较此时的罗马法与当今之印度法的差异，这将裨益良 187
多。在印度，法律中的宗教因素占足了上风。家祭已十足成了人法的旨趣，也主导了物法。世人认为，在祭祀时，人血是一切祭品中最为珍贵的，而正是出于这种印象，人认为遗孀的殉节是嫁接于原始**圣礼**上的一缕新枝——这种做派在历史上为印度人所沿袭,并在印欧语系的若干民族传统中,它也成为一种悼念先人的方式——由于人将这种观点解释得头头是道,所以家祭扩张得过于凶猛。与此不同,在罗马,法律上的义务和宗教上的义务不再混同。他们认为确有必要将**圣礼**庄重化,并将之归于祭祀团的管辖,但却与世俗法思想分而治之。西塞罗写给阿提库斯的信札中满满都是与此有关的掌故,这确凿地证实,**圣礼**压在法律地位概括继承制度之上的担子沉重难当;还好,法律与宗教终于决裂了,历史演化的这一节点挺了过去,我们有了思想准备:在法律史的晚近,圣礼烟消云散了。

印度法中实在是找不到一个真正唤作遗嘱的事物。填补遗嘱之领地的是收养制度。吾人对遗嘱设立权与收养权的关系一目了
188 然,也十分清楚,为何行使其中任一个权利时,人都要燃起对操办**圣礼**的热望。遗嘱继承制度也好,收养制度也罢,它们都威胁着要扰乱家庭传承的一般过程,不过,也很明显,在没有亲属挺身而出时,它们的存在也可使得家庭的传承不至于完全断流。当于这两类工具之间,作为对血缘关系的拟制,收养成为原始社会的多数现象。在印度,若是父亲过于大意,没能领养后代,(他辞世之后)未亡人可亲为收养,这是印度社会在古代收养实践中的领先之处。孟加拉[31]本土习惯法中也残留了淡淡的几抹遗嘱设立权之痕。不过,荣耀还应当归于罗马人,是他们了不起地发明了遗嘱继承制度;而除开契约制度,推动人类社会转型的最大力道就是遗嘱继承制度。我们要留心,虽说在晚近法律史中,遗嘱继承制度有这个功劳,但功劳不应该算在该制度之雏形的头上。遗嘱继承制度在起

〔31〕 本书第一次出版时(1861 年)孟加拉还是英属印度的一个省(自 1757 年始)。

步时无关逝者的家产分割方式,而是与其他几种方式一道,将一家之长的代表权转移至新家长。家业是一定要传给继承人的,但理由却是,人因为接掌了家庭,就取得了对家产的处分权能。总有一刻,遗嘱继承制度在历史舞台上要充当一种遒劲的工具,它要刺激财产的流转,要促进财产权之形貌的创制;这一刻尚未到来;事实 189
上,即便是最为晚近的罗马法律人也似乎未能通过遗嘱设立权之工具达成这般结果。罗马人从没有将遗嘱作为瓦解财产和家庭或创立其他各类权益之工具;相较于无遗嘱继承法,罗马人认为遗嘱继承制度可以更好地供养家属。其实,我们可以怀疑,遗嘱订立之于罗马人与当下之惯行应大为迥异。罗马人有一种思维习惯:视收养和遗嘱订立行为为延绵家庭的不同模式;而其帝位继承观又散漫松弛,举世无双;前述思维习惯和继承观具有一定的关联性。我们不难发现,在早期,罗马皇帝之间的禅位是习以为常的,虽说世事变幻,不过,即便如狄奥多西或优士丁尼这般**王者**傲慢地自封为凯撒大帝或奥古斯都大帝,人们也并不因此而以为是咄咄怪事。〔32〕

无遗嘱继承制度比遗嘱继承制度更为古老。十七世纪的法学家对此说法甚为疑虑,不过当原始社会的前述现象重见天日之后,学者就不可能再行抵触了。这个问题解决之后,马上出现另一个 190
更有趣味的问题:世人以何种方式开始引导遗嘱,以规制家长权的接转和随之而来的财产分配,而他们又是在何等情境下开启这等引导行为的?这一起点颇难确定,因为原始社会的遗嘱设立权乃是稀罕物。人们疑心,除了罗马,其他原始社会是否存在过真实的以遗嘱处分财产的权能。遗嘱设立权的雏形所在皆是,却不免让

〔32〕 作者是要说,罗马人会将此等自封行为视为对帝位的继承,而这是延绵帝国宗庙的一种方式,好比家庭中的继承也是为了延绵家庙。

人疑惑,它们可能都源于罗马。雅典人的遗嘱继承制度的确是土生土长的,但我们马上要讲到,它不过是发育不全的罗马式遗嘱继承制度。侵入罗马帝国的蛮族制定了一些法典,流传至今,其中所汇编的遗嘱继承制度绝多确然都是罗马式的。近来,最有穿透力的日耳曼法考证行为被导向**蛮族法**,人们大发宏愿,广为查证,要将发源于日耳曼老家的每一种氏族习惯法从向罗马法借来的外来元素中剔除。在此过程中,有一个考证结果从未被推翻,即在蛮族法的原始内核中寻觅不着遗嘱继承制度的雪泥鸿爪。遗嘱继承制
191 度形貌万千,却都是从罗马法中提取的。与此类似,[我听说]拉比所注解的犹太律法所呈现出遗嘱继承制度之雏形,而这也是因了与罗马法接触而制定的。孟加拉省所承认的习惯法当是唯一与罗马人或犹太人毫不相干的本土继承法。而孟加拉遗嘱继承制度至多不过是遗嘱继承制度的雏形而已,还有人忽发奇想,认为其为英裔的印度人所创制。

不过,即便如上文所说,似乎也有证据当导向一个结论,即那些因具有实质或拟制血缘关系的人享有法律地位概括继承权,起初,唯其在他们继承不能的情形下,世人方允准遗嘱产生效力。故当雅典公民破天荒地被梭伦立法赋予遗嘱订立权时,他们不可以剥夺男性直系卑亲属的继承权。同故,孟加拉遗嘱继承制度的调整范围只能与家属的优先请求权保持一致。还有,上古的犹太律法从头到尾都没有提及遗嘱设立权,而拉比在后世伪造了摩西律法中**没有规定的事项**,[33]他们声称,当根据摩西律法而有继承权的亲属继承落空时,或这些亲属失踪时,将允许遗嘱生效。古日耳曼各个法典中圈定的遗嘱继承制度也很有意思,其方向(与前文所

---

〔33〕 原文是拉丁文 *casus omissi*。

指之法律现象)是一致的。日耳曼法大都形貌特异而万象归一,它 192
们不仅区分**家产**,还区分其他次类的或曰次位的财产,而这般财产分别反映出罗马法原则对日耳曼习惯法的灌溉。在古代,日耳曼式的家产都将严格地预留给亲属,既不能通过遗嘱的方式予以处分,产权也不能在**活人之间**〔34〕让与。古日耳曼法与印度法一样,规定诸子与乃父共有家产,而除非得到家人的一致同意,否则不可以将家产另赠他人。而距今更为晚近、位阶低于家产的其他类别的财产,让与起来要便捷得多,其流转法则也宽松得多。妇人和外戚不能归于神圣的宗亲范畴,但在此原则之下,也得继承这类财产。行文至此,就前述最后一种财产类型,且仅就此种财产类型,从罗马法上借用的遗嘱继承制度得到(这些原始社会的)认同,可以适用。

在罗马法上,早期遗嘱继承制度之信史的外观本身就能够自
圆其说,而我们也能凭借以上的简述添加信史的说服力。丰富的 193
史料载录,在罗马建国之初,遗嘱在卡拉塔大会〔35〕上得以签署,即在涉及私法上的事务的库里亚大会〔36〕或称罗马贵族民众大会〔37〕上予以签署。这种遗嘱订立方式在民众中代代相传,已成为宣示权利的法源,而在罗马史的某个时期,每一份遗嘱的订立都是郑重

〔34〕 原文是拉丁语 *inter vivos*。通过产权转让而转移财产时,该项交易被称为"在生存者之间",以区别于继承或遗赠的情形,表示该项财产转让是于出让人在世时完成的,并非出让人通过遗嘱或因其考虑到自己即将去世才完成或从事的财产转让。通常一人对另一人的赠与被称为"生存者之间的赠与",以区别于死因赠与或遗嘱赠与。《元照英美法词典》第 724 页。

〔35〕 原文是拉丁语 *Comitia Calata*。卡拉塔大会是"一种由大祭司主持,一年召开两次的库里亚特别会议,主要内容涉及收养、确认遗嘱、举行遗产继承仪式"。《元照英美法词典》第 251 页。

〔36〕 原文是拉丁语 *Comitia Curiata*。库里亚大会是"最古老的议事会,由 30 名古罗马贵族组成。它负责批准执政官的任命、选举某些高级官员、监督祭司就职、联署收养和遗嘱文件。到共和国时期,它在政治上已无重要作用"。《元照英美法词典》第 251 页。

〔37〕 原文是英语 Parliament of Patrician Burghers of Rome。对应拉丁表达 *Comitia Curiata*。

的一次立法活动。有人解读道,古人的议事程序精巧过了头,乃一大缺憾,其实大可不必这么说。有关在卡拉塔大会上签署遗嘱的传说应当如何解读,其实最适格的锁钥是上古罗马法的**无遗嘱**继承制度。在上古时代,罗马法对法律上的集合物在亲属之间继承的规制方式为裁判官法所萧规曹随,其效力分述如下:首先,其**正统继承人**〔38〕,或曰(在家父死亡之前)未得解放的直系卑亲属得以继承。正统继承人落空的,亲等最近的宗亲,即与逝者身处同一家长权下而亲等最近的单人或多人得以上位。接下来是第三顺位也是最后一个顺位的继承人,逝者之法律上的集合物将要流转至**族亲**处,族亲乃是逝者所属之**宗族**〔39〕成员的合称。正如我所阐释的,宗族是对家庭的人为扩张,〔40〕其涵盖了同姓的罗马贵族公民,而
194 正是由于同姓,社会观念认为他们拥有共同的先祖。言及于此,被称为库里亚大会的贵族议事会成了全权代表宗族的立法会。它是罗马民众的代表大会,其组建思路是,国家的构成单元是宗族。果真如此的话,如下推论似已水落石出:卡拉塔大会对遗嘱的认知与族亲的权益休戚相关,他们意在确保自身具有最终的继承权。我们试假想,仅仅在遗嘱设立人寻觅不着其**族亲**或他们均表示放弃主张自身权利之时,遗嘱方可有效订立;又假想每一份遗嘱都被提交至罗马宗族议事大会,〔41〕以使被遗嘱处分所伤害的人士但凭适意行使其否决权,不然,若要任其通过,他们就被视为放弃了自身的继承权。前述假想如为真,那么,我们就抹去了(遗嘱继承制度演化史上)全部的显著异象。在《十二表法》公布的前夕,这般否决

〔38〕 原文是拉丁语 *sui*。据《布莱克法律大词典》第 4498 页,*sui* 等同于 *sui heredes*。

〔39〕 与边码 124 处的处理方式一样,作者分别使用了拉丁文 *gens* 和英文 House 来表达此意。

〔40〕 参见边码 124 的表述。

〔41〕 General Assembly of the Roman Gentes.

权有可能被大幅消减，或只能在兴之所至时偶尔为之。不过，较之追觅卡拉塔大会之管辖权的渐变与消亡史，研究其意义和起兴要简单得多。

然而，现代遗嘱还没有与卡拉塔大会上签署的遗嘱一脉相承， 195
世人设计出另一种遗嘱继承制度以包容之，这个制度终将取代前述卡拉塔大会遗嘱。古代罗马法上的这一种遗嘱继承制度具有历史的厚重感，我们可由此而发觉古人思维，由此，我可不厌其烦地进行描述而问心无愧。

在法律史上，当遗嘱设立权首次公开亮相时，即有迹象表明，与罗马法上的绝多重大制度一样，遗嘱继承制度也成为贵族与平民互相攻讦的话题。有一句政治箴言讲道：“**平民不入宗。**”〔42〕这句话的后果是，平民被完全排斥在库里亚大会之外。于是，有一批法律评注者顺势猜测道，平民不可以将其遗嘱拿到贵族议事会上诵念，也被完全剥夺了遗嘱设立权。还有一批法律评注者指出，贵族议事会并非代表平民，平民将自己的遗嘱递送上去，实属无奈，并遭遇了不甚友善的评判，于是，他们的处境是艰难的；言及于此，这批法律评论者已感喜慰。此处不论谁是谁非，某种形貌的遗嘱已挺身而出，它周身洋溢着权变之特性，总想远避腥臭的禁止性义务。这种有争议的遗嘱继承制度实乃**活人之间**的财产转移方式，可将家庭和家产转给继承人，不拖泥带水，不可逆。罗马法是求全责备的，不过，它一定毫无保留地允准这种转让方式；话又说回来， 196
若要此类转让方式在遗嘱设立人身死之后方生效力，贵族议事会若是没有正式同意，那么，这一类权变之术能否取得遗嘱意义上的效力，彼时之世人当有争吵过。即便罗马人的两大阶层就任何问

〔42〕 作者分别用拉丁文 *Plebs Gentem non Habet* 和英文 a Plebeian cannot be a member of a house 来表达这句话。

题而一度争锋相对，纵还有万般愤懑之事，经《十二表法》了不起的中正调和，一切都归于消散。《十二表法》之文存有言："**凡以遗嘱处分自己的财产，或对家属指定监护人的，具有法律上的效力**。"〔43〕这条规则就是对平民遗嘱进行立法，没有其他目的。

学界熟知，在不再充任罗马国的立法会之后，又过了好几百年，贵族议事会还是稳当坐镇，以为私法上的便宜。于是，我们有理由相信，在《十二表法》公布后的好些时节，世人仍召开卡拉塔大会，共商遗嘱效力。其功能或用如下说法描述最为精准：贵族议事会此时就是一个**遗嘱检验法庭**〔44〕；不过，还要理解，遗嘱呈递上来，不为**登记**，只为诵念，与会者当领悟要旨，并当记入脑海。这种形
197 式的遗嘱极有可能不限于书面，而即便是以手抄本的形式呈上，大会的公人只可听读，文本在会后由遗嘱设立人留存，或交由某些僧院保管。遗嘱若要在卡拉塔大会上签署，该等公开诵念形式乃是其附随义务之一，而这让公众很是反感。帝制之初，卡拉塔大会还是会召开，不过，其实质作用已经崩塌，只剩了微弱的形式上的意义，在这一类定期会议上，已经没多少遗嘱会呈递上来了。

恰恰就是平民遗嘱——前文所述遗嘱之变种——其遥远的影响力深刻地改变了现代世界的文明。在罗马，呈给卡拉塔大会的遗嘱所失掉的民心被平民遗嘱所赢回。要开启其全体特征的隐秘之门，其锁钥就在于**要式买卖**处所沉淀的果实；**要式买卖**是罗马法上一种古老的财产转移方式，它是一套程序，我们大可以果敢地将两套举足轻重的制度的出身之所都归功于它；这两套制度就是**契约和遗嘱**，没有它们，现代社会将无法拢合。要式买卖在后世的拉

〔43〕 此处采周枏译文，《罗马法原论》（下），商务印书馆 1994 年版，第 1010 页。
〔44〕 原文是 Court of Registration。

丁语中拼作 Mancipation，但其最初的写法是 Mancipium〔45〕，这个词汇将为我们展现它在人类社会稚弱期的所作所为及其带来的重大影响。要式买卖制度乃是从远古而来，若不是文字的发明和普及，（交易行为参与人的）姿态、象征性的行为、庄重的说辞到现在还是要取代文契，交易各方现在还是要重视那般冗长繁复的仪式，见证 198
人还是要将这个过程记入脑海。此外，较之书证，证人证言自有其欠缺之处，这就有必要让见证人和帮闲一拥而上，而后人会合理而聪明地予以克制。

在罗马法上，要式买卖首先要求买卖各方到场，或用现代法律用语，需要让与人和受让人到场。还需要**五名**以上的见证人。还需要一位稀罕的人物——司秤——到场；他会自带一台天平〔46〕，用来称重古罗马未经锻造的铜钱。我们此处正在考察的遗嘱——世人长久以来专门称其为“**铜秤式**”〔47〕的遗嘱——只不过是彼时寻常的要式买卖。遗嘱和买卖形式雷同，就连说辞也大同小异。遗嘱设立人处于让与人的位置，五名证人以及一名司秤都要到场。受让人的位置由一位专门唤作**家产买受人**〔48〕的充任。接下来就启动寻常的要式买卖仪式。行为人要摆出正式的既定姿态，说出正式的既定词句。**家产买受人**以铜钱敲击天平的行为佯作付款。最后，遗嘱设立人说出既定的套语，以认可前述行为；这种套语唤作“口头宣布”〔49〕——不用我提醒法律界的同仁，“口头宣布”这个 199

---

〔45〕 根据《布莱克法律大词典》的解释，Mancipium 有三层含义：第一层指奴隶尤其指人在战争中被敌人俘获，并成为其奴隶；第二层指家子在被家父解放过程中（家父需要以三次出卖家子的方式解放之）暂时的准奴隶状态，或者在家父因侵权行为而交出家子时，家子暂时的准奴隶状态；第三层含义即要式买卖。第 3048 页。

〔46〕 作者在此处用的是 a pair of scales。

〔47〕 作者分别用拉丁语 *per æs et libram* 和英语 with copper and sales 表述之。

〔48〕 作者分别用拉丁语 *familiæ emptor* 和英语 Purchaser of the Family 表述之。

〔49〕 作者分别用拉丁语 *Nuncupatio* 和英语 publication of transaction 表述之。

术语在遗嘱继承制度变迁史上常留其名[50]。尤有必要注意**家产买受人**这一角色。起初,他无疑就是继承人本人。遗嘱设立人将自己有权支配和使用的"家"[51]一并转让给他,有财产,有奴隶,有家祭权,当然,一并传给他的还有责任和义务。

当这般史料呈现在眼前时,你我有能力发现,相较于现代遗嘱,要式买卖式遗嘱有几点显著不同。它相当于对遗嘱设立人之财产权的**彻底**[52]转让,是不可**撤销**的。权力一旦消耗,不能再次动用。

还有,遗嘱并非秘而不宣。家产买受人就是继承人本身,他对自己的权利了如指掌,也很明白,自己对于让与人之法律上的集合物具有不可逆转的所有权。虽说原始社会秩序井然,但暴力如影随形,所以,民众对继承的知晓会让继承人的处境凶险无论。遗嘱与物权让与行为[53]挂钩,就产生了一个惊奇的后果:继承人被现实地赋予遗产的权益。俗人多以为此乃咄咄怪事,因他们谈及此等赋予,认为是要附俟遗嘱设立人死亡之条件,或该等让与应俟一
200 个不定的期限,即该等让与应在让与人的死期生效。不过,下溯至罗马法的晚近,仍有若干类别的交易不准引入条件来修改效力或用期限来限定之。采专门用语,它们不可以附**条件**或**期限**[54]。要式买卖就是其中一种。有鉴于此,即便其面目陌生,我们只好下结论说,在古罗马,即使遗嘱设立人在订立遗嘱之后并不会即刻身

---

〔50〕 作者当指代 nuncupative will(口述遗嘱)。

〔51〕 原文是拉丁语 *familia*。根据周枏的说法,古代罗马所称的家,初指家长权之下的一切人和物。周枏前列书上册第 141 页。根据作者的看法,家就是法人,家长是法定代表人,此处通过要式买卖的方式确定继承人,相当于更换这个法人的法定代表人。

〔52〕 原文是英语 *out - and - out*。

〔53〕 原文是大写首字母的 Conveyances。关于要式买卖与物权让与行为的关系,作者在第九章还要深入探讨。简言之,原始人的要式买卖观念中既含有物权行为,又含有契约行为,是一个混合观念,只是后世才将之区分开来。

〔54〕 原文此处分别是拉丁语 *conditio* 和 *dies*。

死，遗嘱仍当立刻生效。其实，罗马公民有可能只在临死前方订立遗嘱，而在生命之花怒放时，他要延绵家庭，当爱收养甚于遗嘱。你我还当相信，若是遗嘱设立人身体康复，他如要继续当家，应得到继承人的默许。

我当阐释，这诸多掣肘之处以何等方式得以补救，遗嘱继承制度以何等方式取得当下通认之特点；在此之前，（关于要式买卖式遗嘱）还有三两点要提及。彼时之遗嘱未必是书面形式的。起初，它似乎一成不变，总是口头作出的。后来，即便出现了遗赠物宣告文契，它也只间或跟遗嘱挂钩，还绝不是遗嘱的核心组件。说白了，它与遗嘱的关系，不多不少，恰恰相当于古英格兰法中指明用 201
益权的契据〔55〕与**协议诉讼**〔56〕和**阻却限嗣继承的拟制诉讼**〔57〕的关系，又等同于自由保有地的让与〔58〕文契与该让与行为本身之间的关系。此前，据《十二表法》，书面形式毫无用武之地，因为遗嘱设立人根本无权将家产遗赠他人，遗嘱的获益者只能是继承人或共同继承人。只是，由于《十二表法》的条文粗疏以极，世人很快创建了一条准则，继承人有义务根据遗嘱设立人指令的方向处分遗产，

---

〔55〕 原文是 the deed leading uses。

〔56〕 原文是 Fines。它是“1833 年前存在的一种拟制司法程序，被广泛地应用于土地转让，其实是一种关于被转让土地的拟制和解诉讼”。《元照英美法词典》第 554 页。

〔57〕 原文是 Recoveries。它是“拥有限嗣继承地产者为了阻却地产限嗣继承的性质以达到转让地产或在其继承人之间均分地产的目的而采用的一种拟制诉讼程序，基于此它也被视作一种通过法庭记录来转让土地的方式”。《元照英美法词典》第 264 页。“英国 1833 年颁布《拟诉弃权法》（*Fine and Recoveries Act*），废除了协议诉讼和阻却限嗣继承的拟制诉讼。”《元照英美法词典》第 555 页。

〔58〕 原文是 feoffment。它是“中世纪英国法中规定的在自由保有土地上设立或转移地产权益的标准模式，必须以授封或转移保有的仪式完成。最初，它是转让自由保有地的唯一途径，且无需使用书面协议方式。但在诺曼征服之后，开始越来越频繁地使用书面协议形式，且转让协议或契约的内容、形式发展渐趋严格、精密。1677 年《防止欺诈法》规定转让必须采用书面形式，因此通过转移保有仪式来完成的让与方式逐渐很少被实际使用。1925 年《财产法》正式将其废除”。《元照英美法词典》第 545 页。

即先将遗赠物从遗产中剥离。据此,书面的遗嘱文契承受了一套全新的价值,它可以作为一纸保票,以免继承人欺诈受遗赠人,拒绝给付遗赠物;不过,遗嘱设立人但凭适意,至少可以不及其余,只依靠证人证言,以口述的方式宣告遗赠物范畴,并托付**家产买受人**为此等给付。

家产买受人这一表达中的术语值得注意。"买受人"这一词汇表明,在文义上,遗嘱是买卖行为;而将"家产"这一词与《十二表法》有关遗嘱之条文的表述相比较,你我可以得出启发性的结论。在古典拉丁语境里头,"家产"的含义恒定单一,是指奴隶;渐渐地,到了古罗马法的语系中,该词将处于家长权之下的全部人等一网打尽,并且,遗嘱设立人所拥有的实物被理解成其家产的附属物或
202 附加物。到了《十二表法》,你我可发觉,其中提及的"**处分自己的财产**"〔59〕这一表述是对前面考察之用语的彻底反动。〔60〕故在如下结论之下,世上似无脱逃术:即便选取一个相对晚近的时代,在《十二表法》作为(社会阶层的)相互妥协而施行之际,彼时之社会用语中已经掺杂了那般术语,其道明了"家产"和"财产"之义。譬若财产即家产,我们或者已经在家长权之范畴内将此表述解释清楚了,不过,即使是互文见义,我们还当将这一措辞置于财产为家庭所拥有、而家庭为市民所管制的古代,那时候,与其说这般社圈的这般成员拥有财产**和**家庭,〔61〕倒不如说他们**通过**家庭拥有财产。

在一个无法精准定位的时代,裁判官形成一种习惯,将遗嘱继承制度庄重化,使其服从法的精神甚于其文义。不知不觉,恣意处断成为惯行,直至一套全新而成熟的遗嘱继承制度出现,并反复嫁

---

〔59〕 第5表第3条:"凡以遗嘱处分自己的财产,或对家属指定监护人的,具有法律上的效力。"采周枏译文,《罗马法原论》(下),商务印书馆1994年版,第1010页。

〔60〕 家产买受人也处于家长权之下,他既从属于家产,又是家产的继承人。

〔61〕 家长是市民,其他人都是奴隶,不是罗马的成员。

接至裁判官法之上。崭新的或称**裁判官法式的**遗嘱继承制度从**长官法**或称罗马衡平法中孕生了其坚不可摧的品格。在某个特别的 203
年份,裁判官在其就职宣言[62]中塞入了一个条款,公布了自己的想法:所有遗嘱的订立本应保持如此这般的庄重感,而他们将支持这般遗嘱的效力;当然,世事证明,其改革是先进的;该裁判官的后任(在其就职告示中)再次引入了相关条款,又后任就职时予以重复,直到最终其成为该等法律部门的公认组成部分;它不断纳新,被唤作**永久告示**。[63]通过检查其有效要件,你我直白地看见,裁判官式遗嘱被要求具有要式买卖式遗嘱的外形;显然,裁判官就算具备创新精神,还是自我约束,为了确保遗嘱的真实性,防止欺诈,他们保留了(要式买卖的)陈腐手续。而为了订立一份要式买卖式遗嘱,除开遗嘱设立人,还需要七名人士到场。相应地,裁判官式遗嘱最核心的要素也是七名证人,其中两名分别对应**司秤**和**家产买受人**。这二位此时已经被剥离了象征性的角色,他们出面的唯一目的就是作证。无须再走标志性的议程,只须诵念遗嘱内容;[虽说我不能十分肯定,]但法律有可能要求将遗嘱设立人的遗嘱行为用书面文契予以载录。无论如何,你我可以确信:只要当众宣读的文契是最终遗嘱,并七名证人在此文契的套封上分别加盖了印章, 204
裁判官庭便不会采取特别干涉手段阻挠其生效。就文件真实性的运作模式而言,这是法律史上第一次出现**盖印**。[64]虽说使用印章仅能使其与文契的真实感相牵系,(没有其他用处,)但它确实是古风,听说希伯来人老早就在用。你我可推想出,在罗马法上,在遗嘱和其他重要文件上盖印,不但可以用来表明出席人都是何方人

---

〔62〕 裁判官告示。

〔63〕 见边码 60 作者对此的见解。

〔64〕 Sealing。

士、表明文件签署人对遗嘱内容的同意,还可以从外表上跟文件的真实性牵系起来,不过这般牵系在文契能被查实之前还有可能崩断。

故,不以要式买卖的外观为然,而通过七名证人盖印以证其真,裁判官法认可遗嘱设立人处分行为的效力。不过,这一点或为通说:罗马法上的物之主要特性是其不可流转性,唯一例外的途径是采用与罗马市民法[65]同样古老的程序[66]。于是,裁判官无法将**法律上的集合物**判给任何一个人,不能将遗嘱设立人之于其自身的权利和义务关系拿来类比继承人或共同继承人。他只能赋予指
205 定继承人实际享有财产并免于清偿遗嘱设立人之债务。裁判官将其权限发挥到这般极致,人特谓其流转的是**财产占有权**[67]。在此流转情形之下,继承人被专称为**财产占有人**[68],他与罗马市民法上的继承人享有相等的权利。他可获取其收益,可转让(财产占有权),不过,就侵权行为的赔偿救济,他不可指望普通法[69],而只能到裁判官庭寻求衡平法的援助。我们可以形容他对法律上的集合物享有**衡平法上的**财产权,这般形容当不会酿成大错;进一步讲,为免于前述类比带来的惶惑,你我须知,一旦**财产占有权**借助罗马法上的时效取得制度而得以施行,就法律上的集合物所包容的一切财产,占有人便成了市民法上的[70]所有权人。

裁判官庭提供了不同种类的救济手段,它们自有优劣之分,对此,更为古老的罗马市民法程序何以平衡之?你我知之甚少。至少我们知晓一点,要式买卖式遗嘱可以毫不延拓地、毫无瑕疵地转

---

〔65〕 原文是 Civil Law。与裁判官法和行政官法相区别。《元照英美法词典》第 229 页。

〔66〕 要式买卖程序。

〔67〕 原文是拉丁文 *Bonorum Possesio*。

〔68〕 原文是拉丁文 *Bonorum Possesor*。

〔69〕 罗马市民法。

〔70〕 Quiritarian。

移**法律上的集合物**，虽说它处处丢城失地，却从未被这新式的遗嘱完全取代过。在一个不被以为是故纸堆、其意义却也不十分鲜活的时代，法学家的兰心蕙质似乎全部耗费在提升珍奇的（法律演化）工具〔71〕上。在盖尤斯所处的时代，即安东尼·恺撒时代〔72〕，要 206
式买卖式遗嘱中醒目的污点已被擦拭掉。本来，如你我所见，这般议程的主要特点是，继承人本人应充当家产买受人，其结果是，就遗嘱设立人的财产，他不仅马上就取得了确定的将来收益〔73〕，还正式地公示了自己的权利。不过，盖尤斯所处的时代已经允许不相干的人充任家产买受人，由此，不必通知那位命中注定要当继承人的人；从此以后，遗嘱开始捕获**秘密**财产。用不知情的人代替继承人充当"家产买受人"还产生了一个意蕴深远的结果。一旦其合法化，罗马法上的遗嘱立即开始涵盖两个部分或曰两个阶段：一个是财产权转移行为，这纯属形式上的；另一个是口头宣布行为。在程序的后一部分，遗嘱设立人或者当着一群帮闲口头宣告希望在其身后予以执行的遗愿，或者创设一份书面文件，将遗愿写入其中。这种可能性是有的：一直到世人不再理会想象中的财产权转移，将注意力投射到口述遗嘱上，遗嘱才是**可撤销的**。

总之我携带着遗嘱继承制度的家谱从法律史上一路下行。古 207
老遗嘱的源头是"铜秤式遗嘱"，它是以要式买卖和财产权转移制度为基础而夯建起来的。无论如何，要式买卖式遗嘱具有形形色色的缺陷，而裁判官法间接地对之予以补正。与此同时，法学家蕙质兰心，将普通法式的遗嘱，即要式买卖式遗嘱予以提升，而裁判

---

〔71〕 作者在第二章提及的：法律上的拟制、衡平法、直接立法。此处当指直接立法。

〔72〕 含图拉真（98～117）、哈德良（117～138）、安东尼·比乌（138～161）、马尔库斯·奥勒留（161～180）、康茂德（180～192）。

〔73〕 原文是 Vested interest。"确定的将来收益"指现在成立而将来使用收益的权利。

官在衡平法上也同时成就了这般提升。不过，这些进步还要取决于法律能够更加机变灵动，而我们因此看出来，盖尤斯或乌尔比安时代的遗嘱继承制度不过是个过渡。后事如何演化，你我不甚了然，不过，在优帝修律之先，你我发现，东罗马帝国的臣工黎民引入了一套遗嘱继承法，它的家谱一壁可追溯至裁判官式遗嘱，一壁至"铜秤式"遗嘱。它类似于裁判官式遗嘱，不需要为要式买卖之手续。它又类似于要式买卖式遗嘱，可以流转遗产本身，而不仅仅是**财产占有权**。它的三五个重大特性是实在法带来的，而因了于裁判官告示、于罗马市民法、于国法大全的三度脱胎，优帝在其主政期称遗嘱继承法为**三重法**〔74〕。因此，这种崭新的遗嘱继承制度通
208 称为罗马式遗嘱。但它仅仅是东罗马帝国的遗嘱继承制度；萨维尼的研究结果表明，在西欧，要式买卖式遗嘱一直沿用到中世纪，财产权转移、铜、秤，一个要件都不少。

---

〔74〕 原文是拉丁语 *Jus Tripertitum*。

第七章　遗嘱和继承之古今观

欧洲的现代遗嘱继承法与人类古老的遗嘱 209
处分行为规则大部分都能紧密扣连，不过，有关遗嘱和继承的古今观念还是存在重大差异。在本章中，我将用力阐述其中一些不同点。

《十二表法》之后又过了好几百年，我们看到，罗马市民法中又嫁接过来许多规则，以限制（家长）对子女继承权的剥夺；裁判官也饶有兴味，格外踊跃地争取此事的管辖权；我们还看到，社会上出现了一种唤作撤销遗嘱之诉[1]的崭新救济方式，它气质不凡，却来路不明。子女在父
亲的遗嘱中被不义地排除时，运用这一救济方式 210
可恢复继承人的身份。有些学者认为，拿法的这一境遇与《十二表法》的条文对比，就遗嘱设立之充分的自由度而言，此时的法溃败了。他们在著

---

〔1〕 作者分别用拉丁语 *Querela Inofficiosi Testamenti* 和英语 Plaint of Unduteous Wills 表述之。

述遗嘱继承制度变迁史之时，没经住引诱，罗织了好多戏剧性的小风小浪（作为法溃败的原因）。他们说，家长们迫不及待，纷纷开始无羁无绊地享受剥夺子女继承权的自由；他们还说，新式的做派丑态百出，败坏公德；他们又说，世人赞美仁者，为裁判官摇旗呐喊，阻止了家父的堕败。他们的演义并非空穴来风，确有实情为凭，这倒是能反衬出世人对法律史的严重误解。《十二表法》要透过其制定时所处时代之气质来解读。彼时并没有容忍这么一种倾向——后世之人才自以为有义务去反击这种倾向，彼时的出发点是，假定这种倾向不存在，换言之，它不考虑这种存在的可能性。罗马公民不可能自由地，自我设定一种剥夺继承权的权能。我们清楚地看到，家庭束缚之轭正用酷峻无伦的力道慢条斯理地折磨和奴役个人，所以，若是有人以为掀起一道风浪就可以解开这道轭，那一定
211 是偏执和片面的历史观使然，毕竟，唯在你我所处的年代，掀起风浪才会得到鼓与呼。《十二表法》只在其认为可以订立遗嘱的情形下允准订立遗嘱，意即，在（家长）无子嗣和近亲属的情形。该法并不禁止剥夺直接卑亲属的继承权，就像其并不禁止罗马彼时之立法者意料不到的小概率事件一样。无疑，偶尔会有人试图剥夺其子嗣的继承权，原因在于，家庭之拟制的功能正在一步一步退守，大抵不再（为家庭成员）承担个人责任（转而，家庭成员慢慢开始自负其责）。裁判官的介入并不是由于家长广泛滥用此权，并舆论对此进行了呼吁；应当说，裁判官介入此事是基于这一实情：家长剥夺子嗣之继承权的情形是罕有的、乖张的、反自然的，是与彼等道德规范相冲突的。

而这一部分的罗马遗嘱继承法所显示的现象又是不同。很显

然，罗马人从不以为遗嘱是一种用来**剥夺**对家庭的继承权[2]的手腕抑或是一种用来实现遗产差额分配的手段。伴着法学的生发，法律规范朝着前述目的反向进行运动，这样的规范数目越来越繁多，尺度越来越紧张；可以肯定，这些规范与罗马人恒定的集体情操亦步亦趋，而与个别人偶发的异样感受相离相克。毋宁说，遗嘱 212
设立权的价值当体现在对**施惠**家庭、平分遗产有所裨益，它当比无遗嘱继承法还要均等和公平。若是对此要点的解读符合公众情感，它多多少少可以解释为什么罗马人的一大特色是他们尤其畏惧无遗嘱继承制度。天降之大恶，无恶于褫夺遗嘱设立权；对敌之毒咒，无毒于咒他未立遗嘱而亡。于现代人之观念中，很难发现与之对应的此类感受。相较于交由法律行使其责任，任何时代的任何人都更希望由自己来规划自己财产的去处；不过，罗马人对遗嘱继承制的激情还不一样，他们不单单要恣情纵意；当然，封建制创立后，家庭为了光显门楣，将财产的分配权积于单一的代表人[3]之手，而罗马人的遗嘱继承制与此并无丁点共通之处。（我们可以）**先验地**[4]（认为），有可能是由于无遗嘱继承制内含了某些因素，导致罗马人强烈地偏好通过遗嘱而不是法律来分配财产。罗马法上的无遗嘱继承制存在了许多世纪，直至优帝将之整合至现代立法者所基本普遍采用的继承制度之内，然而，难点在于，粗看优帝整合之前的无遗嘱继承制，我们没有发现明显的非理性或偏颇之处。相反，财产分配制度非常公平，非常合理，与现代社会普 213
遍采用的制度大同小异，找不到让罗马人极端厌烦的理由，尤其是

---

〔2〕 原文是 *disinheriting* a Family。作者用斜体的 disinheriting 和大写首字母的 Family 是想表明，家庭是作为一个法人实体而作为继承的客体的。

〔3〕 长子。

〔4〕 原文是拉丁语 *à priori*。

在这个制度已经将有子嗣者的遗嘱设立权缩限到十分紧窄之范畴之内的当口。我们已经发现,在如今的法兰西,家庭之首脑已经普遍省去了遗嘱设立之忧烦,放手让法律随意处分其财产。但转念一想,若是将优帝之先的无遗嘱继承之衡器[5]看得更加真切一些,当发现这团疑云的钥匙。该法的质地可分为明明白白的两部分,其中一个部分的规则源自市民法,它是罗马的普通法;另一部分源自裁判官告示。正如我之前为了另外一个目的所述,市民法对法律上的集合物次序列出继承人的三个顺位:未得解放的子嗣、最近亲等的宗亲和族亲。[6]在这三个顺位之间,裁判官塞入了许多等别的亲属,而市民法对此从未关注过。终于,裁判官告示和市
214 民法互相结合,形成了一个继承体系,其与现代普适的继承法之源头没有实质的差异。

这般回述的要点在于,在古代,一定有那么一个时期,市民法专属地决定无遗嘱继承制度,此时裁判官告示并没有对之予以安排,或没有形成连续性的施行方案。不应怀疑,当其稚弱期,裁判官法还得应对艰难险阻。公众情感和法律观念对之默认良久,定时引入的修正观念肯定没有确凿的准则对之加以管制,还肯定受到你方唱罢我登场的公职文官的各式各样的偏见。我认为,罗马社会经久不息地强烈憎厌无遗嘱制度,他们在此时期本身所践行的无遗嘱继承规则应该对此承担责任,甚至比承担责任更糟。无遗嘱继承的顺序如下:公民死亡时未立遗嘱或未立有效遗嘱的,其未得解放的子嗣成为继承人;其**已经解放的**儿子对遗产不享有任何份额。在其死亡之时,如没有活着的直系卑亲属,最近亲等的宗

---

〔5〕 原文是单数的 scale。应当借此词来比喻"法则"。

〔6〕 参见边码 193 的内容。

亲得以继承，而死者母系长辈的亲属［不管其亲等多近］不享有遗产的任何份额。家庭旁系亲属一概排除，而遗产将被充给**族亲**，即与死者同姓之全体罗马公民。故此，若我们正在考察的这个时代之罗马人未能订立可行的遗嘱，其已得解放的子嗣对其遗产将一无所获；若他无子而亡，迫在眼下的风险在于，他的财产将离家而去，移交给由祭司所拟制的、在假想中共有同一先人的同一**宗族**的一群有关人员。这一问题的景象本身就基本足够对公众情感予以解释；不过，在罗马社会，家庭这一原始组织体已经分崩离析，而我一直在讲述的事物之情状很有可能在此转型期的第一阶段就已经存在了，若是遗忘了这一实情，那么，我们只能一知半解。对子女解放予以特别关注成为合法的习惯，这实际上已经使家父的帝国受到最早的一次打击，不过，既然考虑到家长权仍然是连接家庭的根本，法律依然将已得解放的子嗣视为亲权和血缘上的外乡人。你我须臾不可妄想道，在家父的舐犊天性面前，法律上的迂腐对家庭的掣肘也能找到其对应物。在家长制之下，家庭的凝聚力一直具有意料之外的圣洁性和紧密性；家庭不可能因为解放之行为而被摧毁，其可能性只能存在于别处。世人会不假思索地认为，（将家子）从家父的威权之中解放出来天经地义就是家父爱护家子的明证，而非对这等爱护的割裂——它表明（家父）将恩宠和怜悯给予最疼爱和最看重的家子。若是家子脱颖而出，最受重视，却由于无遗嘱继承制而被完全剥夺继承权，（家父）对其遭遇的于心不忍就不必过多解释了。你我或早已**先验地**[7]揣测过，无遗嘱继承制令道德蒙受不义，而这种不义生发了（罗马人）对遗嘱继承制的热衷；由此，吾等可以发现，与原始人得以凝聚的本能相比，罗马人自

215

216

［7］原文是拉丁语 *a priori*。

有其异象。可将前述推论拢成紧致的形貌。在原始社会,每一个罗马人的主流感情都与家庭关系相缠结。可什么是家庭?**法**从一个方向上作出了定义——相亲相爱、共享天伦。若是二者[8]起了冲突,我们刚才所剖析的情绪[9]就会滋长,就会以对那个制度[10]充满热情的外形表现出来,从而,其(遗嘱指向的)对象对财产的处分便获得认可。

由此,我将罗马人对无遗嘱继承制的恐慌视为一座界碑,它表明,在面对家庭之母题上,古代法与原始人缓缓转变的情感之间泛起了遥远的冲突。罗马制定法中的若干篇章,尤其是那一部专门
217 对妇人之继承遗产的能力进行制约的成文法,一定让这种情绪生生不息。世人普遍相信,信托遗赠制度[11]的创建就是为了规避诸等制定法带来的继承无能。这种激烈的情绪本身也指向法和观念的深刻敌对状态;若不是裁判官将二者予以分辨,法学的进步就不会如此的伟岸。每一位精通观念哲学的人士都知晓,这种情绪并不会随着滋养过它的情势时过境迁而必然消散。这情势会长期供养着这情绪,它会汹涌澎湃,达到前所未有的至高点。

世人彼时有一种看法,认为遗嘱可以赋予人以分家产的能力,或者,遗嘱订立人可凌驾于精细和正确的理智之上,将家产分割成很是偏颇的份额。这种观念当初现于中世纪后期,当于彼时,封建制度已经完成了自我固化。在现代法学初现端倪之时,几乎不会用遗嘱来赋予世人以绝对自由,任由其处分死者的财产。当于这个时期,只要财产的继承要受到遗嘱制度的调整,就待流转之遗

---

〔8〕 爱和继承。
〔9〕 对无遗嘱继承制的恨意。
〔10〕 遗嘱继承制。
〔11〕 作者同时使用拉丁文 *Fidei – Commissa* 和英文 bequests in trust。

产——此时，在欧罗巴的大部地区，动产[12]是遗嘱处分的对象——便很少容许人以行使遗嘱订立权来侵犯孀妇的特定份额和 218 子嗣的固定份额。子嗣的份额，正如其数字所示，乃直接由罗马法的权威所确立。未亡人能受到支援，要谢谢教会的费心，教会对她们的权益牵念记挂，无时或松，强硬主张了两三百年后，教会终于打了一个最大的胜仗，赢来丈夫在婚内赠给妻子以地产的明确表态，由此，最终在西欧的**习惯法**中，寡妇地产之法则得以嫁接成功。殊为新奇的是，历史表明，寡妇地产制度比给孀妇和子嗣的动产固定份额保留制度更稳固。法兰西的少许地方习惯法将此等权利一直维护到法国大革命，而在英格兰也可觅得类似习惯法的影踪；但是，总体而言，这条优越于动产保留制度的准则也可以通过遗嘱而弃用，而即便孀妇的主张仍为人所敬重，子嗣所享的权利却也被法律拭去。不用迟疑，此变当归结于长子继承权之影响力。在封建土地法罢黜诸子之继承权而集其于长子一身时，对那般本应均分的财产也不再有义务实际均分，遗嘱制度的适用成为了不平等的 219 主要制造手段，这种境况是遗嘱观念之古今明暗对比的源泉。虽说封建制度意外地成就了透由遗嘱而为的遗赠自由，但是遗嘱自由处分制度与封建法的差别之大，无出其右者；在封建土地法之下，财产将强制性地转移至规定的流向。《法国民法典》的起草者们似乎忽视了这一实情。当于他们决意摧毁的社会纹理之间，他们发觉，长子继承权主要以家庭财产协议[13]为基石，不过，他们还认为，透过遗嘱而对待长子的偏心，恰等于透过最严厉的地产限嗣继承制度为其预留的偏心，故为了保住社会毁灭之果实，他们不仅

[12] 原文是 moveable or personal property。这是有意的重复表达。

[13] Family settlement。指在家庭成员内部达成的非正式协议，一般用于在家庭成员间按不同于法律规定的方式分配财产。《元照英美法词典》第 532 页。

使婚姻财产授予协议[14]达不到对长子的偏心效果，还将遗嘱继承制度从法律中驱逐出去，生怕诸子均分父母遗产之基本原则为其所阻溃。其结果就是，他们建立起来一套孱弱的地产永久限嗣继承制，而比起绝对的遗产(处分)自由，这套制度与封建时代的欧罗
220 巴更亲狎。作为“封建制度的赫库兰尼姆”，[15]较之欧陆国家，英格兰的土地法与中世纪土地法要密切甚多。我们常常使用遗嘱来帮衬自己对长子及其卑亲属的偏心或追随长子继承的大流，这险些成为婚姻不动产授予协议的普遍特征。话又说回来，在这个国度，感性和观念毕竟还是深深受到遗嘱自由处分之实践的感染；在法兰西社会的大部，公众之于家产保有的情怀不像如今之英格兰人，更贴近三两个世纪之前欧罗巴的普遍观念。

在语涉长子继承权时，我引入了法律史上最大的难题之一。在前文，我确实是滔滔不绝，但诸君或已留意到，我频频提到“共同继承人”；在罗马继承法下，其与唯一继承人置于同等地位。其实，我还不知道在罗马法的哪个时期，“继承人”和“概括继承人”的地位还不能被一群“共同继承人”所置换。这帮人乃是以单个的主体来继承，而财产的分配将随即在另一个法律程序中进行。在**无遗嘱继承**[16]时，死者的一众子嗣将均分其财产；即便有时男性比女
221 性稍占上风，但也找不到长子继承权之最清淡的痕迹。这种财产分配模式贯穿了整个古代法。可以肯定，在文明社会发端之时，多世同堂的家庭开始瓦解，同时，多个辈分的每一辈人应当均分家产

---

[14] Marriage arrangement。指婚姻双方当事人之间约定的财产授予，通常在打算结婚的阶段订立协议，据此，为未来的丈夫、妻子及其子女的利益而对动产或不动产安排授予。《元照英美法词典》第 897 页。

[15] 意大利古城，公元前 79 年与庞贝一起被维苏威火山摧毁。梅因认为古城反而因此具有考古价值。英国土地法同样具有封建制度的考古价值。

[16] 原文是拉丁文 *ab intestato*。

之观念也在生发，不会为长男预留出特权。与这等现象密切关联的先民思想体现在比罗马更为远古的制度中，这给予吾人以特别提示。在印度，儿子一出生，即不差分秒地既得乃父之财产权，而在其共有权被认可之前，该财产不得转卖。儿子适龄的，有权逆父之意而强制分割财产；家长默许的，该子可违其手足之本心而予以分割。分割过程中，父亲对诸子并无其他优势，只是乃父的份额要加倍。日耳曼氏族的古代法与之高度近似。**家产**〔17〕乃为父子共有。然，乃父身死的，他们在习惯上却并不分割。殊无二致，在印度，虽说财产在理论上是可分的，实际上也很少分配，代代相传，而
不分割，于是印度的家庭永续性地趋向于扩张，形成**村社**，我将在 222
后文尝试阐释其形成的条件。这一切的一切都十分明晰地指明，在对家庭之依附性开始消解的初级阶段，家长身死的，财产当在男嗣之间绝对均分，这是社会之通例。此时就出现了长子继承制的历史性难题。你我猜想，在封建制度成形之际，除了罗马行省的法律和蛮族〔18〕的原始习惯法，长子继承制无发轫之土壤——你我对此猜想得越明白，越是升起老大疑窦，因粗观之，在财产继承问题上，罗马法或蛮族并没有偏心对待长子及其卑亲属。

蛮族在罗马帝国大地上建政之初，他们的习惯法之中确实没有长子继承制的做派。其人所共知的源头当是入侵之首领就**恩惠保有土地**〔19〕的赠与。恩惠保有土地起初由外来之王偶尔授予，后查理曼大帝大肆予以派送；它本是用来恩赐而为人所保有的罗马行省土地，作为条件，保有人将为帝国服役。**自主地产**的保有人似
乎并不情愿受君命，而法兰克人的王和查理曼大帝所发起的超越 223

〔17〕 原文是拉丁文 *allod* 和正体的英文 domain 的并用。

〔18〕 作者当指侵入东罗马帝国的蛮族。

〔19〕 作者分用拉丁文 *benefice* 和正体的英文 beneficiary 表述之。

前人的大规模远征军，其兵卒要么对皇室具有人身依附性，要么因了其对土地的保有而被迫参军。恩惠保有土地起初根本不具可继承性，出让人兴之所至，交由受让人持有，顶多了由其持有终身。保有人甫一开头就不遗余力，要在身死之后将土地继续保留给家人。查理曼大帝的继位者各个软弱无能，保有人的努力都收到了成效，恩惠保有土地摇身一变，成了可继承的**采邑**。但即便如是，这些土地也并不必然由长子继承，其继承法则完全由受让人和出让人的协议所决定，而其中一方弱势的，则由另一方提出。故，最初，保有方法各式各样；偶有人说其繁多到没有章法，这却不是实情，因前述一切的一切都是罗马人或蛮族所熟知的继承模式混合体，不过，它实在是过于杂荒。有时候，对于采邑的继承，长子及其卑亲属确凿无疑地享有优先权，而这种继承方式距离普适性还远得很，不具有一般性。在欧罗巴更为晚近的社会转型中，此类现象
224 得以原封不动的再现，一体更覆了封建制下［罗马式的］自主地产制度和［日耳曼式的］自主地产[20]制度。自主地产被采邑所完全吸收。透过有条件地将土地的一部转让给其附庸，自主地产的保有人绝多变身为封建领主；尚有少数保有人从愁苦之时代中觅得一条逃路，将财产献投于权霸，并在其征伐中服役；以此作为条件，他可取回己产。与之同时，处于被奴役或半奴役遭境下的广大西欧人民——在罗马，他们被称为 coloni，[21]在日耳曼，他们被称为 lidi[22]也被封建制度所吸收，少数人与领主形成了主仆关系，而绝多人拿到土地，当然，其条件（之苛刻）在那几百年都堪称屈辱。此时，封赐采邑遍地开花，它创设的封建保有关系不一而足，跟封臣

〔20〕 分别是形容词性的 domainial 和 allodial。
〔21〕 农奴。关于其来历，作者在第八章有进一步阐述。
〔22〕 农奴。

与其新主达成的或被迫接受之条款的多样性相比,大可等量齐观。就恩惠保有土地而言,其中一些——而不是所有——土地的继承方式跟循了长子继承制的法则,不过,封建制度在西欧甫一盛行,长子继承制相对于其他继承方式的巨大优势旋即体现出来。它以 225
神奇的速度在欧罗巴铺开,其主要工具是家庭财产协议,在法兰西唤作 Pactes de Famille〔23〕,在日耳曼唤作 Haus – Gesetze〔24〕,而它们都一致规定,因骑士役而保有的土地当继承给长子。终于,法律从成例中全身而退。你我还发觉,当于全体缓缓搭建的习惯法之中,在自由农役保有土地和军役保有土地的继承问题上,〔25〕长子及其卑亲属得到偏爱。至于说供役保有[起初,一切的保有方式都是供役的,封臣要么应向领主支付金钱,要么应为其付出体力劳动]土地继承问题,此国与彼国之间,此省与彼省之间的习惯法差异巨大。更具有一般性的规矩是,(长辈)死亡时将土地在所有子嗣之间均分,获得偏爱的有时是长子,有时是幼子。就相较其他保有方式而兴起得更为晚近的、既不全然属于自由保有又不全然属于供役保有的彼类地产,如英格兰的农役保有土地,长子继承制常常要将其继承问题统管起来,在某些层面上,它还是最重要的继承法则。

世人将封建制度作为长子继承制得以开枝散叶的原因。据说,在上一任封臣谢世之时,要是采邑由一个人独自继承,而不是分给一群人,领主对拟征召之兵役更觉踏实。不可否认,这般思量 226
可以部分解释长子继承制为何会逐步取得赢面,但我也要指出,长子继承制成为欧罗巴的习惯法,多半是因其受到封臣的欢迎,而少

〔23〕 家庭协议的法语说法。

〔24〕 家庭协议的德语说法。

〔25〕 这两种保有方式分属于自由役保有。

半才是由于其赋予领主的好处。还有,前述之原因根本解释不了其起源问题。没有什么法律内容是完全从便利感中迸发出来的。便利感起作用之前,总是先有观念的存在,而这便利感也只能起到融合观念的作用;而目下的主要问题正是要把这些观念发掘出来。

当于前述诸般可以定论的推导之中,有一条暗线对你我有所助益。在印度,虽说长辈的财产在其死亡或在世之时即可在其全体男嗣之间等额分配,又虽说**财产**等分原则延拓至印度法的每一个部门,但是,在上任衙官谢世之时,其**公职**或**政治权力**的继承几乎每每都是根据长子继承制的法则而概括继承的。于是,王之长子当继大统。若是村社——印度社会存在的法人单元——之事务被托付给单一的打理人,这人辞世的,一般也由其长子接任。在印
227 度,一切公职都倾向于具有可继承性,于是,只要这职位的性质允准,都将由班辈最高者中的年长者继承。通过比较印度继承法与欧罗巴遗落至今的粗犷社会制度,我们的结论呼之欲出,当家长权不仅及于**家内**权力,更及于**政治**权力之时,家长逝世的,家长权不能在全体子息之间等分,它应等于长子权。如海兰族[26]的领导权(接班问题)就遵循古老的长子继承制。其实,(继承问题的)家庭附庸性在形式上也许比我你看到的文明社会组织之原始载录更为古老。古罗马法中的宗亲集团以及大量的类似实例都可以指明,有那么一个时代,家谱中交错繁多的分支合成一个有机的整体;而,若此集团自成一个独立社会,当听命于最高辈分的长男,我这绝非胡思乱想。实际上我们对这类社会一无所知。就你我所掌握的,即便是在最基本的社圈——家庭这一社会组织体中,也顶多只

---

〔26〕 原文是大写首字母的 Highland clan,特指苏格兰北部郡的氏族。

有**主权内的主权**[27]。不过，尤其在凯尔特族，有一些家庭的地位在特定的历史时期已经足够接近独立，你我不得不信，这些家庭一度是独立**王国**，而其领导人继承问题由长子继承制所规范。但是，你我当抵御（这一现象）与现代法的相关性。此处正在探讨的是，相 228
较于你我所看清的印度社会和古罗马法，这个历史阶段的家庭联系得更为贴近和紧凑。倘若罗马法上的家父（在罗马社会发展到一定阶段时）只充任了家产的执事，倘若印度法上的家长在现下不过与其子按份所有财产，那就更明确，家长式的头人不过是公产的管理人罢了。

由此，从恩惠保有土地制度中觅得的长子继承制之范例兴许是从入侵民族所熟知的家国[28]中抄袭的，虽然抄得并不多。也许有一些落后的氏族方今还在践行这一制度，甚或，社会摆脱这一腐朽境况的力道过于轻软，当世人呼唤就新型物权制定继承法则时，某些人的头脑中还会不由自主地为长子继承制招魂。还有一个问题，长子继承制何以一度慢慢地取代了其他的一切继承法则？我的答案是，伴着加洛林王朝的解体，欧洲社会义无反顾地倒行逆施。较诸其所度刻的远古野蛮王政，它甚至还要沦降了一两度。这个时期的一大特色就是国王弱不禁风，低眉顺眼，于是，世俗力量跟着孱弱和听话；故倘若世俗社会失却了凝聚力，世人似乎被一体扔回比文明社会起步之时更为陈腐的社会制度中去了。在公元 229
9 世纪和 10 世纪，领主之于封臣好比是家长制下的家人关系，领主吸收封臣，不似于先民时代的收养，而是透过封建制度而吸纳；还

---

〔27〕 原文是拉丁语 *imperia in imperio*。这是作者再次使用这一表达。此处作者要表明，家长虽然是家庭的无上权威，但他也需服从更大社圈——如宗族、氏族、国家——的长老。

〔28〕 原文是 family - government。家长享有主权内的主权，家庭是国家之缩影。

有，就这一种结私关系而言，长子继承制乃是其力道遒劲和历时长远的源头。这种朋党以土地为凭靠，只要土地聚而不散，其攻也凶猛，其守也强悍；其时，暴掠成灾，割地之行为无异于分割小团体。你我大可十足笃定，即使有人想要剥夺多数子嗣之继承权并集其宠爱于其中一子，他也必将首先对长子继承制另眼相看。分割采邑的，人人当遭祸患。集中采邑的，人人当享福荫。权力集于一手的，家庭也愈加兴旺；领主得到遗产的，也绝无可能比其手足和眷属享有更优先的占有权、收益权和豁免权。若要以为特权会通过采邑的继承人而随之继承〔29〕，以为特权会由于英格兰式严格的家庭财产协议给长子以特别地位而随之继承，那当是颠倒红尘。

我说过，封建初期的朋党关系是从远古之家庭形式沉降而来，
230 而这二者的外观有其强烈的相似性。不过，在古代社会以及在尚未冲出封建制度熔炉的社会里通行的长子继承制却没能转型成为欧洲封建晚期的长子继承制〔30〕。在祖祖孙孙不再唯世袭首领之命是瞻时，为他们所一并打理的家产似已均分给了他们。这种情形为何没有在封建社会发生？在封建时代的第一个阶段，长子为了全家人的利益而稀里糊涂地保有全部土地，而当欧洲的封建制度已经壁垒森严，当常规的社圈再次搭建起来，在此时，家庭何以不重新扮演罗马式的和日耳曼式的等额继承角色呢？索解封建制度之家谱的学问家们没能攫取解开这道难题的钥匙。他们看到了封建广厦的石料，却没看到其水泥。组成封建制度的观念和社会形态无疑曾是蛮荒的、原始的，但在唤入法院和法律人对其予以解

〔29〕 长子继承的不是权利，而是责任。

〔30〕 在古代社会，以及在封建社会早期和中期，长子继承的不仅是土地的权利，而且还有家庭的责任。在欧洲封建晚期，由于晚近罗马法的影响，长子继承的是全部的家产。

释和定义之时,他们这些人所适用的解释原理却是最晚近的罗马法,那是何其精美和成熟。在家长制下的社会,长子对宗亲的统领权予以继承,而对他们的财产也有说一不二的处分权。但他并不 231
因此而成为真正的财产所有权人。对于这些财产,他具有与生俱来的责任心,这般责任心无涉所有权观念,未经界定,也无从界定。然而,后世之罗马法,好比现今的法,将不受控制的财产权等同于所有权,然而,它却没有、也没能注意到这种早于法律常规化之前出现的责任心。精美观念和蛮荒观念一经触碰,便不可避免地收到了成效,将长子转化为遗产的合法所有权人。僧俗两界的法律人从一开始就是如此界定其地位的;不过,胞弟原本与其长兄有难同当,有福同享,却在不知不觉间沦为教士、伤残的兵勇或大户人家的门客。在苏格兰的海兰绝大部地区,最近也发生了同样的法律革命,只不过范围要小一些。就族人赖以为生的家产,人们吁请苏格兰法对族长享有的法律权限予以界定,可是,苏格兰法在许久以前就注意到,就那般经由族人鼓噪而设立的所有权,其完整性的界限本身就不清不楚,于是乎,苏格兰法必然要将花样繁多的祖产转化为形式单一的财产。〔31〕

为了简化处理,但凡子孙之中只有一个人得以继承家庭或社 232
会之权力,我在前文一律称其为长子继承制。其实,值得一提的是,在为数不多遗落至今的继承古制中,长子并不总是出头。在西欧遍地开花的长子继承制在印度也同样根深蒂固。总有理由让人相信,这种制度具有普通外形。不仅是长子,长子的卑亲属也被优先考虑。长子继承落空的,他本人的长子不仅优先于手足,也得优先于其叔父而继承;要是他也继承不能,在晚一辈中继续遵循本法

〔31〕 一刀切地都划归族长所有并适用长子继承制予以世代集中。

则。若继承的对象不仅及于**民事**权利，还及于**政治**权力，那么，社会的内聚力越是残缺，（长子继承的）难度就显现得越明显。上一任掌权的氏族首领或者比其长子长寿，而享有继承权的孙子又或者过于幼小和稚嫩，不足以领导族人，打理族务。在此情形下，稍微有序的社会则便宜处事，将幼主置于监护之下，直至他适龄于问政。这里的监护是男性宗亲的监护；不过，还有些罕事值书写一
233 笔，在主母咄咄逼人的力主之下，古代社会偶也会允可妇人掌权。在印度，君王的遗孀会以其幼子之名而听政，还有，我们不当遗忘，在法兰西，当于全体自荐者，那般调整王位继承的社会习惯优先选择王太后作为摄政王，而同时，它又将女性从王座（继承顺位上）排除，法兰西的这般习惯法，不管其起源如何，当是最古老的。话又说回来，为了消解幼主继承王位的磕绊，在粗糙搭建的社会自发地产生了另一种模式。它们弃幼主而不顾，将王权交由与先王同辈之长男为继承。在市民社会和政治国家还未初步分离的时代，凯尔特人观念的接近性同许多现象一样得以维持，它也携了前述继承法则一道顺着历史潮流而下。正因如此，这道继承法则似乎起了积极的作用，在王位继承时，长子继承不能的，无论孙辈之年齿的长幼，次子必先于孙辈而继之，有些学者[32]在解释这种原理时臆想到，凯尔特人的习惯将先王视为祖先，当把继承权赋予血缘最
234 近者，而叔父必定比孙辈在血缘上近于共同的祖先。若将此现象仅仅表述为一种继承制度，前述观点也无从反对；可是，在法律人开始为封建制度下的继承方式而争吵不休的时代，有人首次采了此法，他们为的是适用一种推理的方式，前述观点的持有人如果如此妄议这些人，不免大错特错。人家优选叔父而不是孙辈的真正

〔32〕 作者似在批评布莱克斯通。

出发点是一道简单的推算题，就原始社会的原始人而言，成年人之治要好于小孩子之治，先王故世的，相较于长子的诸子，次子已经成人的可能性更大。传统上，废掉幼主而立其叔的，会征求族人的同意。不夸大地说，这一手续真有一个苏格兰的麦克唐娜家族史以为例证；而经近年来各位学者的探究，爱尔兰的特尔特人之祖先那里也揭明了诸多类似的操作方式以为例证；在印度之村社制度中也可以寻得一种程序，他们推选出宗亲中的一位年长者作为“优先继承人”。

伊斯兰法可能保留了阿拉伯人的古老习惯，根据本法，在财产
继承上，当诸子平分，女儿减半；若是被继承人的子女在分割财产 235
之前死亡，即便他们遗留了子嗣，这些子嗣的伯舅姑姨也可不许他们继承。与此准则一脉相承的是，他们关于政治权力之继承的方式与凯尔特人的长子继承制形式属同。西方的伊斯兰教两大系属[33]有个规矩，即便侄子是兄长之子，叔叔也得优先于侄子；不过，虽说近来埃及和土耳其都在遵循这条规矩，但我听说，在土耳其的王位继承问题上，人们对采纳此规矩有些疑虑。苏丹们倒是在策略上处处掣肘，防止这一情形得以适用。他们对自己的弟弟进行大范围屠戮，或是为了最大限度地保有其子的利益，帮他们清空险情，扫除异己，以顺利交接班。当然，一夫多妻制社会的长子继承制各个不同。许多因素都会成为对继承进行主张的理由，如母亲的班列之前后，父亲对她的爱意之深浅等。相应地，在印度，有些信奉伊斯兰教的君王不去伪装其明白无误的遗嘱权，他们声称其有权钦点其中一子承继大统。在提及圣经中有关以撒对诸

〔33〕 作者应当指代下文所述之埃及和上耳其。

236 子祝福[34]的事情时,世人有时候说它是一类遗嘱,其实它似乎更像是对长子名号的封授。

[34] 以扫和雅各是双胞胎。以撒被雅各蒙蔽,以为他是头生子以扫,为雅各祝福道:

"啊,我儿身上的香气,
馥郁如耶和华恩顾的土地。
愿上帝赐你甘霖沃野,
五谷美酒,享用不竭!
愿你有万民服侍,王国朝拜;
愿你做众兄弟的主子,
受你母亲的儿子跪拜!
凡诅咒你的,必受诅咒;
凡祝福你的,必定得福。"

得知真相的以撒对以扫说道:"啊,我已经立他做了你的主人,将他的兄弟都给他当了仆人。"又为以扫祝福道:

"啊,你的家园
没有甘霖,没有沃土。
你谋生要靠你的刀剑,
你弟弟拿你做了臣仆。
可是你一旦奋起反抗,
必将打碎颈上的枷锁!"

引自《摩西五经》,冯象译注,创世记,27:1～27:40,牛津大学出版社(香港)2006 年版。

第八章　物权之远史

在界定好各类物权形式及其变形之后，罗马人的法学阶梯类著述纷纷开始探讨**物权取得的自然模式**。一瞥之下，不熟悉法律史的人若既不深思熟虑，又不感兴趣，可能不会将此处的“自然模式”视作占有。为猎人捕获或杀死的野兽、因河流悄无声息的沉积而添附到田块上的土壤、在土地上生根的林木，都是罗马法律人所谓**自然**取得的对象。古老的罗马法学家发现，他们周遭的小社会普遍支持这类取得行为，而后世的法律人又发现，在古老的万民法中也存在这种取得方法，并且描述这类取得方法最是轻巧，于是，他们为其在自然法中谋得了一席之地。在现代社会，它们被注入的尊严感日趋消散，直至其原始的厚重感丧失殆尽。学理曾将其大快朵颐，并将其严肃的影响力施加于实践。

237（原书页码，位于首行旁）

当于这诸般“自然模式的取得行为”中，你我唯有必要关注其中一种：先占。先占是以自主占有的意思[此处的“意思”应加入专门定义]对无主物的有意占有。古罗马法律人所唤作**无主物**[1]的对象,即在取得时没有或从未有过所有权人的物,只能靠枚举的方式确定。**从未有过**所有权人的物有野兽、游鱼、野鸟、初次发掘出的珠宝、新发现或从未被开垦过的土地等。**在取得时没有**所有权人的物包括抛弃的动产、遗弃的土地,以及[既反常又费解的]敌产。**先占人**,即首先占有并具有自己所有之意图的人,对前述之物都有完整的所有权,在具体情形下,这种意图需要通过其特定行为而认定。窃以为,因为先占之普
239 遍性,一代罗马法律人将其置于万民法,而又因为先占之简约性,另一代罗马法学家将其置于自然法,这是很好理解的。若不是其在现代法律史上命运多舛,你我光是靠了**演绎**推理还不足以对其(制度内涵)有所准备。罗马法学家将先占原则拓成各项法则,这原则和法则即是现代国际法之俘获物制度和对新发现国家之主权取得制度的渊源。他们还提供了一种广受欢迎的**物权的原始取得**思想,这种思想形态各异,得到绝大多数经院主义法学家的默认。

我说过,罗马法上的先占原则决定了国际法上俘获物制度的旨趣。俘获物法脱胎于以下假定:社圈之间爆发战争的,彼此应恢复到自然状态,而在此一种拟制的自然状态中,交战各方所涉之私产的归属当待定。后世的自然法学者总是急不可耐地维护道,物权应由他们所阐发的制度所允准,所以,有关敌产是**无主物**的假定属大逆不道,骇人听闻。于是,这些人小心翼翼地将之污蔑为一种法律上的纯粹拟制。不过,在自然法将万民法作为其渊源后,我们
240 旋即觉察到,为何敌产在开战之时即被视作无主物,先占人有能力为取得。在大败敌军,军纪松弛,兵士恣意取得俘获物时,这种观

[1] 原文是拉丁语 *res nullius*。

念在那帮践行古时之交战法的人头脑中自发地滋生出来。不过，起初，俘获者只能取得动产。在有其独立价值的权威性文献中，你我发现，对于被征服国家的土地，古意大利普遍采用了一条别样的法则，于是你我可以猜测，土地先占原则［此乃永恒的难题］当是在万民法成为自然法之日方才发端，而这个理论之果乃是由黄金时代的罗马法学家〔2〕抽象出来的。优帝的《学说汇纂》将这个要点体现的信条予以保留，该信条为：交战国可不无保留地宣称一切敌产均为**无主物**；俘获者当利用先占原则为自主占有；先占是符合自然法的一项制度。国际法中的一些规则从前述立场中脱胎而来，这些规则间或被人诟病为：兵将们嗜血而贪婪，这些规则是对他们无谓的纵容。而我以为，指摘者不懂战争史，故不明白，它指挥如意，让世人安分守己，这气象何其恢弘。在被现代俘获物法所接纳 241
后，罗马法上的先占制度另创了不少子法，限制和辅导其运作，故在格劳秀斯的著述已成权威之后的时代，起了战事的，一旦交战方接纳这一罗马法信条，较诸前代，杀伐之意更为收敛。要是罗马法上的先占制度背负了如此恶名，给现代国际法施加的影响力如此恶劣，我们要说，那它一定已经深深伤害了国际法的另一个领域。国际法学家将寻获一块珠宝而适用的罗马法原则也同样适用到发现一个新国家之情形上，在适用时，国际法学家生拉硬拽，将这条原则纳入国际法之内，不顾这如何超出了它的使命。〔3〕15 世纪和 16 世纪矫矫不群的航海家们将其提拔到最高位阶，而它激发的矛盾大于其解决的矛盾。在最需要确定性的两个难点上，很快出现了重大的不确定性：一是，新大陆发现者为其主权国家所取得的领

---

〔2〕 作者自己在第三章中解释罗马法的黄金时代为安东尼和恺撒时代。

〔3〕 物权法上的先占原则被解释成国际法上的领土先占。

土,其边界何在？二是,主权国家要拥有新土,须进行完备的**占领**[4]行为或曰自主占有[5]行为,这种行为的本质为何者？更有甚
242 者,这条原则一直将先占的重大利好与撞大运相提并论,于是,欧罗巴一些最富冒险精神的国家都旗帜鲜明地讨伐之:荷兰人、英格兰人、葡萄牙人等。我们的国民虽说没有明确否认国际法上的这条原则,但实际上我们不承认西班牙人独吞北美墨西哥湾以南之土地的主张,也不承认法王独享俄亥俄河与密西西比河流域的主张。自伊丽莎白女王登基而至查理二世登基的期间,可以说北美的江湖未曾得到片刻安宁,新英格兰殖民地的民众不断侵扰法王之领地,持续了接近一百年之久。边沁对这条法律原则拿捏不清,乃至于他竟然向教宗亚历山大六世那一道著名的诏书大肆献媚,其诏曰,当将未发现之世界一分为二,以亚速尔群岛以西 100 里格[6]处(东西)为界,葡人和西人各有一边。当然,一听即知,边沁的吹捧是荒唐的,但还需斟酌:亚历山大六世(在 1493 年 5 月 4 日)做主把半个(美)洲划给了(西班牙)国王,可是,就这份可用一个巴掌遮住的宝贝物件[7]上的所有权,他的臣工[8]在此之前[9]就已经满足了罗马法上的全部取得要件,亚历山大六世的做法是不是比这条国际法原则更荒唐？

243 先占制度为单独所有权的原始取得做了一番凭空的说辞,一

---

〔4〕 原文是拉丁语 *apprehensio*。《布莱克法律大词典》将其解释为“对无主物的一个取得程序”(a procedure for acquiring something that belongs to no one),“是先占的一种模式”(it is a type of occupatio),在此意义上它等同于“seizure”一词。

〔5〕 原文是 assumption。根据《布莱克法律大词典》,该词指代自主占有行为,尤用于债的承担(assumption of debt or obligation)。

〔6〕 1 里格约等于 3 英里。

〔7〕 地球仪。

〔8〕 哥伦布。

〔9〕 1492 年。

直被拿来为那套臆想中的法[10]尽忠,故其越众而出,引起了所有对本书所探究的主题孜孜以求的人士的格外关注。起初,大地及其出产物是公有的,世人曾普遍相信,社会观念允许它们成为私产的过程就是先占的过程。要是我们能抓住自然法的古今之别,那么,形成此一臆断的思维经过就好理解了。罗马法律人认为,先占乃是物权取得的一种自然模式,而他们还坚信,若是人类真可以依自然法而活,那么,先占将成为他们的一种实际行动。我已经提出了这个问题:他们在多大程度上可以自我信服,人类真正经历过这个情境?他们闪烁其词,表明对这个问题具有相当的疑思;不过,他们也做过实实在在的推测,认为物权制度不会像人类生活一般古老。现代法学对罗马法律人的这番说法全盘接受,携带着热望和好奇,越走越远,又伴着热望和好奇,盘算着所谓的自然状态。到此为止,现代法学接纳了大地及其出产物一度是**无主物**的观点。而由于现代法学对自然法青眼有加,它必然不假思索地认为,在人 244
类社会得以构建之前,世人已经进行过对**无主物**的先占行为,于是,以下推论旋即呼之欲出:在历史上,先占之过程就是先民世界之“无主物”成为私产的过程。附议这种学说的法学家或分属各派,若要对他们一一列举,不免让人困倦,也没那么大的必要,因为布莱克斯通即老老实实地展示了彼时的一般观点。他在其书[11]的第2卷第1章对此有过总结。

他写道:“大地和万物都是由造物主直接赐予人类的公产。即便在人类之开端,物之公用性似未及于全体,权利要义除外;亦不可延展至使用之层面。因据自然和理性之法,一人先使用一物的,他当在使用期暂享物权;或确言之,当且仅当占有行为持续的期

---

〔10〕 自然法。

〔11〕 《英国法释义》。

间，他有占有权。由此，大地是共有的，对其之任一部，无人可享恒远的物权；土地已确然为人所先占[12]的，不管是为歇脚，为歇凉，还是其他，他于此期间便取得了某种所有权；以力逐之者，乃是对自
245 然法的不义和反动；然这人一朝停止对先占地之使用的，他人随之而来的占有不应视为不义。”他又继续强词夺理道：“人口繁衍的，当有必要包容为期更长之所有权，令世人独有随时使用之权尚不足，得令其独有该物之权利要义。”

在行文中，布氏找到的论点是，据自然法，地上之物的权利当由**先占人**第一个取得。这段引文用语含混，[13]不免令人生疑道，他对之不甚了然。不过，或出于刻意，或由于糊涂，他将自己的学说加入了限定条件，于是，这学说经此一打扮，泯然众人矣。不少学者因其用语更为精准而比布氏更加出名，他们写道：当于万事万物的开端，先占人享有一项排他而短暂的对世权，这种对世权的排他性维持不变的，将具有永久性。这些人如是说，是为了让自己的学说与下述准则合拍：在自然状态下，通过先占，**无主物**得变成有主物。为达此目标，他们从圣经中抽取史料，推断出，对于其牛羊所及之土地，列位圣祖[14]起初并不打算永久独占。

246 布氏的学说唯一可以直接适用于评价和追问的（层面）是，若是以同等心态展开想象力，其原始社会画卷中的情形有没有可能是另外一个模样。沿着这条检视之道，你我可不无褊狭地发问，为歇脚或歇凉而**先占**［很显然，布氏是在一般意义上使用该词的］[15]某块土地的人可以不受打扰地保有吗？他的力气有多大，保有其

〔12〕 布莱克斯通在此使用的动词是 occupation。作者在后文马上对此进行批评。

〔13〕 尤其是，布莱克斯通把“占有”当“先占”，概念不清。

〔14〕 亚伯拉罕、以撒和雅各。

〔15〕 作者在括号内做如此描述，是想说，布莱克斯通用词错误，这个歇凉或歇脚的人不是“先占”而是“占有”。

占有权的机会就有多大。要是有人先于他来过这块土地，又存了觊觎之心，还掂量过，自己力气大到足以赶走这位占有人，那么，这位占有人很容易常常受到侵扰。有人爱给前述见解挑毛病，这种挑剔毫无理由，就像他们本身的观点无所依托一样。吾辈有希望探究到人类在原始状态下的行为模式，只是无法掌握他们的行为动机。要描绘人类社会初级阶段的情境，首先要假设，今人所身处之情境多可以（从古代社会中）剥离，其次要假设，在我们想象的前述情形下，古人依旧留有现代人所被驱使的情绪和好恶——虽然有以下实情：正是前述情境生发了这些情绪，可是这些情绪即将被 247
前述假定剥离出来。

原始取得说与布莱克斯通所树立的学说具有一定的相似度。萨维尼说过一句法谚，它有时被附会为对原始取得说的姑息。这位了不起的德意志法学家认为，**物权**皆由**对立占有**所创设，对立占有因**时效制度**而成熟。萨维尼这番表述所针对的只有罗马法。要完全理解这句话，当花大力气对其中的用语作出解释和界定。萨维尼称，后人不管如何深入地求索罗马人所接纳的物权观、如何贴近法律的稚弱状态，总不会比所有权中的三要素更深入、更贴近，这三要素分别是占有、占有的对立性和时效。在占有的对立性中，占有是对世的，这种行为虽然未得到他人的纵容，却也不具有依附性；时效是对立占有不受打扰地持续的一个期间。只要想想他还这么说过，你我就可得知，他前面那句话的内蕴已然准确得无以复加。若要阐释起来，这句法谚很有可能比作者所允许适用的范围更具一般性。物权观由各种观念合流而成，在合流之后的法律体系中寻觅和调研的，必定得不出又周全又保险的结论。还有，萨维 248
尼并未附和时髦的物权之原始取得学说，他提出的原理颇有价值，可将你我的注意力引向该学说最弱之要点。在布莱克斯通和他所追随的人看来,对他人独享之物的抢夺,这种行为模式势必给人类先祖的观念带来神秘的影响。其实这并不神秘。物权始于对立占有,这并不算耸人听闻。一个人长得壮实,手持利器,安宁地持有其物,那他就是第一个所有权人,这并不算惊世骇俗。可是,随着光阴的流逝,何以他人会对该人的占有产生了敬意呢? 这番敬意正是人类很长时间内**实际**存在的普遍敬畏感的由来。这个问题超出了今人认识的边界,颇值深入探究。

我们可指望在某一个方位拾得有关物权之远史的三五条信息。在指明这个方位之前,我想斗胆表陈自己的观点:在人类文明的第一台大戏中,先占制度所扮演的角色留给世人一种(舛误的)印象,从而直接颠倒了黑白。世人以为先占是符合自然法的占有,〔16〕这其实是一种人为的假想;而观念认为,先占行为使得先占人被赋予一种对"无主物"的物权,这是亘古已有的特点——这种观念很有可能产生于法学昌明之后,是一条凝练的法则,也是一个既定的(物权取得的)法律要件。而唯有物权获得不可侵犯性之约束力并
249 经过良久检验以后,并在权利客体受到单独所有权的调整之时,就未曾宣告过在先所有权的物,法律才准许第一位占有人因其纯粹占有行为而具有完整所有权。这条准则所生发出来的感受绝不容于在人类文明之初分流而来的所有权观,后者不见于寻常巷陌,亦不具确定感。前述讹误观念的社会基础并不在于人对物权制度的本能亲近,而在于物权制度早已长存于世,于是人就假定**万物宜有其主**。世人以为,奇珍异宝莫不能独占,此乃天理,而就事论事,除开先占人,谁也不能对之享有物权;出于这种想法,对"无主物"——其上**现在没有**浓缩为、亦**从未**浓缩为所有权的物——予以

〔16〕 原文是 physical possession。physical 有"符合自然法"之意。

占有的,占有人得成为所有权人。因为人假设万物皆有其主,又因为谁也指不出比所有权更美好的权利,故,简言之,先占人得成为物主。

就我们一直在谈论的人类自然状态,即使提不出其他反对意见,至少还有一条,即我们所掌握的真切佐证与前述描绘的景象差 250
之远矣。可以看到,前述学理所推想之行为与动机都是**个人**的行为与动机。签署**社会契约**的是**个人**,他为的也是他自己。据霍布斯的学说,社会是运动的沙丘,个人就是沙粒,沙丘要变成石头,须由一体的力学定律加固之。据布莱克斯通描画的图景,"先占一寸之地的,不管是为歇脚,为歇凉,还是其他",为此先占[17]行为的正是**个人**。在对待**个人**的问题上,罗马人的自然法思想与实在法大不相同,其自然法思想为了人类文明(的进步)而鞠躬尽瘁,将个人从原始社会的威权之中解放出来。罗马人的自然法思想传至后世,残缺了,颜面丧尽。这里又要重述一次,古代法对**个人**观念几乎一无所知。它不关心**个人**,只在意**家庭**。它不关心个体,只在意群体。即便**国家**法成功地渗入了亲属的小圈子——它原无此意——很有意思的一点是,它看待个人的眼光与人类文明成熟期的法还是不一样。公民之寿夭不囿于生生死死;他不过是其先人之存续的载体;他有了儿孙的,自己也能万寿无疆了。

要区分罗马法上的人法与物法当方便之至,不过,学界之结论 251
已臻完备(我就不多说了)。很明显,就对眼前之论题的探讨,这种区分会将我们引向歧路。在世人认识到**物法**(之价值)时,早将**人法**探讨之心得忘诸脑后,也不去思忖,**人法**已得确实,故当从人在原始境遇里的实情中觅得暗线,以知物权法、契约法和侵权行为法

---

[17] 作者已经指出,布莱克斯通此处用词错误。

的本源。当然,若我们只是面对单纯的古代法,只尝试将罗马法上的区分方式适用到古代法之上,还将是一场空。因你我马上就会发觉,在古代法中,将人法和物法予以区分毫无意义,这两大部门法郁结杂混,后世法学家的二分法只适用于后世法。本书的前部已言明,**先验地**看,若将注意力限囿于单独所有权,[18]你我很有可能抓不到物权之远史的明线。共有很可能是古制,而单独所有却不是。正是家庭所有和亲属所有的物权形态才能真正给我们以启
252 发。当于此,罗马法无法为你我启蒙。有一种观念正是由自然法思想变形的罗马法遗赠给现代人的,他们以为个人单独所有是常态,集体共有只是这种通则的例外而已。不过,要找到原始社会失落的制度,有一个社圈是人当留心检视的。印欧语系的一支在印度已日久生根,这个制度在他们之中嬗变无端,而迄今为止,不管变化多大,鲜见他们全然丢弃其所出之壳。我们无意中发现,印度人之间确实存在一种所有权形态,这当立即吸引我们的注意,改变我们在研习**人法**时就物权之原貌所持的看法。第一眼看去,印度的社圈是一个有序的父权社会,也是共有人的一处集合地。他们之间的人身关系与各自的物权关系杂错而生,难解难分。英印地方机关人员若要尝试将这两者分开,或会酿成大错。村社源远流长,
253 研究印度史时,通史也罢,地方志也罢,不管向哪个方向用力,村社都在其进程之最远端。就村社之本性和源头,尽管才华横溢而洞若观火的绝多学者并无理论撑腰,但他们均能认同到,村社之社会肌理受损无几,习惯绝不向革新低头。异族入侵和社会革命肆掠,却没能扰乱之,取代之。在印度,最富效益的治国方略常常承认村社为其管理基础。

---

〔18〕 对应于家庭所有权。

成熟罗马法和伴随罗马法的苏醒而来的现代法都认为,共有是物权的例外而罕见之情形。西欧这条法谚即清楚表明了此类观点:**人不愿者,不得强其共有**。[19]而在印度,物权观念的顺序被翻转过来,可以说,单独所有总是倾向于转化为共有。本书对此过程已有提及。[20]男婴甫一出生,便对乃父的财产享有既得之利益。法律甚至会偶尔准他长到任意年齿时主张分割家产。不过,即便乃父身死,实际分割之情形也不多见。经过了一辈又一辈,虽说每一辈 254
的每一人对未分割之财产的每一份额都有其合法权利,但财产本身却雷打不动,维持不分的状态。于是,就这般家产,他们有时会推举一个人进行打理,更普遍的情形是——有些省份一直如此——财产的打理人是年龄最大的宗亲,即亲等最近者中的年龄最长者是财产权的代表人。这般共有人之整体,即一帮共有同一份财产的亲族,便是印度村社的至简形式。不过,村社不仅仅是亲属的血缘关系,也不仅仅是参伙人的联合。它乃是一个架构分明的社会,除了经营共产,它还配备各个岗位的公职人员,以为内务、警务、法务、税务、公务等工作,面面俱到。

前面描述的是村社形成的典型过程。我们不应认为印度的每一个村社都以这般简陋的方式聚合而成。尽管文献常常显示,在印度北部,所有的村社都单纯由亲属组成,但资料还显示,外姓人
也时不时的被嫁接上去,在一定条件下,共产之份额的买受人一般 255
也可被纳入亲属之列。在(印度)半岛的南部,村社不是由一个、而是由两个或以上的家庭生发而成;还有一些完全是拟制而成的,有时候,在同一村社之中,种姓不同的人要能群居,必须假定他们拥

〔19〕 作者分别用拉丁文 *Nimo in communion potest invitus detineri* 和正体的英文 No one can be kept in co - proprietorship against his will 表述之。

〔20〕 第七章。

有共同的血脉。在同一先祖之亲属关系的问题上，他们或者维护传统，或者进行拟制。芒斯图尔特·埃尔芬斯通[21]专门写过印度南部的村社问题，他是这样看的[（见他的著作）《印度史》，1905 年版，第 71 页]："一般认为，村社的地主都是一个或多个曾经定居于此的人的卑亲属；唯一特殊化的是，通过从原社民手上收购土地，或通过其他方式，有些人继受了权利，得以入社。有一个实情可以确认前述看法，即在小村落，土地所有权的主体仅仅是家庭；[22]在大村落，这种情形倒并不算多；可是每一个家庭都要开枝散叶，社民就太多了，于是，地主自己就能干完所有的农活，不需要佃户或雇工去帮他。地主的权利是合有的，虽说他们常常精准地分了家产，但从没分彻底。地主可售卖或抵押其权利，不过要先征得村社
256 的同意。买受人不偏不倚地踱入他的位置，承担他的全部义务。门户灭绝的，其份额将复归于公产。"

我相信，本书第五章的若干想法对读者理解埃尔芬斯通的话中之意有所裨助。除非借用法律上的拟制工具，令古制别于本性，活脱起来，顺应社会，否则，古代社会的制度不可以存留至今。故村设未必一定要由亲属组成，它**或者**是由亲属组成，**或者**是由一群共有人以亲属组织为模式而组成。很明显，不能拿这种组织与罗马法上的家庭相比，而应与罗马法上的宗族或氏族相比。宗族也是按家庭的模式而成的群体。透由多种拟制工具，宗族成为扩大版的家庭。宗族的本质在古时候就失落了。在历史上，其两大特征正是埃尔芬斯通在描述村社时所提及的。（其一，）宗族和村社都是对共同先祖进行拟制，这一类拟制有时候与实情出入很大，因

---

[21] Mountstuart Elphinstone（1779 ~ 1859），苏格兰政治家和历史学家，曾任孟买总督。

[22] 他是以家庭这一单元而不是家长作为地主来表述的。所以后面说"门户灭绝的，其份额将复归于公产"。

此名声很不好听;(其二,)重复这位历史学家的话,“门户灭绝的,其份额将复归于公产”。据古罗马法,无人继承的遗产当复归族亲。研究过印度史的人都起了疑心,与宗族相类,村社的纯洁性因 257
其对外乡人的接纳而玷污,不过,此时还不能确定他们具体的接纳模式。如埃尔芬斯通所言,经亲属同意,他们承认买受人的地位,于是,借了这种方式,外乡人得以吸纳进来。不过,被纳入之成员的所得也要符合概括承受的本质;就他所买入的份额,他也要承担出卖人对集体所负之义务。他就是**家产买受人**,一旦开始蹿入出卖人的位置,就要穿上他的法律外衣。吸纳他需要得到亲属的全体同意,这不免点醒你和我,就收养之立法、遗嘱之确认等事项,古罗马人剑拔弩张,坚称必须经过库里亚大会的同意,而库里亚大会是自封为同宗的扩大版家庭的议事会,是古罗马社会的一个组织。

从印度村社的每一条特征中几乎都可以找得到古老的印记。我们疑心,在法的稚弱状态下,共有制普遍适用,人身关系与物权杂糅而处,公共职责与私法责任混沌不明,这些都是其特征。对此我们可以条陈诸多理由,但,即便在世界其他角落查询不出类似的复合型社会结构体,我们仍当心平意正,从这般所有权关系中推出 258
许多重要结论。不过,欧罗巴彼部的一组类似现象近来引起了学界相当大的好奇心,这部分地区受到物权制度封建化转型的影响力微乎其微,而就许多重要层面,其与东西方的亲密程度不相伯仲。M. de Haxthausen、M. Tengoborski 和其他人士的研究结果表明,沙俄之村落的形成并非因缘际会,亦非因契约而组建,乃是自然形成,即如印度之村社一般。理论上讲,沙俄之村落一般是上等人所有的遗产,长久以来,耕夫在土地所有权关系中已变成领主的农奴,他们对领主同时也有很严重的人身依附性。这些都是实情,可是,村落的古老机制并没有被前述上级所有权所压垮[23]。沙皇创立了农奴制,他的真实意图有可能是为了防止农民[24]放弃合作之心,从而长久维护古老的社会秩序。沙俄之村落好比是印度之村社的高仿誊本:在村夫之间,宗亲关系也有拟制;物权与人身关系同样杂糅不明;大量人力也自发投入到内部治理事务上。但我们兴味盎然地注意到,二者之间有一个重大区别。印度村社的物
259 权是混沌一体的,但共有人各自的权利却明白无误,他们的权利分派既周全,又永续。沙俄之村落的权利分派在理论上也是周全的,但却是短暂的。指定期间——期间的长短因人而异——届满的,各自的所有权归于消灭,村落之地权又入混沌,根据村内之门户数量在各家之间再度分配。其后,家庭和个人之权利可以再一次衍生出不同的支线,并与之亦步亦趋,直至下次分配时机来临。在奥斯曼帝国[25]与哈布斯堡王朝[26]长期拉锯的国土上,你我找到了这种所有权形态更为新奇的变种。在塞尔维亚、克罗地亚以及奥地利哈布斯堡王朝下的(行省)斯拉沃尼亚,那里的村落之中,人的关系都是共有关系与亲属关系的合一,而该等社圈之内部运作方式又异乎于前述两例。他们的共产既不实际分割,又不具有理论上的可分性。那里的土地一体由全体村民合力垦种,地上所出按年
260 分配给每一家,有时是按需分配,有时则据特定人士对用益权之特定份额之法则而分配。东欧的法学家们考据了这番做派,他们称,在至古的斯拉沃尼亚法中有此原则,即一产不可永分归一家。

---

〔23〕 上级所有权(superior ownership)是封建法上的概念,指代领土的所有权,以区别于封臣的从属所有权。

〔24〕 领主与农奴各安其分。

〔25〕 原文是 Turkish Emipire,它是 Ottoman Empire 的同义语。

〔26〕 原文是 House of Austria,即 House of Habsburg,于 1438 年至 1740 年的神圣罗马帝国所有皇帝都是其成员。其子孙分治过西班牙哈布斯堡王朝、奥地利哈布斯堡王朝和其他国家。作者在此处很可能只指代奥地利哈布斯堡王朝。

太初，财产权似归集体所有，而当于集体**之内**，财产权自有其鲜明的演进路径；前述现象向该路径投射了光亮，因此引起物权远史之探讨者高昂的兴致。我们有十足的理由认为，最初，财产权既不能归于个人，又不能归于彼此暌隔的家庭，而当归于家长权模式下的更大社会组织；所有权之古今转型模式本就艰涩无伦，若不是我们发现和分析了前述几例遗世独立的村社形态，要研究它将更是艰涩。当于印欧语系各个民族之间，对其家长权模式下之社会组织的研究是可行的，颇值得关注他们的内部运作方式。我听说，海兰族的酋长们会频繁地向一家之长分配食物，有时甚至会按日供应。在奥地利哈布斯堡王朝下的(行省)斯拉沃尼亚，以及奥斯曼帝国的行省，善长仁翁也定时向村民配给，不过在他们那里，所配之物是当岁的收获，一年也只分一回。在沙俄之村落，人开始认 261
为财产具有可分性，财产权主张也不受羁绊地生长，不过，持续一段时间之后，财产之分割的进程被骄蛮地拦阻下来。在印度，人认为公用物具有可分性，这还不算，他们兴许就含含混混地搁置了共有财产份额上各自的权利，并继续将彼等份额分割为多个传来所有权；当然，积习会窒碍**实际**分割行为，此外，外乡人未经社民允可的，其**实际**分割行为也得受制。即便物权的演化进程都是以同一方式得以完成，我当然也不会倔强地认为，前述不同形态的村社代表的是其演化进程的不同阶段。现有证据自然不会支撑吾人远行到如是境地，但给我们以底气猜测道，单独所有权从混沌的集体所有权中缓缓剥离，这个过程就是现代的单独所有权得以形成的首要原因。我们对人法的研究结果表明，家庭扩大为宗亲群族，宗亲群族复又分解为独立门户；最终，门户又为个人所取代；到此，我们可以思忖，前述变革的每一步都可对应所有权本质的类似转化。 262
物权原始取得论者常常自我设问，这一问题令他们寝食俱废——

当然,这一问题可能无解——是什么动机让人开始相互尊重对方的物权?若前述思忖果然为真,将波及此问题的根本。即便对回答这个问题不抱希望,我们还是可以将此问题换一个外壳,即一个社会人群会对另一个人群的物权敬而远之,何解?倘若单独所有权之历史沿革的首要途径就是从亲属共有制中缓缓剥离,则我们所探究的主要问题便与横亘在历史法学门槛上的问题一样——人聚而为家庭之社会单元,他们的原始动机是什么?就此问题,没有其他科学的帮忙,法学是没有能力回答的。只有细细审视,才能找到真相。

在先民社会,物权共有的情状与其分割方式的凌厉感相映成趣。在物的特定份额从族群之遗产中彻底剥离出去时,这种分割方式的凌厉感立时显现。此类现象的出现,是由于社会观念认为,(在分割之时,)物权当归于一群新人,于是,当其分割情态下,该事宜的处理过程乃是两个高度复杂之实体的交易过程。古代法解决
263 的是法人实体之权利义务问题,就此品格而言,我已将古代法类比为现代国际法。古代法所知悉的契约行为或物权让与行为,其当事人不是个人,而是具有人合性的社团,于是充满了至高的仪程感;这般行为需要姿态万千的象征性动作和滔滔不绝的象征性语言,以在全体交易参与人的脑海中留下印记;这般行为还需要冗多的见证人到场。有了这等乖戾感及其附带的怪诞感,古时候的物权法千人一面,品性硬生。在有些地方,家庭之遗产绝不可出让,如斯拉沃尼亚;更普遍的是,转让行为说不上绝对非法,在实践中却几不可行,如日耳曼族多要求转让行为得到茫茫之众的允可。就算不需要大家同意,或者取得了大家的同意,转让行为本身还要背负交易仪程的压迫,哪怕是疏漏了一个细节,也别想安全过关。古代法不留情面:不能少一举手,少一投足,即便它是匪夷所思;不

能漏一个音节，即便其含义已被遗忘；不能缺一个见证人，就算他的说辞无关紧要。全体参加人必须有板有眼地演完全套动作，这个仪程方见得正经八百，倘非如是，转让行为无效，出卖人本图蠲弃权利，还是徒劳，权利复归己身。 264

哪怕是有了一丝灵动，社会也旋即感受到，使用权和所有权之客体要实现自由流转，难处所在多矣。社会要进步，必得找到变通之法，以逾险阻，而这变通之法当是物权制度变革历程中的一大要素。当于其中，有一道变法古香古色，普适四方，应先予重视。众多原始社会组织中自觉产生了一种观念，要把物分成不同的种类。人将其中一类物的郑重感放得更低一些，使之从老思想施加的枷械中脱释。于是，世人开始承认，用以调整前述低级物之流转和继承的法则最是顺手，此外，他们对郑重感稍低之有价物的品类加以锻造和创新，当此过程中，该创新手法又传导至传统的高级物之上。古罗马物法的演化史就是要式转移物和略式转移物同质化的历史。欧洲大陆物权法的演化史就是罗马法化之动产制度推翻封建化之土地制度的历史；英格兰所有权制度的演化尚未完结，但是很显然，动产制度扬言要吞并和消灭不动产制度。 265

将所有权的客体分为动产和不动产，是唯一**自然的**分类方法，也是唯一反映其本质区别的分类方法。此法在法学上比较常见，它其实是罗马法晚近才发展出来的，我们从中继受了这种二分法，并将其适用到现代法中。古代法上有时候也会搞一套与之表面类似的分类方法。古人很偶然地将物分为不同的类别，又将不动产归于一类；可实际情况是，他们或者将与不动产无关的许多物放入不动产一类，或者又将这些物与其高度的权利关联性相剥离。故此，罗马法上的要式转移物不仅有土地，还有奴隶和牛马。苏格兰

法将土地和一种可继承财产担保物[27]并列为一类。印度法将土
地与奴隶并举。英格兰法别有洞天,它将土地的定期租赁权[28]从其
他土地权益中分立出来,又将其并入动产之列,置于属地动产[29]
之名下。更有甚者,古代法上的这种二分法是一种暗示孰轻孰重
的分类法;仅就罗马法而言,至少动产和不动产的区分无涉郑重与
266 否。不过,要式转移物却重于略式转移物,苏格兰法上的可继承财
产和英格兰法上的不动产重于它们的相对语动产。各个制度的法
学家披肝沥胆,奋力要将这种分类法与某种通俗的原理联系起来。
在法哲学中寻找前述分类的理由是徒劳的,理由不在法哲学之中,
而在法律史之中。实例再多,一个解释就能管住:相较其他的财
产,所有权的客体受到更高礼遇,是由于它是人类所知的第一种财
产,因此,古人严阵以待,郑重将其命名为**财产**。换个角度讲,有些
财产不在人类爱宠之列,地位较低,因高下已判,其价值到后世方
为人所知。起初,它们颇不常见,人多不识,用处有限,或被以为是
上等物的从物。故罗马法上的要式转移物虽说包括诸多值钱的动
产,但人却不许价值连城的宝石位列要式转移物之属,就因为罗马
人从前不识货。同理,英格兰人将属地动产降格至动产之列,因在
267 封建法下,这般土地既不多见,又不值钱。我饶有兴味的是,后来

[27] 原文是 securities。从本段下文作者提到的苏格兰法中的"可继承财产"可看出,作者在这里当是简写,实为 heritable security,即可继承财产担保,"在苏格兰法中,它指在可继承财产上所设立的不动产担保"。所谓可继承财产(heritable property),是指"在所有人死亡时将其未加分割地交由死者法定继承人的财产"。参见《元照英美法词典》第635页的解释。

[28] 原文是 lease for years。在一定年限内,出租人将土地或其他科出租之世袭产的占有权和使用权授予承租人,承租人通常同意在每一特定周期届满时,向出租人缴纳金钱或其他任何形式的租金。《元照英美法词典》第810页。

[29] 原文是 chattels real。属地动产指产生于土地、建筑物等不动产上的权益。普通法将此种权益归属为动产,是因为这类财产在所有人死亡时转移给该死者的遗产代理人,而不是转移给其继承人。在英格兰,自从1925年《遗产管理法》颁行后,这种继承处理上的区别已经消失。

这般土地的重要性与日递增，数量亦繁多起来，缘何其地位还在原地踏步？它们何以不能与其他所有权客体首尾相接，一体受宠？其中一条理由是，古代法冥顽不灵，坚守（旧的）分类法。粗人和先民有一个通病：他们只懂得适用熟悉的通则，而不思变，也无力将晨昏所见之特例与通则隔离开来；据此，即便新物可以成为所有权客体和权利客体，[30]具有高度相似性，他们也不情不愿，不想为其正名，以囊入脍炙人口的物属。（世人如此观念带来的）影响力如法律本身的力道一般敦实，压制了物之分类。不过，后世又有多股力道加入，这般力道却与启蒙运动的进程和自利选择观[31]去向一致。司法官和法律人如梦初醒，意识到特定物权的流转需要履行诸多仪程，碍手碍脚；他们不再情愿用具有古代法特色的专门镣铐去拴住物的这般新性，所以，在法律运作上兴起一种措置之道，让低级物的地位原封不动，允可其转让程序更加简易——在古代法上，善意行为也罢，欺诈行为也罢，转让程序总是想绊住它们。现 268
代人或处于险境，低估了古代法上让与程式是何等碍手碍脚。现代的转让工具是文书，自有刀笔吏全盘通查，他们用语精准，无甚疏缺。古时之让与，凭的不是文书，乃是**言行**。举止和说辞取代了文书中的术语。要是说错了规定的话，少做了具有象征意义的动作，程序当无效，其后果之重，相当于，在两百年前的英格兰法中，契据里要是根本写错了土地的用益[32]或是余产

---

〔30〕 原文是 subjects of right。它有两层含义，第一层指权利主体，第二层指 objects of right。参见《布莱克法律大词典》（第 8 版），第 4470 页。Object of a right 是指权利客体。《布莱克法律大词典》（第 8 版），第 3405 页。

〔31〕 还在说边沁。

〔32〕 原文是 use。一种土地管理、保有方式。其基本结构是，甲为丙及其继承人的用益而将土地移转至乙及其继承人。其中，丙及其继承人为保有地受益人，乙及其继承人为用益受封人。《元照英美法词典》第 1388 ~ 1389 页。

权,[33]这契据当归于无效。其实,古礼对世人的捉弄我还只陈说了一半。若只是在**土地**转让中方才需要繁复的让与程序,书面性的也好,言行性的也好,既然世人并未任性地蠲除这种财产的转让仪制,当不会铸成大错。可是,古时候的高级物不但有土地,还有三五种最寻常和最值钱的动产。一旦社会之轮加速碾过,牛马以及彼时最为昂贵的动产——奴隶——之转让模式还是那么艰深,当给人带来大麻烦。世人当常常甚或天天为这般物的转让行为,而其仪式肯定不周整,于是乎,物的持有人无法名正言顺。

269 罗马法上的要式转移物有土地——历史性地看,当是意大利的土地——奴隶、役畜,如牛和马。可以肯定,这一类物都是农业生产工具,也是对先民意义最大的用品。我认为,这般用品是在此时首次被凛然称为**物**或者**财产**,而其转让行为方式叫作要式买卖;不久,它们有了别致的姓名"要式转移物",即"须有要式买卖的物"。此刻,在要式转移物的隔壁,另一种物已经堆积起来,它们越积越多,而世人不以为然,不对它们搞要式买卖那一套程式。这一
270 类物在物主之间不停换手,于是,仪式的一部——实际交付,实体移交,或曰**让渡**——便足矣。它是所有权变化的最明显标志。这些物就是古代法上的略式转移物,即"无须要式买卖的物"。刚开始,略式转移物值不了三五个钱,常在权利人之间流转。不过,一旦要式转移物的名分已定,覆水难收,略式转移物便无限扩张起来。人在对物质世界的开拓过程中,不是在增添新的略式转移物,便是在改造旧的略式转移物。于是,略式转移物不知不觉地与要式转移物等量齐观,它们给人的先天不足之印象便烟消云散了。人开始留意到,在交易过程中,教之诸般牵牵结结而神神叨叨的仪

---

〔33〕 原文是 remainder。指在设定有期限的先行地产权时,同时产生的由第三人将来享有的剩余部分地产权,在前一地产权终止时生效。《元照英美法词典》第 1176 页。

式，略式转移物的简易程序好处多多。由于罗马法学家兢兢业业，法律用以改善社会的两种工具，法律上的拟制、衡平法，令交付的实际效力及于要式买卖；要想仅凭交付就在要式转移物上达到物权即刻转移的效果，立法机构对此还是踟蹰不前。不过，终于大胆前行一步的人是优帝。在他的法统里，要式转移物和略式转移物的分野消逝了，交付成为一种合法的物权让与行为。很明显，罗马法学家一早就偏爱交付之概念，他们在其学说中为其设了一席之地，而正因如此，罗马法的现代门徒被蒙蔽了历史真相。罗马人将交付列入“自然”取得模式之属，有两方面的原因：一是意大利各氏族普遍适用；二是它是一个至简程序，透过它，能实现交付之目的。若是罗马法学家的观点可以变成铅字，他们毫无疑问是要说，交付符合自然法，它比要式买卖更为远古，是**文明社会**的惯行。毋庸多 271
说，这种看法正好与事实相反。

人类文明要多谢要式转移物和略式转移物的分类方法，这种分类法将混放的众物一分为二，令少量物原地不动，自成一类，而将其他物件减等为一类。因了世人的鄙弃和轻贱，低等物得以从古代法所恣情的懵懂议程中解脱出来；而至人类开化到一定阶段后，低等物粗陋的流转方法已得到社会的允可，并因其便捷性和简约性，它成为一种模式——从古风中继承而来的高等物流转方法缚手缚脚，有板有眼，被这种模式所鞭挞。不过，在有些社会，财产权被捆缚得很是缠绕，很是紧致，使用前述简便方法还是不好给它松绑。我已经讲过，在印度，男婴一旦出生，便对其财产享有完全的权利，财产权转让的，须经过他的同意。同理，日耳曼族人也有此通例——貌似盎格鲁—撒克逊人是个例外——男童不同意的，禁止财产权的转让。斯拉沃尼亚人干脆不许财产权流转。由于这 272
般难处延展到所有的物，所以，即便对物进行了分类，这般障碍还是没法克服；相应地，古代法一旦已经开始演进，便与前述障碍打了一场遭遇战，此时它使用了另一种性质的分类法，不根据物的性质，而根据物权的来源进行分类。在印度有两套分类体系，他们对**继承物**和**取得物**的区分法正好可以为我们在此处探讨之分类法予以辅证。稚子一出生，便对父亲自己继承而来的财产享有权利份额；不过，在多数省份，终其一生，孩子的取得物都归他自己，他只要乐意，便可让与。罗马法中亦有类似的分类法，他们很早就在家长权制度上有所创新，在服军役时，家子但有所得，均归己身。不过，这种分类法在日耳曼人中用的最广泛。我已反复表达过，虽说**家产**在理论上绝不可流转，但艰难险阻再大，它也得以普遍流转；此外，它的流转对象也只限于宗亲。由此，社会观念开始承认许许多多的分类法，以消灭与家产如影随形的麻烦。譬如说，**赔命价**是
273 亲族遇害后的一种抵偿金，它在日耳曼法中分量很重，却也不与属家产之列，并依照一套全然有别的继承制度得以流转。〔34〕与此类似，孀妇再嫁时（向其新夫）收取的**转嫁费**〔35〕也不归于收取人的家产之属，在其流转制度下，（收取人的）宗亲无权受领。〔36〕印度法也

〔34〕“布鲁纳指出，赔命价和财产继承是完全不同的两种制度。首先，权利人往往可以在取得继承的同时对赔命价提出主张，因为赔命价不属于死者遗产的范畴；其次，根据弗兰德尔的法律文献，赔命价一般适用犯罪地法，而继承则需适用死者的属人法；再者，在各部族法中，赔命价和财产继承之间最明显的差异即是否有‘一般亲族’参与分割。布鲁纳进一步论述道：“无论是撒克逊，盎格鲁—撒克逊，弗里斯兰，萨利安—法兰克，甚至是北欧的日耳曼人那里，赔命价都是被分成两部分，其中之一当然是由死者的最近的亲属（继承人）独占，其余的则由死者的‘一般亲族’瓜分。”参见高仰光：《论日耳曼法中的赔命价制度》，载《比较法研究》2006年第3期。

〔35〕原文是 reipus。新夫严格遵守仪式的，支付3索里达币（中世纪欧洲货币单位），而未能遵照适格之仪式的，当支付60索里达币。引自 Emily Faithful，*Victoria Magazine*，1866，Vol. 6，p. 205。

〔36〕收取人的顺位是：姨侄子中的最长者、姨侄女中的最长者之子、姨表姐妹之子、舅父、先夫之兄弟（除非他不是先夫的继承人）、先夫之兄弟的下一顺位继承人。

同样区分家主的取得物和继承物，允准他更加自由地进行取得物的交易。他们还有其他分类法，其中就有一种大家熟悉的对土地和动产的划分；而动产又有好几个子类，每一类的转让法则各个不同。作为罗马帝国的征服者，日耳曼人鄙陋不堪，而他们对物的分类法如此花团锦簇，殊为惊奇。可以肯定，他们在罗马人的地界上长期客居，其法律体系吸取了大量的罗马法元素，这就能解释，为什么日耳曼人的分类法后来如此丰富。就**家产**之外的财产，我们也很轻易就探查到诸多流转法则，而其源头就是罗马法，并在悠远的时空中，他们一直在零零碎碎地借用和进口罗马法。为克服物之自由流转的障碍，日耳曼人献出了诸多良策；他们的计谋之多，当胜出障碍本身；至于胜出多少，我们连蒙猜都不会，因为他们的分类法没能传世至今。正如我之前阐释的，家庭所有的财产权形 274
态已全然失落于封建法之中，一旦封建制度臻于巩固，西方社会众多的分类法只剩一个硕果仅存，即土地与动产之分、不动产与动产之分。从整体上看，这种分类法与罗马法最终所认同的一模一样，可中世纪的法又独树一帜，认为不动产比动产更应郑重对待。此乃彼人之伎俩。一个范例就足以抓住其要害。欧洲绝大部分国家的民法都是以法国民法典为基础建立的，在所有这些国家中，有关动产的法律均是借用罗马法的，都已经取代和废黜了封建土地法。英格兰是唯一的例外之国，它虽已在转变，但这等重要转变并未完成。在此多说一句，有一种影响力曾导致动产从自然所容忍的唯一物[37]中分离出来，而在英格兰，同一种影响力却阻断了这种分类法。一言以蔽之，英格兰法上的分类法也是土地和动产；但有些

〔37〕 土地。

275 传家宝[38]和土地被归于一类，而由于历史的原因，某一类土地权益却被归于动产。英格兰法老是于法律史的主流之外特立独行，老是重现古代法，前述实例绝非唯一。

本书之旨趣只允准我涉足古制，而在此前提下，我接下来还要考察古人所施之一二良策，且看他们的物权如何从古法之桎梏中胜利脱身。关涉其中一个良策之时，有必要驻足片刻，因现代法学步调缓慢而费尽思量，终于承认了某一条法律原理，你我很难劝服不熟悉古代法律史的人士，在法学的稚弱状态下，古人对该原理并不陌生。现代法上的时效制度乃由罗马法上的时效取得演化而来。时效取得根骨良益，可是，当于一切法的一切原理，现代人采纳和认可其法律后果的心态之迟疑，无出时效取得之右者。这是罗马法上最远古的一条实在法法则，更古于《十二表法》，其含义是，一物于一期为人占有而无间断的，占有人得为物主。对占有期间的要求十分短促——也就一两年——据物的性质而定；而占有
276 行为之开始也需有特定的方式，以使时效取得之施行得到认可；不过，我认为，较之你我从今人之典籍上所知，在古时候，要将占有转为物权，其条件更为宽松。正如前言所述，就这种人对**事实上的**占有存有敬畏之心的现象，我根本不相信法学可以单独解释起原因。不过。我很有必要说明，因为后人在学理上疑窦丛生，举棋不定，故现代法在接纳时效取得制度时不免磕磕绊绊，但原始社会采纳它之时，却无此等磕绊。现代法律人看待时效制度时，先是烦厌推拒，后才勉为其难，予以认同。一般认为，好几个国家，包括英国，

---

〔38〕 原文是 heir – looms。通常指家庭几代相传有重大感情价值之物。在英格兰古法中，一些虽可能为动产但在目的和性质上与动产相悖的物件，根据特殊的习惯，应同不动产一起由继承人接收，而不给予遗嘱继承人，也不能通过遗嘱进行处分。它们常常是一些珍品，或是保有土地、荣誉、地位等的象征物。这些东西代代相传，一直保留在家中。《元照英美法词典》第 632 页。

都简单粗暴地明令禁止一切基于不法行为[39]的行为，在某朝初年[40]之前的一段时间，不法行为一直在遭遇白眼，国家立法长久以来都拒绝往前推进；这种情状持续到中世纪的尾声，而直到詹姆士一世登上英格兰王座，我国才真正有了一部制定法，用以限制（而不是禁止）某种难看的不法行为。欧罗巴的法律人当然是时常翻阅罗马法上三五个闻名遐迩的篇章之一，[41]但要照搬过来，现代人却踌躇不前，这要归咎于教会法的影响力。教会法由基督教习惯法脱胎而来。基督教习惯法认为权利总是圣洁的或具有准神圣性，于是，自然而然，这些习惯法认为，它们赋予（俗人）的权利不管弃用多久都不会失却。这般神法后得以巩固（而成为教会法）， 277
并据前述观点而旗帜鲜明地抵制时效制度。教会法由任职僧界的法律人所托举，并成为彼时俗界立法之样板，所以，教会法命中注定要对世俗法的精神施加特别的影响力。横贯欧罗巴，相较于罗马法，教会法赋予习惯法的明确规则确实少了太多，但诡异的是，教会法在要害问题上向法律人传达了诸多偏颇的观念，于是，当于欧陆国家各个法统的演化进程中，教会法的导向得到稳步增强，其中一个导向就是对时效制度的反感。不过，若是教会法与世俗法学派那帮学究的主义格格不入，我就不能判定这等教会法导向力是否威风如昔，因这学派认为，不管现实立法偏向何方，不管一项**权利**弃用多久，都是客观不灭的。这般思想状态的余孽尤在。只要世人对法学的探讨态度是实诚的，他们定要热火朝天地争辩时效制度的学理基础；有一个问题还是让法兰西人和德意志人饶有兴味：一个人若是脱离了对物的占有达三年五载，并被褫夺了物

〔39〕 原文是 wrong。作者在第十章会谈到，在古时候，不法行为包括侵权行为和犯罪行为。

〔40〕 斯图亚特王朝初年，即 1603 年。

〔41〕 时效取得制度。

278 权，这是法律对其粗心的惩戒，还是由于法律亟欲**息讼**[42]而单刀直入地进行的干涉？古罗马的社会观念可没有这般踟蹰。他们的原始习惯是，在特定条件下，只要人脱离对物的占有达一两年，其所有权便被拿走。时效取得的原始旨趣何为，这个真不好说；不过，我们从文献中发现，对时效取得的限定条件与该制度本身如影随形，而物权让与行为在制度上可谓臃肿，[43]时效取得是一道助益良多的屏障，可以抗击它的荼毒。为达时效取得之效果，对立占有应始于善意，即占有人认为自己正在合法地取得物权，此外，物至少当透由法律所认可的方式转让与他，即使在特定情形下，这般转让方式并不能赋予他完整的物权。因此，在要式买卖中，即便当事人在走过场（而导致物权转移不生效力），只要有交付行为，晚不过两年，时效取得就可以祛除所有权上的斑点。就罗马人对时效取得制度的实际使用情况而言，我没听说过他们强烈支持过自己天才般的创举。英格兰的法律人也曾经被同样的困厄所缠绕，迄
279 今没能摆脱。以英格兰法之繁杂，他们既没有胆子又没有本事去重新整顿，所以，实际权利常常游离于法定权利之外，衡平法上的所有权常常游离于普通法上的所有权之外。但是，在法学家的改造之下，时效取得制度供应了一个自我运作机制，故所有权上的斑点永远循于被祛除的过程之中，又，所有权须臾分崩离析的，于电光火石间又得粘合。时效取得制度在优帝改革之后方失却其优势。而一旦衡平法与普通法水乳交融，罗马法上不再以要式买卖为物权转移方式，古人就没必要再施良谋了，于是，时效取得制度经历了漫长的历史岁月，变成了时效制度，最终几为所有现代国家的法所接受。

---

[42] 原文是拉丁语 *finis litium*。

[43] 要式买卖议程繁复。

与上策目的相同,古人还施了一策,接下来我就来简述之。它并未在英格兰法律史的开端即现身,但在罗马法上却远古得很,年代已不可考。有一些德意志的罗马法学者认为,它比要式买卖更为古老,他们其实不甚了然。它还给英格兰法的类似制度借过光。我要讲的是拟诉弃权[44],这是在普通法院[45]为待转让之物而为的串通弃权之诉。原告根据一般的诉讼方式对诉讼标的提出主张; 280
被告未出庭;自然,财产权被判给原告。用不着我提醒,英格兰法的前辈对此伎俩无师自通,还搞出了鼎鼎有名的拟诉弃权法,[46]它对打碎封建法沉重的脚镣居功至伟。罗马人和英格兰人的变通之法大抵相同,互为印证,不过还是有以下不同之处:英格兰法律人的目的是将财产权上本已有之的麻烦抹去,而罗马法学家为防止物权本身惹来麻烦,想出了一种物权转让替代模式,以使搅局的(要式买卖)模式无从指责。虽说这种手段是在普通法院体系运行稳定之后自己生发出来的,可它还归于原始观念的统领。在法律观念推进到一定境界后,法院会认为串通的诉讼是对程序法的滥用;不过,总会有一个时期,在串通诉讼严格合规的情形下,法院从未幻想过看得更远。

普通法及其诉讼程序对物权施加了广泛的影响力。这个论题过于宏大,超出本书的维度,会引领你我下溯整个法律史,并与本书的主旨不相协调。但我还是想说,对物权和占有进行区分是重要的,我们还是要将前述影响力归功于前述重要性——但不是归 281
功于这种区分本身,因[套用一位英格兰籍的罗马法学者所言]对一物可以行使的法定权利有别于实际权能,而这恰恰等于物权有

〔44〕 原文是拉丁文 *Cessio in Jure*。

〔45〕 原文是 Court of Law。它既指一般意义上的法院,也指狭义上与衡平法院相对的普通法院。

〔46〕 原文是英语 Fines and Recoveries。

别于占有——在法学上,这种区分的重要性非同凡响。研修和受教于法律文献的人一般都博闻强识,他们明白,罗马法学家对占有之用语一直使人稀里糊涂。事实证明,萨维尼是天纵奇才,他找到驱散谜团的方法。其实,罗马人所引入的"占有"一词为一团氤氲之气所笼,其意义轻易不可言传。从其词源上看,其原义是实在接触,或指,人但凭适意,可一再为此实在接触;可在实际使用中,其含义不好命名,它不仅指实际留有一物,还指,以据为己有之意而实际留有一物。对此,萨维尼与尼布尔一脉相承,他推想道,这等异象定有其唯一的历史缘由。他指出,通过缴纳象征性租金,罗马本土的贵人成为绝大部分公地的土地保有人;根据罗马法的观念,他们刚开始仅仅是占有人,后来就成为存有守卫土地、赶走一切来
282 者之心意的占有人了。他们提出的主张就跟英格兰的教会土地保有人一模一样。他们承认自己在理论上只是祖国的不定期地产保有人[47],可是,他们又据理力争道,自己已然不受惊扰地占有和使用[48]了一段期间,故他们对土地的保有大器晚成,为一种所有权,因再次分配土地而驱赶他们的,是为不义。权贵保有之事实与其主张一旦关联,便对"占有"一词的意义产生了永久的影响力。若是有人驱赶保有人或是以干扰相挟,他们唯一的法律救济手段便是占有令状。[49]占有令状一种简易程序,或是裁判官为保护保有人而为的一种设计,或据另一种理论,古人借占有令状来维持临时占有之状态,并对其法律权利问题听候发落。故我们可以理解,以**自有之意**而为占有的人都有权主张占有令状。透由一套高度拟制

〔47〕 原文是 tenant - at - will。

〔48〕 占有和使用之表达对应的原文是 enjoy 一词。

〔49〕 原文是 Possessory Interdict。

的诉讼程序[50]，占有令状被铸成一个模子，正好套在庭上，用来对付占有主张的吵闹不休。一场社会运动由此登台。恰如约翰·奥斯丁先生所言，这一幕后在英格兰法中完全重演。比之物权诉讼 283
的拖拉与纠结，**所有权人**[51]都喜爱占有令状程序的简单与痛快；他们认为，所有权理所当然涵盖占有权，故还想通过简易程序取得占有救济，达到恢复占有之目的。他们不是占有人，却是所有权人，法律赋予他们返还所有权的这般（选择占有令状进行诉讼，而不是所有权返还之诉的）自由。起初，这种自由是好事一件，最终却严重破坏了罗马法和英格兰法。罗马法上的占有制度之所以微妙，就因为这种自由的存在，而正因如此，罗马法的颜面受到了损害；在英格兰法上，由于法律不当地适用了土地返还之诉，这般诉讼后陷入绝望的乱境，再后来，英格兰法创立了一种壮举性的救济手段，[52]终得戡乱。人都相信，英格兰法废掉不动产返还之诉已近三十载，社会总体向好，不过有些人对法律本身的协调性十分敏感，他们叹惋道，我们没能净化、提升和简化真正的所有权之诉，反将其牺牲掉，换成了驱逐占有之诉；通过一种法律上的拟制手段，驱逐占有之诉为整个英格兰的土地返还制度奠定了基础。[53]

由于管辖法院的不同，普通法开始有别于衡平法；正是通过此种区分，司法官力助（英格兰人）形成和修正了所有权观念。衡平法上的所有权之保有争议仅受御前大臣法庭的管辖。在罗马法 284
上，裁判官告示引入一条簇新的原则，它托伪于一项承诺，称在一

---

〔50〕 见作者在下一段的细述。

〔51〕 作者同时用英文 proprietors 和拉丁语 *domini* 表述之。

〔52〕 指驱逐占有之诉。

〔53〕 本书首版于 1861 年刊出。到 1875 年合并普通法和衡平法，这种诉讼形式也被取消。

定情形中,可受理(当事人)走一套特定的诉讼程序;相应地,就善意[54]所有权或称衡平法上的所有权而言,现在就有了唯一的保护救济手段,其法源就是裁判官告示。为避免普通法或市民法上的所有权人蹂躏衡平法上的所有权,两套体系各有其保护机制,它们不尽相同。在英格兰,衡平法上的所有权能够独立,得亏御前大臣法庭所签发的禁制令。在罗马法上,市民法和衡平法虽远未合并,乃由同一个法院管辖,不需要禁制令之类的东西。既是如此,衙官采取了一个更为简单的法子,若是一物在衡平法上属于他人,而市民法上的所有权人提起物权诉讼的,他便拒绝受理。其实,在实际操作中,罗马法和英格兰法大同小异。通过区分诉讼程序,它们都临时存留了新式的物权,留待法律整体认可。由此,仅仅走了交付之手续而取得要式转移物的,罗马的裁判官即赋予他以现实的物权,无须另待时效取得要件的全部成就。与此类似,他也及时承认
285 受押人的所有权,在抵押关系设立之时,他仅是一个"受寄人"或曰受托人;他还承认永租人的所有权,他在长期缴纳定额地租的前提下成为了土地的保有人。英格兰法与罗马法的走向平行,御前大臣法庭为抵押人、信托受益人、[55]因家庭财产协议而留有特别优先权的已婚妇女、尚未完全取得所有权的买受人等人士创设了一种特别的所有权。前述例证中的所有权焕然一新,为御前大臣所承认和保留。不过,无论是英格兰还是罗马,衡平法都千头万绪地间接影响了物权的效力。不管学者们将他们自身掌握的这一强劲

---

〔54〕 原文是拉丁语 *in bonis*。时效取得的初衷是跨越要式买卖的障碍,如此,仅和要式物出卖人进行交付的买受人在时效经过后可以取得市民法所有权。在该制度中,买受人的占有具有正当原因,于是,正当原因的占有经过裁判官在布布里其诉讼(actio publiciana)中将未经过的时效拟制为已经届满而被赋予了善意所有权的意义。不仅如此,裁判官还通过占有令状来保护具有正当原因的占有。布布里其诉讼和占有令状都被吸收到裁判官告示中,成为裁判官法的一部分。

〔55〕 原文是 Cestui que Trust。

法律工具推向法的哪一个角落,他们定当遭遇、触及并或多或少地改变物权制度。我在前文已然提及三五种改变古代物权发展史的(对物的)分类方法和(取得物权的)权变之策,希望你们能理解,我是想说,这些分类方法和权变之策在暗示和建议法制的进步,并将这些暗示和建议投洒入衡平法创构人的精神空气中,让他们呼吸得到,这些分类方法和权变之策的影响力基本来源于此。

要描述衡平法对所有权的影响力,就得下溯衡平法演变史至如今之英格兰。我已暗涉于此,主要是因为有好几个备受推崇的当代学者都认为,在罗马法上,衡平法上的所有权有别于市民法上 286
的所有权,这种二分法有益于世人了解其所有权观念的分野;而很显然,罗马帝国与中世纪的法分道扬镳,就是由该等观念的分野所造成。封建观念的主要特征是其对二元所有权的允可。二元所有权是领主之于封地的高级所有权与封臣的低级地产权的并存。在此请注意,这种物权版本与罗马法对物权种类的划分酷似:**市民法**[56]所有权与[容我使用一个晚近出现的词汇]**善意**所有权[57]或称衡平法所有权。盖尤斯本人认为,将**所有权**一分为二,乃是罗马法的独创;他更将罗马法上的所有权与其他国家常见的完全所有权或绝对所有权格外进行了对照。没错,优帝是将市民法所有权和裁判官法所有权合二为一,并为所有权,可它只是西罗马帝国改制的半成品,而非优帝本人的法。日耳曼蛮子与罗马法接触了好几百年,当他们在罗马帝国边陲徘徊不前时,就已经学到这种二分法,并因此结出丰硕的果子。虽说学界都肯定这种看法,不过也要承认,学者对蛮人习惯法中的罗马法元素之考察各有不足。他们阐

---

〔56〕 作者分用拉丁语 *Quiritarian* 和正体的英语 Legal 分述之。这里的 Legal 等于 of Civil Law。在不同语境中,作者或用 Legal 指代“普通法的”(of Common Law)。

〔57〕 原文是拉丁文 *Bonitarian*。

释封建制度时，其理论或存讹误，或有脱漏，却又不约而同地忽视
287 了罗马法要素。我国有一些拥趸众多的学界前人，他们专心致志
地研究封建制度成熟后兵荒马乱的时代情态；而后，一些德意志学
者出于民族自豪感而错上加错，把他们先辈在入侵罗马帝国前夯
建的社会制度吹捧成十全武功。有一两个英格兰学者倒是瞅准了
封建制度的基石，惜乎哉，其研究结果还是不免让人大失所望，因，
他们要么只考察了优帝法律汇编中的近似制度，别的看都不看，要
么局限于现存蛮族法中所摘录和粘贴的罗马法。可是，如果罗马
法真真影响过蛮族，那么，在优帝立法之前，在人要将罗马法摘录
到蛮族法之前，罗马法已然施加过太半之影响力。此时，它不是优
帝改弦更张、去粗取精后的法，而是普适于西罗马帝国的原汁原味
的法。东罗马帝国的《国法大全》不可能取代蛮人习惯法的骨架，
我想，蛮人的法在西罗马帝国时代已然有血有肉。我认为，在蛮子
以侵略者身份而径直占领罗马领土之前，并因之，在日耳曼的君王
288 下令开始摘录罗马法以用于其罗马子民之前，蛮人的习惯法很可
能已经发生了变化。作出这等假设是有必要的，能区分古代法与
发达法的人自会懂。以今人之目光，**蛮族法**自是粗鄙不堪，但其理
论源头苍茫混沌，故在彼时已算精细；还有，就日耳曼各个入侵氏
族自身所践行的法则，我们无法相信现今还存在只言片语。若要
说服自己道，蛮族的法统中已经存在不少粗糙的罗马法元素，你我
当花点气力解决一个大难题。日耳曼法也有提炼出来的法理以用
于自身的原始习惯，但它更与罗马法有其亲缘，否则，它就不会做
到与罗马法水乳交融。古老的蛮族法极有可能只是真实原始习惯
法与一知半解的罗马法的复合品。蛮族法能与罗马法合流，一种

本已在西罗马帝国达到相当高度却又有些许回落的外来元素[58]起了作用。

这般猜测肯定不会犯错,可还有几个问题有待思量,否则,所有权的封建形态不可能径直受了罗马法的启发。将所有权分为衡 289
平法上的所有权和普通法上的所有权,这种二分法过于精妙,蛮子理解不来;不唯如是,除非(市井中的)寻常买卖能找上官司,不然,人还是无法理解这种二分法。抵制这一种所有权二元论的最大理由其实存乎于罗马法上的一种物权形态——这其实是衡平法的创举——有了这种物权形态,我们解释观念的变迁就方便得多。我要说的是永租权制度。[59]历史将封建制的所有权关系带入中世纪时,我们尚不能得知永租权出了几分力气,但无论如何,它常常是中世纪采邑的鼻祖。单从其希腊文的名称上解读,永租权的意义无法显现出来。它刻下了观念之洪流的水位线[60]——这洪流终将注入封建制度之中。罗马权贵持有的地产甚为广袤,以家父携家子和奴隶之力尚耕垦不完。就自由保有人的占耕制度,这等大块土地的所有权人似乎闻所未闻。他们的**大块私有土地**[61]常常在管家的监督之下由一群奴隶进行垦殖,而管家本人也是奴隶或解放自由人;彼时,唯一尝试过的制度是将下等奴隶分成若干小群,给他们以更优厚和更放心的**特有产**,于是,他们因其劳作的效 290
率而取得一定利益。不过,这种(不动产)制度对其中一类地产的所有权人即各级政府尤为不利;就罗马自身的治理而言,意大利的文官更迭之频繁,令我辈也瞠目结舌;因此,由意大利的官僚集团

[58] 所有权的二元性。

[59] 作者在本段后文又要说,永租权制度也具有二元性,是原权人—永租人的二元物权,只是这种二元性具有封建物权特征,与普通法—衡平法所有权的二元性不同。

[60] 原文是 stage。

[61] 原文是拉丁文 *latifundia*。

来管理大块土地之权利，定然极不周严。以为应对，政府始行**租佃地**制度，即在一定条件下，将土地永佃于自由保有人，收取既定地租。私人土地所有权人开始广为效仿这一谋略；起初，保有人与地主的关系由其契约所定；后来，裁判官将其认可为一种他物权，水到渠成之后，就变成了众所周知的永租权。自此，土地保有的历史走向一分为二。在漫漫历程之中，罗马大户人家的奴隶变成了**农奴**；就此过程，我们所掌握的罗马帝国之史料脱漏甚多，农奴的起源和境遇成为史学界一大疑案。我们疑心，他们一部由奴隶而上升，一部却由自由耕农而沉堕；我们还疑心，农奴的出现，表明罗马
291 帝国的富人阶层意识到，垦殖人对土地的孳息享有权益的，地产可以增值。我们确晓，农奴的役务与土地相关；在农奴制中没有出现纯粹奴隶制的特征；他们年年都按收成的固定份额交租子，以此完成对地主的役务；我们更知道，无论古今之社会风云如何变幻，他们都苟活了下来。虽然处于封建结构的底层，但正如向罗马法上的**家主**交租一样，他们持之以恒地向地主上缴同份地租，好几百年都不变。他们中的一个特别人群，唤作**五五分成农奴**的，将收成的半数都预留给地主，而流落至今，他们变成了**分成保有人**；分成保有人如今还在南欧绝大部土壤上稼穑。另一方面，若要跟据《国法大全》中的相关表述来阐释永租权，那么，它是物权的一个有益变种，备受荣宠；可以想象，只要自由耕农继续存在，调整其土地权益的必定是永租权役务。前面已经提及，裁判官将永租人视为真正的所有人。倘使为人所驱赶，他当能提起物权之诉，以使这一别致的物权徽章回复己身。只要如期（向教会）缴纳**贡税**[62]，或如期

〔62〕 原文是 *canon*。《布莱克法律大词典》第 617 页将它解释为一种按期向教会缴纳的定额贡税或价金。

(向领主)缴纳了免役地租[63],他就可免受永租物之原权人的打扰。而与此同时,永租物之原权人的所有权既不消灭,也不中止。保有人不交地租的,原权人可重新进入永租物;永租人将永租物出 292
卖的,原权人有优先购买权;永租人耕种之方式在一定情形下受控于原权人——因了这些力量,原权人的权利还是活跃的。由此,我们看到,永租权带有封建物权特征,它是二元所有权的一个鲜明范例;而相较于普通法上的和衡平法上的所有权之并置,它更浅白,更好效仿。罗马式的土地保有史并未止步于此。在莱茵河和多瑙河沿线,罗马人建置了一些要塞,以对付野蛮的邻人,保卫帝国边疆的长治久安。我们有确凿的证据表明,这些要塞的圈线之内延伸着彼此接壤的成片**划界地**,这是罗马老兵以永租权为限而占有的土地。这些土地的所有权具有二元性。这些人秣马厉兵,边境吃紧时,但有召唤,他们便可奔赴前线去服役;以此为条件,帝国政府虽是这些土地的所有权人,但兵勇们可以不受打扰地耕作。实际上,驻防义务已经取代了寻常的永租权役务,即保有人缴纳免役地租的役务;而在奥地利哈布斯堡王朝与奥斯曼帝国的交境也存在高度相似的制度。几乎可以确信,这当是日耳曼君主在后世创设封建制时予以复制的先例。不要忘了,众多老卒就是从蛮子中征选出来的,他们一张嘴或者就是日耳曼腔调,故在他们的脑子 293
里,(在封建制度建立之前,)永租权观念早已存在了好几百年。法兰克人和伦巴第人的王盘算着,为保证随扈为他们服兵役,当将公地的一部让与他们。我们不仅能够以永租权制度为模板来解释这些现象的关联性,还能拿它来解释,何以恩惠保有土地立即就有了

---

[63] 原文是 quit - rent。它是自由保有人或公簿地产保有人向封建领主缴纳的费用。之所以叫作"quit rent",是由于缴纳了费用的人就可以免除(quit and free)其他一切役务。《布莱克法律大词典》第 3937 页。

可继承性的趋向，原因就是，虽说永租权受限于原先的永租权合同条款，但几经波折之后，受让人的继承人[64]却拿永租权本身作为其通则。恩惠保有土地摇身一变，而成为采邑——恩惠保有土地的保有人以及后世之采邑的领主负有特定的役务，但实际上向他们设定役务的不可能是驻防区的要员，也绝不是永租人。他们要拥戴和感恩上级领主；上级领主之女出嫁的，他们要帮贴陪嫁；领主之子的鲜衣怒马，他们要帮衬；对于幼主，他们有监护之责；此外还有诸多保有的附随役务。如此这般，都是从罗马法上恩主与解放自由人即前家主和前奴隶之关系中老老实实地照抄过来的。不过，最早一批恩惠土地保有人都是君王的贴身陪侍。这种地位表
294 面光鲜，却有役务沉重之虞。在宫廷之中常侍君王的人放弃了绝对人身自由，而此乃绝对所有权人无上荣光的权利。

---

〔64〕 作者在上一章提到，恩惠保有土地的保有人从受让之初就想将该等土地由自己的子嗣继承而不归还给君主。

第九章　契约之远史

一般认为，当前之异于从前，因契约占领的 295
社会领域更广大。这种观点一经表述，他人便会
不假思索的附和。能取得这般共识的观点如今
并不多见。它赖以栖身的社会现象常常被挑选
出来，供人观赏、品论和赞叹。鲜有人会如此蠢
笨，竟然意识不到，在古代法上，自呱呱坠地之时
起，人的社会地位便已不可逆转地确立，而在现
代法上，人可以通过契约而创设自己的社会地
位；在此规矩之下，是有一些例外的情形，但常遭
痛斥。举一个例子，黑奴制的存在一直饱受争
议，人辩论道，奴隶的身份到底受不受旧法统管
辖？雇佣关系在现代伦理面前自卖自夸，它到底 296
是不是只受命于契约？就这等古今之别的认识
论，当代盛名无俦的思想流派已将其纳入各自的
要义。强行法一度霸占了社会生活的多数领地，
如今它已退守偏安，让世人自由设定行为法则；
政治经济学与这等社会生活实情相互呼应，由

此,在世人的伦理学探微之路上,它是唯一取得长足进步的其中一个部门。人大都对政治经济学的真理囫囵吞枣,褊狭地以为它万世不移,还把这真理当艺术,一味的扩大契约之领地,缩减强行法的适用,除非确有必要,才使用法律手段强制(当事人)履行契约。我们在西方国家能强烈地感受到,受这种观念的影响,有些思想家士气大增。人在挖掘、杜撰和篡改人类所积累的文明成果,与这些生龙活虎的人比赛脚力,立法者差点要认输;甚至最落后国家的法也出现一种表面化倾向,仅赖一套变来变去的契约法规范予以维
297 持,基本不干涉(人的行为),除非需要强制(当事人遵守)几项基本原则,或处罚诚实信用原则的僭越者。

世人对法律现象之重要性的认识与否,决定了社会观念演化史研究的成败;正因为这种研究过于滞后,所以,我们不必惊讶,前述(强行法已偏安一隅,任由世人借用契约之工具自设行为法则之)实际观念进入了某些国家的寻常巷陌。我们能用这些国家的寻常观念来解释,何以世人信心满满(,以为可用契约工具调整社会行为),但更能解释,世人何以先入为主(,以为诚实信用原则古已有之)。道德是发展的,对此现象,人多烦恶不已;而当契约所赖之道德律晦暗不明时,他们对道德之发展尤为厌憎,还有,人从本能上就不愿意承认,较之古代社会,诚实信用原则更为今人所接纳,也不想承认,当今世界并无可与古代之忠诚观念并驾齐驱的行为规范。行骗之事发生的,他们评说道,尔虞我诈之事在从前可是闻所未闻啊。对于骗局之精巧,他们震惊以极,仿佛见闻了杀人越货。随着欺骗之事一再发生,世人这种先入为主之心便大大强化。其实,这些欺诈行为的特征明白无误地告诉他们,道德律已经先于欺诈行为的可能发生而取得了大幅度提升,欺诈行为已经构成对道德律的违反。人多信赖他人,也多不负所信,而这正好被少数恶

意交易人所利用。故歪门邪道之事例猖狂发生的，世人确乎可以下结论道，正是由于人与人在交易中赤诚以待，才在特定情形给逾 298 矩者以可乘之机。我们若是非要阅读法学镜像下的道德发展史，却只关注刑法，而不关注契约法，那就当留心，不要看走眼了。上古时期的罗马法所评价的唯一不诚实行为只是**偷窃**。行文至此，正好英格兰刑法的最新篇目正试图规定对受托人的欺诈行为进行惩罚。对比这二者，若要推断出罗马人所践行的德行高于英格兰人，这是不合适的。应当说，从彼时而至今，道德观念经历了一个去粗取精的历程——从前，人以为财产性权利具有排他性和神圣性，而今，人认为这般权利不过产生于一种一厢情愿的（对他人的）信赖，而这种信赖之心有权得到刑法的保护。

在此问题上，与一般观念相比，法学家的既有学理也不会离真相更贴近。我们从罗马法学家开始评判，当发现他们的观念与道德和法律各自的真实发展历程没能在一个步调上。他们特别命名的一种契约，唤作**万民法上的**契约的，其唯一实质性生效要件是缔约当事人当约定彼此守信。毫无疑问，这种契约在最为晚近的年代方生发至罗马法制度，可尽管如此，当罗马法学家从中萃取特定 299 含义时，其用语却显示，这种契约却比罗马法所能评价的几种其他立约形式更为古老，特定议程的缺漏之于这几种立约形式，就跟债之关系中存在重大误解和欺诈一样要命。[1] 罗马法学家所指称的万民法上的契约，其古朴性混混沌沌，朦朦胧胧，只能透由现代法学思想予以解读。只有将罗马法学家之用语置于当前的时代，使之无法搭配其思维方式——他们将“万民法上的契约”直接解读为人在**自然状态**下订立的契约——才能解读这种契约的古朴性。卢

〔1〕 在要式口约、文书契约、要物契约和诺成契约中，形式的缺乏会导致债之拘束力的丧失，从而变回简约。

梭既采纳了法律人的错觉，又采纳了普通人的错觉。他的一篇有关艺术和科学对道德之效力的征文[2]是其第一篇著述，受到万众瞩目，文章观点犀利无伦，令其成为一代宗师。其文反复指出，波斯人又老实，又善良，这反映了原始人的纯真，这份纯真被文明一点一丁地剥离了。到了后期，卢梭为其原初社会契约之理论猜想找了一个依据。社会契约论的系统架构就建立于我们此刻正在探讨的谬误观念之上。尽管这种理论的重要性由人的政治激情培育而成，但其元气还是由法律人孕育的。在首次注意到这一理论时，那些名扬天下的英格兰人[3]认为其最大的价值在于其政治上的
300 有用性，这是实情，不过，我马上要解释，若不是长久之前政客将他们对这一理论的争吵引导到法律意义层面，社会契约论在政治上将一无是处。这一理论的英格兰著述者更是耳聪目明，他们了解政客向法兰西人力荐这一理论时所掌握的思想维度——法兰西人所谓社会契约论就是向他们学来的。其文存表明，他们认为，社会契约论不仅能解释一切社会现象，还能解释一切政治现象。他们查探到彼时色彩鲜明的实景，即世人所遵照之实在法的全部构成多数由契约所创设，少数由强行法创设。但他们忽视或遗漏了这两种法律成分的历史关系。他们想将全部的法都归拢为统一的法源，以满足自己的思辨口味，又想让强行法摆脱神法之渊源，以击退这一学说，正因如此，他们才杜撰出，万法皆归契约之源。再往下走，他们或者提出了精巧的假说，或者喊出了简洁的口号，到此为止，他们便心满意足地将自己的理论留给后世了。而那个年代为法律迷信所笼罩，人们不停地谈论着自然状态，一直到它顺理成章才闭嘴。于是乎，只要坚定地认为社会契约是史实，要给“万法

[2] 《论艺术与科学》。
[3] 霍布斯和洛克。

皆归契约之源”的理论找一个自欺欺人式的实在性和确定性，似乎 301
也不难。

我们这一代人已然摒弃这一类法律理论，一是认知水平提高了，二是我们已经止歇对这一问题的学理研究。此时此刻，跳脱跃动的学问家所心仪的领域是对我们所能看见之社会的存在和变迁进行分析，同时，学问家借此也回应了前辈对社会状态之起源的构想。不过，这种分析方法虽然省却了向历史学寻求帮助的麻烦，但好奇心驱动乏力，而倘若社会状态与研究人所惯熟的大相枘凿，采纳这种分析方法之时，研究人尤易于茫然不知所措。用现下之道德标准来评判古人，此乃一大缪，此缪无异于妄念道，现代社会机器的每一道车轮和每一个螺栓在原始社会都有其对应部件。（这种分析方法带来的）效用广播于四野；当于用摩登的方式写就的历史学著作中，它们狡猾地带上了假面；不过，我在法学的领地发现了它们的行踪。孟德斯鸠在《波斯人信札》中插入了一段穴居人的寓言，引来赞誉不断。穴居人是一个系统地违反契约并因此全体灭亡的人群。这个故事若真能体现作者想要提出的寓意，真能揭露得以挟持上世纪和本世纪之异端学说的反社会本质，那自然是
无可非议；但若从这个故事推论出，世人必须给社会贴上一道承诺 302
和允诺之神圣感，不然社会无法拢合，并且，这类承诺和允诺应成为常态，接受成熟文明形态的顶礼膜拜，这将大错特错，对于你我正确理解法律史非常要命。其实，穴居人已然兴起和夯实各种社会阶层的块垒，他们对契约之债不甚留心。个人并不自我创设权利，也不自我创设义务，即便要创设，权利或义务也属零零星星。这是我们需要认识的原始社会首要架构问题。个人所遵守的社会规范首先由他出生时所归属的社会地位所派生，其次由他所在家庭之家主所下达的强制性命令所派生。在此社会制度之下，契约

的腾挪余地很小。同一家人[我们可以对此迹象进行解释]根本不能彼此缔约。向家庭称臣的家人之间试图利用允诺拘束家庭的，家庭有权不理不睬。当然，家庭与家庭之间可以立约，家主与家主之间可以立约，不过，他们的交易行为是同质化的，议程繁琐，甚是不便，比如物之转让类的交易。在这类交易行为中，些微动作没有
303 做到位，对债都会造成致命的破坏。人背负实在法上的义务，是由于对方依赖他的所言所语——这是进步文明打了持久战而得来的战果之一。

古代法也好，其他迹象的法源也好，都没能向你我显示原始社会是否根本不存在契约观念。不过，契约观念首次现身时，其体态显然是发育不良的。应该这么想，先民之思维惯性演化至能够说服世人为有效允诺之时，它的形态还是不完备，人提及背信弃义之行为时，并不求全责备，有时候还能通融。只有这样想，对原始社会的载录进行解读才令人信服。试举一例，在荷马史诗中，尤利西斯诡计多端，这倒是一种美德，与涅斯托尔[4]的老成持重、赫克托耳的坚忍不拔、阿基琉斯的剑胆琴心可以平起平坐。古代法给人的感觉是，契约观念之外形还很粗糙，与成熟观念参商两隔。首先，法律无从借力而强迫人履行允诺，法律准许的还不是单纯的允诺，而是随带了庄重议程的允诺。不仅可以说议程可与允诺同等
304 重要，甚或可以说其重要性还超越了允诺。若在议程中省掉或者搞错了一个形式，允诺就不得履行；而另一方面，倘使议程一丝不苟地得以成就，当事人就不能辩称其允诺乃是受了胁迫或欺诈而作出；就此，如适用发达法而细微地探查当事人在为特定口头允诺时的心理状态，应将这等细微探查功夫转至当事人在履行其允诺

〔4〕 皮洛斯人的王。

时所附带的言辞和姿势。从这等古代观到寻常的契约观，其变迁过程在法律史中可以一望而知。在议程中，先是蠲免了一两个步骤；其后，在特定情形之下，另一些步骤可以简化；世人忽视了的，也能通融；最后，人从中遴选了几种契约，其订立不需任何议程，而正是凭靠这几类契约，社会交往才焕发出勃勃生机和勃勃英气。当事人之间的允诺[5]一丝一丝地却又旗帜鲜明地从繁文缛节中脱颖而出，一步一步成为契约的唯一要件，而这是罗马法学家饶有兴味之处。这种由当事人借助外在行为[6]而表示出来的允诺，罗马人称其为简约。[7]在简约被视为契约之内核时，打破形式和议程立即成为进步法学的趋势。自此以后，形式得以保留的唯一原因是它能保证（契约的）真实性、保证（当事人）慎言慎行和深思熟虑。契约观取得了长足的进步，套用罗马人的词汇，契约为简约所吸纳。

在罗马法上，前述演变历程具有超强的启发性。在法的第一缕曙光显现之时，人使用的契约术语当为古拉丁语之修习者所熟知。这就是**铜秤式买卖**[8]，这种契约之当事人被唤作**债务奴隶**；人 305
创设这两个用语自有其历久弥新的隐喻，在使用时当格外小心。观念认为，人处于契约式允诺之下的，当为一根牢实的**束带**或**锁链**

---

〔5〕 原文是 mental engagement。Mental 有 inner 之意，engagement 有 pledge 之意。在后文中，作者又用 motion of the will（表意行为，边码 324）、internal act of volition（当事人之间的表意行为，边码 324）、mental attitude（当事人的彼此表态，边码 328）、inward undertaking（当事人的互为允诺，边码 328）等这些或细致或笼统的表述表达这一层意思。

〔6〕 在下文中顺序出现的四类契约中，口头契约中的问答程序或行为、文书契约中的家庭记账行为、要物契约中的物之交付行为、诺成契约中的合意都是一种外在行为。

〔7〕 作者堆用了两个词 Pact 和 Convention。应该指代的是 Pactum。据《布莱克法律大词典》，Pactum 也叫作 Pactum Conventum，是尚缺契约要件的协议。

〔8〕 原文是拉丁文 *nexum*。此词很难译成中文。此处据作者在下文的解释而译成。它是要式买卖的古体，又据作者在下文的介绍，它同时完成物权让与和契约，并在这个仪式中，物权让与行为和价款支付要同时完成（　于交钱　于交货）。

所联系起来。这种观念经久不衰,最终影响了罗马法的契约制度;从此,它几经流转,混入了现代观念之中。这种铜秤式买卖或这根束带之中有何玄机?人考据道,在拉丁语中,**铜秤式买卖**一词指代"**所有带铜带秤而为的交易**"[9]。这几个字颇令人费解。要式买卖中要带铜和秤,这是妇孺皆知的事情。上一章讲到,古时候,罗马法上最高形态的**物**[10]由一人之手而移转至另一人,这个事情是郑重的。要式买卖是一种**物权让与行为**[11],这就引发了一个难题,因为,前述定义把物权让与和契约混为一谈了,在法学中,这二者
306 并非简单的疏离,其实是相互对立的。晚近的法学家严格区分**物权/对世权**[12]和**债权/对人权**[13]。由此,物权让与转移了物权,而契约创制了债权——这二者何以共处于同一个名义或同一个一般观念之下?这其实与许多情形一样,是一件丢脸的事情。只有在社会发展到高级的认知阶段之后,人才有能力区分在实际生活中混沌一体的思想观念。社会尚未成形的,在世人的心智状态中插入这种区分能力是不对的。在社会实际情态之中,物权让与和契约本就是你中有我,而除非人开始分别进行契约行为和物权让与

---

〔9〕 原文分别是拉丁语 *omne quod geritur per æs et libram* 和正体的英文 every transaction with the copper and the balance。

〔10〕 要式转移物,主要是意大利的土地、役畜、奴隶。

〔11〕 梅因应该受了萨维尼的物权行为理论启发才将契约和物权让与作出如此联想,但他没有直接使用这个理论,此处的"物权让与行为"译法也只能接近而不是照抄中国学者的表述即"物权行为"或"物权合同"。

〔12〕 作者用了四种表达:jus in re、right in rem、right "availing against all the world"和 Proprietary Right。

〔13〕 作者用了四种表达:jus ad rem、right in personam, right "availing against a single individual or group"和 Obligations。值得注意的是,其中的 jus ad rem 乃是就一物而生的权利,它因另一人的义务而产生,且仅能对抗该人;在与 jus in re 对立时,jus ad rem 是不完整物权,而 jus in re 是完整物权,故它还是一种对人权。分别参见《布莱克法律大词典》第 2510 页和第 2518 页。

行为,[14]否则,对此二者的观感不会有所偏差。对此,我们不应当受到误导。

我们看到,古罗马法使人的思维方式紧跟稚弱状态下的法律观念和法律用语(的变化)而发生变化。这种嬗变乃是由一般而至特殊;换言之,古代观念和古代术语进行着迟缓的专门化历程。一个古代观念对应着不是一个而是好几个现代观念。一个原始的特定用语表达着现代法下所派分的不同名词。让我们来看看法律史的下一个发展阶段。你我当发现,附属观念已经自我解缚,一般性 307
名词已经让位于专门化代号。世人并未遗忘陈旧的一般性概念,只是,它不再全部涵盖好几个概念了。同样,专有名词得以保留,只是它曾经履行过好几样职能,到此时只剩了一样。对此现象,我们可多方佐证,比方说,人认为,家长权形形色色,但其本质并无不同,而在观念上,无疑它只有一个名称。先祖们行使权力的,他是对家庭行使也好,对重大财产——牛羊、奴隶、子女、妻室行使也罢,这些权力性质是相同的。我们无法完全确实其古罗马名称,但既然众多用语表明,**权力**[15]一词已经入**威权**[16]观之边影,那就有强劲的理由相信,**权力**就是太古(用来表达家长权的)一般性术语。而一旦罗马法前行半寸,其名称和观念都得以专门化。在语义和观念两个方面,人根据威权所作用的客体而将其区分开来。它作用于重大财产或奴隶的,变成**所有权**[17]——作用于子女的,变成**家长权**[18]——生父将其对己之义务转至另一人,而该人之威权再

〔14〕 如先签约,再交付。

〔15〕 原文是 manus。本是一种概括的家长权,后世尤指“夫权”。

〔16〕 原文是 power。

〔17〕 原文是 dominuim。

〔18〕 原文是 potestas。

作用于此自由人[19]的,变成**买主权**——作用于妻子的,还叫**权力**
308 (但人们专用其指代夫权)。可以推想,这一古语并未沦为废语,只是其所一度指代的威权被圈限,在一个专门化的情形予以使用。此例可让你我领悟到契约和物权让与这两种观念的历史关联性。起初,一切郑重其事的交易都有同一套郑重其事的议程,在罗马,其名似为**铜秤式买卖**,而物权之让与所使用的同一种形式似也被契约之订立所全盘借用。不过,我们可立时前行,进入契约观从物权让与观之中摆脱出来的时期。于是,此时发生了双重转变。当"带铜带秤而为"的交易试图以物之转移为己任时,便获得了一个簇新而专门化的名词,叫要式买卖。古老的铜秤式买卖仅仅为了将契约庄严化这一特殊目的时,方一如既往地指定要求为与从前相同的议程。

当我们说古人将三两种观念杂糅为一种时,我们的本意并不想暗示说这其中一种观念就比其他几种要成形得更为晚近,也不想暗示道,世人形成了其他观念时,先有的观念具有支配性或优越性。在古代法中,为何一个法律观念要囊括后世的好几个观念,日久而不移?为何能用一个特定用语代替好几个?原因无疑是,实
309 际生活已然转变良久,而人却找不到留心和命名这种转变的机会。我已提及,家长权的分化乃是由其作用的客体不同而引起的;话虽如此,我个人的感觉是,家长作用于其子女的威权才是家长权的生长之根;我还相信,世人第一次使用铜秤式买卖,以及后人仰仗它,看重它,都是为了使物之转移行为郑重化。自其初始功能而始,它兴许产生了一丝一毫的变态,而后为契约所用;兴许这等变化过于微弱,人一直没有察觉和留心。古老的名号得以保留,是由于人尚

---

〔19〕 家子在被出卖过程中,在政治上是自由人,有市民籍,而在民事上是半自由人,称为"准奴隶"。周枏:《罗马法原论》(上),商务印书馆 1994 年版,第 254 页。

未意识到自己匮乏新名号；古老的观念还在世人的脑海里徘徊，是由于没人想到一个痛定思痛的理由。从遗嘱制度的变迁史之中，你我可以清晰地看到这等历程。遗嘱起初（在外观上）也不过是一个物权让与行为，[20]而唯当实践过无数回之后，它才得以与特定的物权让与行为和其他流转行为相区分，并被世人认识到其差异性。而即便如此，光阴荏苒，又过了好几百年，修律者们才清扫掉无关痛痒的要式买卖这种华而无实的负累，开始同意，当心无旁骛，而只在意遗嘱订立人有无意思表示。吾人不幸，不能像梳理遗嘱之远史一样自信满满地梳理契约之远史。不过，暗线也不是没 310
有，在社会实验中，人类以一种簇新的方式适用**铜秤式买卖**，并得出重要而现实的结论，认识到契约是一种独特的交易行为，从而，契约从铜秤式买卖之中脱胎而出。钱物两讫是铜秤式买卖的常态，我们可以借此想象一下。出卖人以处分的意思带来了他的物——譬如说，一名奴隶——而买受人携带了作为价金的几锭铜，这个交易中不可或缺的协理人——**司秤**，则带上了一副天平。通过既定的一套议程，奴隶被交付给买受人，司秤用天平称了铜的重量，交给出卖人。只要这个交易行为还在进行，它都叫作**铜秤式买卖**，当事人都叫**债务奴隶**；一旦交易完结，出卖人和买受人便不再背负这一即时性关系之中的名声。好，我们前迈一步，进入商事行为变迁史的下一阶段，假设奴隶的所有权已经移转，而买受人并未付款。在此情形之下，就出卖人而言，**铜秤式买卖**已经完结，他本人不再是**债务奴隶**；而就买受人而言，他还身处**铜秤式买卖**。从他的角度而言，这个交易是不完整的，他仍被视为**债务奴隶**。于是， 311
世人同用此名一并描述前述物权让与行为和债务人就未付之购买

---

〔20〕 要式买卖式遗嘱。出卖人就是遗嘱订立人，家产买受人就是继承人。参见第六章。

价款而负担的人身之债。我们可以再前迈一步，试想，假如在一个交易行为中，当事人所走的程序无甚异常，但既**不为**物之交付，又**不为**钱之支付。我们立刻看到商事行为的更高形态，**待履行买卖契约**。

普通人和法律人都认为，**契约**曾长期被认为是一种**未履行完毕的物权让与行为**。这种看法若是史实，必有其诸多重要原因。上个世纪有思想认为人有过自然状态；若总结为“在原始社会，物为虚，债为实”，不无失当；而就今天而言，翻转这种主张的，兴许更接近实情。另一方面，物权让与行为与契约具有其原始的关联性，吾人可用这种关联性来为思想家和法学家解惑——我是说，古法统大抵对**债务人**极尽苛责之能事，而赋予**债权人**的威势之猛，思想家和法学家常常惊诧莫名，难以索解。若是一朝悟到，当事人将**铜秤式买卖**予以拟制和延展，给债务人以时间，则吾人更能理解，在公众和律法的眼中，债务人处境如何。他欠债不还，无疑会被人视为异类，而久拖之下，以严厉的圭臬衡量，人一般会以为他使了什
312 么鬼蜮伎俩，还会认为他行止不端；与此相反，在交易中尽了本分的人，其处境当尤其利好；他的权利要求是严格的，要式程序本身就绝不可延拓拖拉，于是社会观念准予他采苛刻的手段，强令对方完结程序。这似乎再自然不过了。

铜秤式买卖原先指代的是物权让与，当于世人懵懂恍惚之间，它开始指代契约；不唯如此，它一来二去还成为物权让与和契约之间的牵系，这般牵系如此牢实，以至于人不得不使用一个专门的术语——要式买卖来代指铜秤式买卖的真身，或代指其中真切发生了物之转移的交易行为。由此，契约从物权让与之中分身出来，它们各自变迁史的首个阶段就搭好了。但这还远远不够，契约观发展到另一个时期后，缔约人虽然还要进行一套议程，但他们的允诺具有更高的神圣性。为描述这段期间的变化特征，有必要去小小

地骚扰一下另外一个领域[21]的某一内容,它跟这几页所述之话题不咸不淡地保持着一定的距离,其内容就是对曾经受过罗马法学家影响之允诺[22]进行分析。这种分析方法满满都是睿智,而当于其中美轮美奂的典范是,它在学理上将债从简约之中分离出来。
边沁和奥斯丁先生曾有著述道:"契约之要义有二:其一,做出允诺 313
的一方当将自己允诺为或不为某一个行为的**意思**表示于外;其二,受诺人当表示其**期盼**允诺人实现其允诺。"这与罗马法律人的主张实质相当,不过,还要说明,罗马法律人认为,这般"表示"之后果并不产生契约,而产生简约。人与人之间彼此答允某事,只能最终产生简约之效果,而显然不能产生契约之效果。它最终能否变成契约,取决于法律是否将**债**附于其身。契约等于简约**加上**债。只要简约尚未披上债之大氅,其称谓当是(罗马法上的)**裸体契约**,或是(普通法上的)**无对价契约**。

何谓债?罗马法律人的定义是:"使他人为一定给付的法锁"。[23]债和铜秤式买卖都是以这个共同的隐喻而夯建,现在,前述定义又透此隐喻让它们有了连结性,并清楚地表明这一独特观念的祖宗。债是一根"束带"或"锁链";由于个人或人群的自主特定行为,法律就用这根"束带"或"锁链"将他们联系起来。能把债招引过来的行为主要是那般被区分为契约和侵权的行为,或称为
允诺行为和不法行为;可是,还有大量的其他行为不能为此精细之 314

〔21〕 分析法学派的领域。

〔22〕 原文是 Agreement。

〔23〕 原文是"Juris Vinculum, quo necessitate adstringimur alicujus solvendae rei",本句译文参考了周枏的译法。周枏:《罗马法原论》(下),商务印书馆 1994 年版,第 677 页。作者在本段中更自己将 vinculum jus 换译为 legal chains。据黄风译出的《罗马法教科书》,在《法学阶梯》中,该定义实际上还有一段状语 secundum nostrae civitatis iura(根据我们城邦的法律)。参见[意]彼德罗·彭梵得:《罗马法教科书》,黄风译,中国政法大学出版社 1996 年版,第 284 页。故似应完整定义为"使他人据市民法为一定给付的法锁"。

分类所容纳，却也能产生类似的后果。简约将债拉拢过来，并非由于它具有精神上的强制力；将债添附于简约之上，使其充满力量的，是法律；这一点更有必要予以留意，因为现代的法学家在解释实在法时偶尔会提出不同的主张，他们自有其伦理学上的或形而上的学理作为支撑。**法锁**[24]这一形象通贯了罗马法上的契约和侵权的每一角落，大增其色。法将债的当事人捆缚一体，要解开**锁链，清偿**之程序是不二法门。"清偿"这一用语时至今依然栩栩如生，英格兰法上的"给付"一词唯偶能意外及于它的内蕴。这一鲜活的形象始终如一，保持了历史连贯性，它可以用来解释债之用语令外人大惑不解的特色：在罗马法上，"债"同时表示权利和义务，如主张欠款的权利、支付欠款的义务。罗马人将"法锁"[25]之全幅图景置于眼前，不偏不倚，令其两端等量齐观。

在罗马法的发展进程之中，在绝多情形下，简约之观念一旦止息，人立时给它献上债的花环，于是它就变形为契约。这个结果当
315 然反映了契约法一直的走向。不过，为本章探微之目的，吾人尤当接触契约变迁史的中段——当此之时，要吸引债的注意力，须创设一种能超越完满的允诺的事物。此时，罗马法将契约分为妇孺皆知的四类——口头契约、文书契约、要物契约、诺成契约。罗马人始用之，并法律认可具有缔约效力的也只有这四种。一旦债从简约之中分立出来的思想为吾人所领会，这四重分类法的内蕴就易于理解了。缔约当事人不仅须有允诺，更重要的是须进行特定议程，而契约的这四类都依诸般议程命名。就口头契约而言，一旦建立简约关系，要将法锁加于当事人之身，当先说出一套言辞。就文书契约而言，倘要给简约披上债之外衣，当（将债权）计入家庭的账

〔24〕 原文是拉丁文 *vinculum jus*。
〔25〕 原文是英语 legal chains。

簿；在要物契约中，欲达相同之效果，须将初步允诺之客体——物——予以交付。简而言之，在各种情形之下，缔约当事人都得达成谅解，但倘使他们并无进一步的行动，彼此之间不负**债务**，一方有悖于信赖的，对方不得强制他履行，也无从寻求救济。而当事人因人制宜，合于预定之议程，采特定之形式者，以其形命名的契约 316
便在他们之间立即成立了。至于违此成例者，吾人将须臾可察。

我已然以其历史出场顺序枚举了四种契约，但对于该顺序，罗马的法学阶梯式著述并未一体凛遵。口头契约最为古老，也是原始社会铜秤式买卖的最早变相，这都应无疑问。古时候，人使用的口头契约有好几种，但其中最为紧要的、主流论及的硕果仅存的口头契约当透过**要式口约**之方式而成立，即一问一答式；当此契约之中，欲求确认允诺者提出问题，作出允诺者回答问题。我刚刚解释过，先民以为，人彼此有意的，光有允诺还不够，需在其上辅以一问一答之要素。问与答就是债得以附身于允诺的媒介。当法律成熟之时，会破天荒地赋予古老的铜秤式买卖以一种观念，可将当事人用一根锁链牵系在一起，于是，这根锁链就变成了债。人原先认为，铜秤式买卖的议程当与允诺如影随形，并当将之神圣化；这种看法也在此时得以扭转，并该等议程变成了要式口约。原初，庄严的物权让与行为乃是铜秤式买卖之上的鲜明特征，它在此时也得 317
以转变为纯粹的你问我答；还好我们已经有罗马法上类似的遗嘱变迁史以为启发，不然，我们还真得对这等转变疑惑无伦。庄严的物权让与和当事人之间的买卖原本密切相关，它何以从该议程的一部之中首次脱身出来？何以又在后来完全被蠲除？看一看遗嘱变迁史，吾人当一目了然。[26]好了，既然要式口约中的你问我答已经铁板钉钉地变成了简化版的铜秤式买卖，我们就当察觉，它们一直以来都具备这一特定用语的特质。人在斟酌订约之时，有了问与答，可以盘算和回旋；但假如我们以为，问与答是因了这个唯一的好处才在古罗马法学家面前毛遂自荐的，那我们就想错了。后世的人渐渐发现，它们确实具备这般价值，但有证据表明，问与答在契约中的功能起初是为了正式起见，是纯仪式性的，要在公堂[27]之上陈述；并非每一问、每一答的年代都很悠久，并足以单独构成要式口约；唯有那般在特定场合使用特定措辞的问答才是要式口约的构成要件。

在世人将要式口约视为大有裨益的交易安全保障之前，它已被看作一套肃穆的议程；就此而言，正确理解契约法的变迁史非常
318 重要。不过，即便如此，你我也不当对其真正的好处闭眼不见。口头契约在原始社会的重要性已然丧失殆尽，但它仍是延绵不尽，直至罗马法的大限之期。罗马法上的任何制度要能延年益寿，一定是因它有实际的好处，这一点是理所当然的。我注意到，有一位英格兰学者表达了自己的惊讶之情，他写道，罗马法（对当事人的）保护力道过于软弱，不足以抗御（立约行为的）急切和草率，而即便是在上古之时，罗马人对此也十分安逸。我细细地审视了要式口约，又琢磨着，在彼时之社会状态下，要立字为据是不易实现的，于是，我反倒认为，我们应当承认，倘使人果真明确设想出这套问答议

---

〔26〕 铜秤式遗嘱演化成裁判官式遗嘱时，裁判官将遗嘱中的要式买卖程序加以改造（五个见证人、遗嘱订立人和司秤全部变成证人，而家产买受人不再出席）和消灭。参见第六章相关内容。作者在此处似乎也要表明，铜秤式买卖既包括物权让与行为，又包括契约行为，而正是裁判官将物权让与行为从铜秤式买卖中剥离，将之变成你问我答的程序，于是，铜秤式买卖变身为要式口约。

〔27〕 原文是 authorities。应指代法庭，尤其当着裁判官。

程,以对应于它在后世所实现的目的,[28]那么,他们早已恰如其分地择其为上上之计。将契约之全部条款以设问方式提出来的正是**受诺人**,扮演要约者[29]角色的是他;而予以应答的是**允诺人**。“你答不答允,某年某月的某一天,在某某地方,你会交付给我一名体貌和年岁如此这般的奴隶?”“我答允你。”好,我们思忖片刻,当发觉,以设问的方式提出允诺,这种债颠转了当事人的自然位置,搅乱了对话的习惯性情境,可以警醒当事人,防他忽略允诺中所藏之凶。一般而言,你我所谓口头承诺乃由允诺人单方面概陈。在古罗马法上,却必须另迈一步。当事人完成了允诺的,受诺人当将契 319
约之全部条款予以汇总,并以郑重其事的疑问句表达出来。若当事人对簿公堂,法官要的证据是,有无进行这般提问?有无对提问做肯定之回答?至于有无允诺,**一概不问**,因允诺本身是不具拘束力的。人在初试罗马契约法时,受到诸般掣肘,而其中一种羁绊就是由它所普遍造成;他们旋即意识到,这般独特的安排貌似细枝末节,实际上却跟一般性对话的作用天差地远。我们英格兰人在提及契约时,如出于简便的考量,在一定场合下会将契约本身与当事人合在一起说,比如,我们通常都会说到“缔约人”这样的词汇——我们的言辞指向的往往是允诺人。罗马法中的通说却指向有别。他们从**受**诺人的角度看待契约;说到契约之当事人的,罗马法指的主要是要约者。话又说回来,要鲜活地阐释要式口约的问答议程的这般功用,最好举出一些剧作家的拉丁语喜剧作为实例。将他们的对白一幕一幕读下来[如普劳图斯的《说谎者》第一场第一幕,第四场第六幕;《三枚钱币》第五场第二幕],我们可以想象到,当事

---

〔28〕 交易保障作用。

〔29〕 Stipulator。周枏的译法是“要约者”。周枏:《罗马法原论》(下),商务印书馆1994年版,第718页。

320 人在谈判允诺内容时,其注意力全然为受诺人的提问所吸引,他有大量的时机可以避开对方兴之所至的允诺要求。

在文书契约的形式下,欲将债附于简约之上,当为一正式行为:将确实的应收款记入账簿之借方。要阐释此类契约,应先清楚古罗马人的家风;他们所记之账有条有理,一丝不乱。古罗马法上就此还有三两个小难题,譬如说,奴隶之特有产问题;你我应记着:家庭之组成人员对头人唯唯称是,家内支出的每一项先记入流水账,后定期记入家庭之总账。唯当如是,才可以扫清(对奴隶特有产问题)理解上的障碍。因了如下之事实,就你我所看到的对文书契约的种种描述而言,尚有些许窒碍:后世之罗马人不再普遍记账,而"文书契约"与初民所理解的大相迥异,变成了一种允诺的形态。由此,就初民之文书契约而言,我们尚不能断定,债权人在账簿上记上三五笔,这是否就足以创设债之关系?债务人同意债权人的记录或在自身的账簿上予以对应的载录,这是否就必然产生
321 了法律效力?但是,要确定一个基本点,即就这一种契约而言,合乎一个要件的,当免除交易之议程。此乃契约法之变迁史向前迈出的另一步。

要物契约驻立于契约法变迁史的下一个位置,它显示出世人之道德观念的巨大进步。任何简约,只要其目的是交付一个特定物——简约大抵如此——实际发生了物之交付的,这类简约都引致债的发生。这一结果将对上古之契约观念予以重大革兴;因在原始社会,缔约方怠于将允诺批上要式口约之大氅的,法律无疑当否认他根据允诺所为的一切行为。就借贷而言,一个人贷出现金的,除非他已然郑重其事地进行过**要式提问**;不然,他无法通过诉讼以主张对方偿还借款。但是,在要物契约中,一方之履行可引致另一方之法律义务,显然,这须有其道德观念之基础方能实现。契

约法中破天荒地出现了道德元素。道德上的考量成为要物契约之基础,这与之前的两种契约有其基础差异,前两种契约要么对特定议程顶礼膜拜,要么对罗马人的家内处事习惯俯首帖耳。

我们现在来看最有趣和最重要的第四种契约,即诺成契约。诺成契约分成四类:委任、合伙、买卖、租赁。我在前面几页表述 322
道,契约乃是简约加上债,我又说道,要令债为简约所吸附和具有法律效力,当进行一些特定的行为或是议程。我作如是说,是出于一般性描述的便利。这并不绝对准确,除非它既包含肯定意义又包含否定意义,理由是,这些形形色色的诺成契约之别样性其实就在于,简约之外,并**无**议程。在有关诺成契约的著述中,滴水不漏的所在多矣,而更多的却佶屈聱牙。有人说,相较于其他种类的允诺,诺成契约更强调当事人的**同意**。可(我的看法是),"诺成"这一术语仅仅表明,当于此处,债即刻被附加于**合意**之上了。合意,或称当事人互为同意,乃是简约之终极和顶级元素。落于以下四种名头——买卖、合伙、委任、租赁之一的允诺具有特之又特的特色:一旦当事人的共识之中含有这般元素的,契约**即**告成立。合意将债拉拢过来,而在前述罗列的几种交易行为中,合意的功能恰恰等同于其他几类契约中透过**物**之交付、**口头**要约、**文书**记账而履行的功能。由此可知,诺成契约殊无一丝一毫的异象,而完完全全是 323
要物契约、口头契约和文书契约的同类。

生活中最为寻常和最为重要的诺成契约无疑是前述的四类。在每一个社圈,社会交往的大部都耗费在买卖、租赁、为了生意而结盟、指另一人为业务代表等交易行为上;显然,正是出于这般考量,领天下风气之先的罗马人将这般交易行为从特别负累中解放出来,竭尽所能,避免活泼的社会运动之泉经遭窒碍。这般动机当然不限于罗马人才有。在与邻邦进行经贸往来时,罗马人有大量

的良机能留意到，我们在本章所述之契约在任何地方都有倾向要
变成**诺成契约**，双方仅仅相互表示同意的，便具有债的效果。由
此，他们根据自己往日的做派而将这一种契约分离出来，唤作**万民
法上的**契约。在首次任命外事裁判官之前，罗马法律人的万民法
324 观就已经在脑海里沉淀良久，但唯有通过广泛而长期的贸易，他们
方能熟识意大利其他社圈的契约制度，而意大利平叛，并尘埃落
定、罗马之最高权力得以执掌之前，[30]这般贸易鲜有大规模进行
的。可是，尽管诺成契约极有可能是在最为晚近的时代方在罗马
呱呱坠地，尽管它还因了**万民法**自身的特性而被贴上新派的标签，
但其“万民咸行的法”之用语却让现代人产生了一种看法，以为诺
成契约是源远流长的，因“万民咸行的法”变成“自然法”之后，[31]
其结果暗示道，当于所有种类的契约之下，诺成契约与自然状态再
匹配也没有了。正因如此，世人生了一种吊诡的信念，说人类文明
状态越是青春无邪，契约的形态越是简单明快。

人都能看出来，诺成契约的数量是极其有限的。但也应确信，
在契约法之变迁史上，它们搭建了一个台阶，全部的现代契约观自
始而演化。至此，曾经作为允诺之构件的表意行为已然抽离出来，
并且成为一种独立的考察对象。契约观中的形式要件得以剥离，
外部行为被视为当事人之间的表意行为的外在化象征。诺成契约
325 已然归于万民法。良久以后，在这般归类法之下，世人又推想到，
当于**自然**所认可的允诺行为之中，诺成契约是具有代表性的契约
种类，它是符合自然法的。一旦作如是观，你我即看到，罗马法律
人欢呼雀跃，搞出好几套理论和二分法。其中一种二分法就是区

[30] 作者可能指代屋大维战胜安东尼和建立帝制之事。

[31] 在第三章，作者认为，由于罗马人从希腊人吸纳的自然法观念为衡平法工具所调和，使万民法与自然法变成同义词。

分**自然法之债**和**实在法之债**。若有一个人,他的心智完全成熟,又有意受允诺所束缚,那么,人皆当言,即使他没能履行必需的手续,即使他出于特别障碍而没有缔约能力,他也得处于**自然法之债**中。法[此二分法的余韵便在于此]并不强索此债,可也不会拒不承认;**自然法之债**不同于无效之债,譬如说,人(在欠下自然法之债后)复又取得了缔约能力,实在法能是够确认它的——当此之时,它尤异乎于无效之债。罗马法学家还有一套歪理,其渊源不应早于简约从契约的特定要件之中分离出来的时期。他们说教道,**诉讼**之基石无他,唯契约耳,然,只有简约的,也可以成为**答辩**之基础。顺着这个逻辑往下推演,可以这样讲:人不合于适格之形式而未能小心翼翼地将简约发展为契约,他便不能单凭简约而提诉,但是,人即 326
便基于一份有效的契约而提起了诉讼,对方凭借一份证反性的简约也可以驳斥他的诉求。在债务纠纷之诉中,人可以单单出示一份非正式的简约而得拒绝或迟延给付。

前述理论显示出,裁判官在其卓尔不群的革兴之路上徘徊不前。因了自身的自然法思想,又因了他们认为简约只是诺成契约的一类特例,他们看待诺成契约时,眼神是爱意横怜的,但他们又没有马上壮起胆子将诺成契约的自由度扩大到全体简约之身。但既然罗马法之开端便将诉讼程序的监管权给了他们,他们就趁势而上。对于无正式契约以为凭据而提起的诉讼,裁判官还是不愿受理,但他们拿其簇新的简约论来充分引导诉讼程序的其他阶段。于是,他们一不做,二不休,某一年,裁判官在其告示中宣告道,当且仅当简约有其对价[32]之基础却未能发展成契约时,他得许当事 327

〔32〕 作者分用英语 consideration 和拉丁语 *causa* 分述此词。《布莱克法律大词典》释义 causa 时,反引梅因在本处之表述而语其曰 consideration。《布莱克法律大词典》第657页。

人提起衡平法之诉——古契约法之革命到此成功。在罗马法昌明时期,这一种简约常常是有法律效力的。它所遵循的原理,不过是水到渠成的诺成契约的原理;罗马法的专门化用语若是与其法理一般易于揉捏,这般被裁判官赋予效力的简约一早就改了一个新式的契约名号,一个新式的诺成契约名号。不过,在法律领域中,法律用语最难改名,故此,被赋予衡平法之效力的简约被命名为“裁判官法上的简约”而草草了事。这里还要说明,除非简约有其对价,否则,在新派的法律眼中,它还是**裸体**契约。欲令其具有法律效力,当赖要式口约之问答形式而将变其为口头契约。

我耗费了相当长的篇幅来探讨前述契约之变迁史并以正视听;它很是重要,可用其来抵御形形色色的魅惑之词。透过这般完备的叙述,社会观念历经了法的一个又一个重大界碑,走完了长征。它始于铜秤式买卖,铜秤式买卖杂糅了契约和物权让与,当于其中,议程与简约相伴相生,并更甚于简约本身。我们经过铜秤式买卖,来到要式口约,要式口约是上古之议程的简化版形貌。接下来是文书契约,在此,倘在罗马家庭的刻板风俗中可以找到简约之
328 凭证,议程便全然蠲除;在要物契约中,道德上的义务首次得到承认;当事人部分履行或默许对方部分履行简约的,不能以形式瑕疵为由而毁约。最后出现了诺成契约,当于其中,社会观念在乎的只是当事人之间的表态,人无权留意外部情形,除非它可以作为当事人互为允诺的印证。罗马人的观念去粗取精,这个历程在多大程度上可以作为人类契约观之变迁历程的例证?就此,我们确乎不敢断言。除了罗马,其他社会要么吝于提供相关信息,要么根本就将之遗落。罗马法正在现代法上全面发酵,所以我们得不到相向或同向的启发。不过,就我所描述的变迁历程而言,虽说它不暴烈,不绚烂,不高深,但我们有理由相信,古罗马的契约变迁史在某

一高度内可以成为其他原始社会之契约观的典范。但一定要提拔至这个高度，我们才能拿罗马法来代表原始社会的其他法。自然法思想绝无仅有，它是罗马式的；就我所知，**法锁**观也绝无仅有，是罗马式的。成熟罗马法中的契约制度和侵权制度具有诸多独到 329
性，当于其中，都有前述两种观念各自的或交织的影踪，因此，契约和侵权也是这个独特社会的独到出产物。这两种后进的法律观很是重要，不是因为它们将人类进步思想的必要出产物予以一体性的典型化，而是因为它们给现代人的心素施加了全面而广泛的影响力。

就我所知，罗马法，尤其是罗马契约法对各门科学的贡献精彩纷呈，无出其右，有思维方式上的、有推理过程上的、有特定用语上的。除了自然科学，所有刺激过现代人之心素的科目都是从罗马法的滤网上流淌下来的。纯粹的形而上学，其源头在希腊而非罗马，但是，在罗马法中，我们不仅能发现政治学、伦理学甚至是神学的表达载体，还能发现这些科目的老巢，它们中的一些高明理论为罗马法所滋养，并得以长大成人。为了解释这等现象，我们未必就非要去探讨语言和思想的神秘关系，也未必非要去解释，何以人心总是抓不住这些思想上的学科，除非在人脑子里可以恰如其分地预装一个语言仓库和一种能掌控逻辑顺序的器械。能说明一下一点就已足够，即当于东西方世界的哲学取向分道扬镳之时，西方思 330
想的创建人正在说拉丁语，他们的思想也体现在拉丁语之中。但是，在西方，唯一幸存下来能足够精准地反映其哲学目的的是罗马法的语言，它机缘巧合，几乎保留了奥古斯都时代的全部纯真，而白话拉丁文却堕入生僻的荒蛮之境，沦为一种土话。还有，假如罗马法在语言上为我们支助了一种精准的手段（以表现西人之哲学观），那么，它在思想上更是断然支助了一种手段，又精准，又精微，又精深。哲学和科学至少有3个世纪在西方没有家园；此时，虽说罗马帝国的臣工黎民多将精力放在形而上学或形而上的神学上，但在炽热的探讨中，其用语无一例外都从希腊所借用。这些科学的讲坛都设在罗马帝国的东部。东人也有争吵，有时候，他们的思想成果很是缠绕，对此，谁赞成，谁反对，每个人的观点都要载录下来。后来，东人具有争议性的思想成果引入西方时，西人虽不觉得它有甚兴味，却也未曾表达过反感，于是就囫囵吞枣，默默让进门来了。便在此时，有一门学科，艰辛之上，更显艰难，精妙之上，更
331 显精深，灵巧之上，更显灵动；它一直吸引着西方的教化之民。对非洲、西班牙、高卢、北意大利的化民来说，能够取代诗学和史学、哲学和科学之地位的本是法学，且只是法学。西人之思想早早发力，他们的法已经不再神秘，有了鲜活的色调，而西人之思想若是还隐隐透出别色，[33]定让人大呼惊奇。我唯一要表达的惊讶之情在于，由于新元素的出现，东人和西人有了观念上以及神学上的偏差，而鲜有人去关注这些。恰恰是由于法学的影响力变得强劲起来，所以，君士坦丁堡的兴建以及随之而来的东西罗马帝国分裂才得以成为哲学史上的大年。罗马法所派生而出的观念如今已然混入欧陆学者的日常观念，难解难分，故，他们似乎不如英伦人士更能领悟这等交关之年是何等重要。但另一方面，英格兰人愚昧不堪，自以为不适于现代知识的万源万流和罗马文明的智慧成果，由此，他们对其重要性同样视而不见。与此同时，若能有一位英格兰人，他不与避之不及的国人同属，愿意披肝沥胆，将古典罗马法研
332 读得烂熟于心，那么，就我的前述大胆主张，比起法兰西人和德意志人，他或能给罗马法予更高的评价。要想正确指明该这种新元素是何方神圣，要想了解它何以为社会整体观念所接受，并开始具

〔33〕 下文会讲到，作者指代的是罗马债法所携带的道德上的责任感和强制力之观念。

有统领作用，人应当了解罗马人贯彻罗马法的方式，还有，西人的早期神学和哲学思想有别于他们从前的思维界面，所以还应当注意到这般神学和哲学思想的特征。[34]

在罗马法中，对外国法影响最为广泛的是债法，近似的说，即契约和侵权制度。就这一意蕴丰富、四座皆惊的术语，罗马人自己也不知道它能有如此功用，一个例子是，他们使用了一个修饰语叫做**“准”**，如准契约、准私犯。“准”这一个字空前绝后地得到这般使用，罗马人是拿它当了分类的术语。英格兰学者将之与**默示**契约予以等同化，这其实是错的，因**默示**契约是真正的契约，而准契约却不然。在默示契约中，象征性元素是行为和情势，而在明示契约中，象征性元素是言辞。就允诺理论而言，无所谓人采此类或彼类
象征。但准契约根本就不是契约。这类制度中最为寻常的例子 333
是，一人向另一人错付金钱。为迎合世人在道德上的关切，法律给收钱之人设定了一份返还之债。但这二人的往来本质表明它不是契约，因契约的基本元素是简约，而这二人并无简约。“准”这个字具有导向性，将其冠于该罗马法术语之前，显示世人认为其所辅佐的观念[35]与契约观具有关联性，而人在对比这两种观念时，用了极其浅白的类比手法。这并不能显示这两种观念具有同质性或同因性。与此相反，这显示出，罗马人否认了它们的同等性；不过，罗马人又指出，它们具有近似性，因其一种行为的法律后果可归于另一类，此外，从一个法律部门中拿来的术语能平移到另一个制度中去，虽对自身之规则有表述不周之嫌，却也用语温润，不显张扬。

默示契约是真正的契约，而准契约根本不是契约。人有对此

---

〔34〕 作者认为，西人的神学观和哲学观颇不同于以希腊为代表的东方，原因就在于罗马契约法上的道德上的责任感和强制力观念渗入神学和哲学。本章后文会详述。

〔35〕 不当得利。

浑噩不明者。有人犀利地指出,这等浑噩与如下之显谬大有共通之处:人以为,在政治上出现权利和义务,是治人者与治于人者立
334 了原约的结果。在这一套说法变得有模有样之前,罗马契约法的术语早就被大肆用于阐释所谓君主和臣民之权利义务的互动性。满世界的箴言以其无上的实在性〔36〕阐述道,(臣民对君主的)默示顺从即为君主(对臣民)的债权。〔37〕这般箴言都伪装其源自《新约》,其实滥觞于阴魂不散的帝王专制思想。若不是罗马法上的债法支助了一套言语,使其能够投射到世人发育不良的观念上,治民纵是头脑清楚,知道自己享有相应的权利,也会手足无措,不知如何表述。〔38〕我相信,自西方史的发轫,君主之特权与臣民之义务就开始对峙,永无宁日;而只要封建制不减其活力,除了几个思想家,无人会关注这等对峙,因为,通过明明白白的习惯法,封建制已经将欧罗巴绝多君主过分的争权学说管控起来。然而,后来出现了一个恶名素著的情态:封建制消亡了,劳力者阶级抛弃了中世纪律法,教宗之威权已为宗教改革运动所去势,君权神授论却立刻扶摇直上,受到前所未有的重视。它风靡一时,却需罗马法用语予以更
335 常态化的支撑。这场论战原先就披上了神学的衣装,此时越来越现出法学论争之光景。就此,观念史上反复出现的一种现象再次出现了。随着菲尔麦〔39〕将自己的君权观发展成明确的主张,那个从契约法中所借用并一度用来为臣民争取自身权利而辩护的术语〔40〕被明确用来支撑天子庶民原约说。该学说初现于英格兰人之手,后递给法兰西人,而正是在此,它得了大势,用来概释社会与法的

〔36〕 Positiveness。作者用此词讽刺这些箴言就像是实在法一样蛮横。

〔37〕 这里使用的是复数形式的 claims。据韦氏词典,claim 有债权之意。

〔38〕 借助罗马债法思想,可知君主对臣民享有所谓债权是歪理邪说。

〔39〕 作者在第五章第五段提到了他(主张君权神授)和洛克的论战。

〔40〕 社会契约。

一切现象。但政治学和法学之间唯一的真切联结点却在于，后者给前者支惠了一套格外普适的术语。低调一点说，就君主和臣民之关系，罗马契约法能帮得上的忙不多不少，恰相当于它能给受限于“准契约”之债的当事人所施予的援手。政治学上的债观时时加于臣民之身，而“准契约”之债拿出一套足够精准的说辞和用语，与这种债观无限贴近。对原约说的吹捧，似无人能及惠威尔博士者，[41]他说：“为表达出道德上的真理，采原约说之形貌或显**便捷**。”当然，他所说的并不中听。

人在杜撰原约说之前，便已在政治学领域广泛使用此法律用 336
语，而当其后，原约说发挥了遒劲的影响力，这些都足以说明，政治学中大量存在由罗马法所独创的术语和观念。我们应另辟蹊径，从伦理学角度对这等术语和观念进行阐释，因为，就对罗马法之贡献的评价，伦理学著述比政治学直截了当得多，而就罗马法上的债之地位的认识，伦理学家也清醒得多。在言及伦理学对罗马法的极多亏欠之时，诸君应懂，我所表述的伦理学是在康德于其发展史上作出重大改革之前的伦理学，它是一门有关规范、解释和限定人类行为之准则的科学。自批判哲学的横空出世，伦理学的原义即丧失殆尽。它得以留存，只因罗马天主教的神学家还在决疑论的荒地里耕耘；除此之外，人似乎几已一致认为它不过是主体论的一个旁支。我认为，除开惠威尔博士，在当今之英格兰，没有一个学者能够读懂从前的伦理学；在为形而上学所吸纳之前，伦理学更注重人类行为准则的基础，而非准则本身。然而，自此而后，伦理学
不得不应付人类行为的实态，它或多或少就被罗马法所浸染。与 337
现代思想的一切大派相似，伦理学原先也与神学有交织。它的本

[41] 威廉·惠威尔(1794～1866)，毕业于剑桥大学，英国哲学家。

名是道德神学——当然,罗马天主教的神学家至今不改其名——道德神学的创建者所知有限,他们将教会的教义拿来作为道德神学的行为准则,而在表述和拓展这般行为准则时,却用了法律术语和法学方法。很明显,他们只想把法学当作思维的载体,但在此过程之中,法律当将自己的本色染向思维自身。因触碰了法律观念,所以伦理学沾染了法律的颜色,这在现代最早的伦理学文献中所见多矣。很显然,若是没有契约法,伦理学家肯定要独树一帜,以为道德义务乃是上帝之城[42]中公民的公共义务;而我认为,由于契约法与权利义务之关联性你来我往,难解难分,故有了这般基础,契约法就成为矫正前述伦理学家之褊狭的利器。随着一些非常了得的西班牙伦理学家开始在道德神学的领域里耕耘,道德神学中的罗马法数量明显减少。神学家[43]们用法学方法相互评注,经此一推进,道德神学自我供给了一套话语;他们的推理方式和表
338 达方式满是亚里士多德式的异样,这当多是从经院学派的道德观中吸收而来。就从前任何对罗马法烂熟于心的人都不会错解的思维和话语方式,此时,在道德神学的作用下,它们得以完成特殊的转型。若是道德神学的西班牙学派能够维持他们的声望,那么,伦理学中的罗马法元素就会变得微不足道,然而,罗马天主教的下一代研究者对西班牙学派之思想成果的使用导致道德神学的影响力几乎覆没。道德神学就此堕落成决疑论,欧罗巴的前沿思想对之兴致全无。此时,新伦理学完全受控于路德教派,大大偏离了道德神学所遵从的原路。这一结果的出现大大增强了罗马法对伦理学的影响力。

---

〔42〕 原文是拉丁文 Civitas Dei。语自《诗篇》第 87 篇第 3 节:“Gloriosa dicta sunt de te, civitas Dei!”(神的城啊,有荣耀的事乃指着你说的。)

〔43〕 原文是 doctor。

“我们看到，宗教改革运动发生不久，[44]伦理学分裂成两股主要思想流派。其中，影响力最大的是决疑派，他们全部与罗马天主教会保持着精神上的传递，几无不服天主教非此即彼之教谕者。另一派的结盟，都受了著有《战争与和平法》一书之大师胡果·格劳秀斯的知识传承。这一派人马都是宗教改革运动之拥趸。虽不 339
能说他们公开正式表态要与决疑论者为敌，但其思想体系的渊源和流向却与决疑论具有本质差异。我有必要呼唤诸君留意到此等差异，因伦理学的两派都受到罗马法的影响，而前述差异与此相关。格劳秀斯的《战争与和平法》每一页都触及了纯粹道德问题，而就后世那般正式讨论道德问题的众多论著而言，本书也是它们或近或远的思想之父，但人人皆知，这不是一本伦理学专著，它探讨的是自然法。且不论自然法思想到底是不是罗马法学家的独创，就连格劳秀斯都承认，罗马法中的法谚指明了已知的实在法哪一部分当归自然法之属；即便这等观点并不周全，也应赢得人最崇高的敬意。由此，格劳秀斯的思想体系基础与罗马法大有交缠。很明显，因了这等牵涉，——若非如此，作者的法学思维过程当落脚何处？——作者在字里行间可以自由运用罗马法的专门用语、推理方式、界定方法和阐述法则。读者若是不明白其学术思想从 340
何继受而来，就无从发现其观点有多么聪慧、有力而恳切。而在另一个层面，决疑派从罗马法中所借不多，它所用来争鸣的道德观与格劳秀斯的看法毫不相干。在决疑论之下，全部善恶观都有其思想源头，即，将罪孽分等为下狱之罪行和可赎之罪行。[45] 若将某个特定行为被定为下狱之罪行，后果不堪设想，决疑论者当有急欲避

〔44〕（作者页下注）本段引文摘自作者于 1856 年发表于《剑桥论丛》（*Cambridge Essays*）的一篇论文，稍有改动。

〔45〕原文是 Motal and Venial sin。

而远之的动机；还有一点也很好理解，决疑论者为了支援罗马天主教会，以争鸣于新教，也有渴望之动机，要为天主教令人费解的宗教思想减负。这两个动机就推动了决疑论者去创设一套精巧的评判体系，将不义行为尽可能从下狱之罪行的类属中移除出去，并将其贴上可赎之罪行的标签。决疑论者所为的这一社会实验主何凶吉，将由普通人的观念变迁史来决定。我们都了解，有了对罪孽的分等，神职人员就能够把握精神上的控制力，以使之适应人性之万端，而这确实给王侯、政客和草民施加了影响——在宗教改革运动之前，这是闻所未闻的；天主教回过神来，大力阻碍和限制了新教的第一波传承力，对罪孽进行分等的做派也是居功至伟。它无意
341 开辟，只想躲闪——不是要去发现新规，乃是要去遁避陈法——不是要笃定善恶之本，乃是要判定善恶之行。甫一开始尝试，决疑论便处心积虑，步步推进，待收场时，却淡化了行为的德性，背离了世人的善本，终于，人的本心突起反扑，万众交于一心，灭了它的主义，倒了它的神汉。良久良久，帕斯卡尔的《致外省人信札》给它以最后一击。自这些令人难忘的信文面世之后，就连人微言轻的伦理学家也不再对决疑论亦步亦趋，开诚布公地行其意念了。格劳秀斯的拥趸独占了伦理学的全部领域；超多的踪迹表明，此时的伦理学与罗马法牵缠无已，当然，它偶尔会抄错罗马法，也偶尔会录入格劳秀斯本人所推崇的罗马法部分。自格劳秀斯的时代过去以后，许多思想家修改了他阐发的原理；当然，自批判哲学风生水起之后，许多思想家还径自抛弃了他的思想；但即便是那些拒格劳秀斯之基本思想于千里之外的思想家也大大承受了他的表达方式、思维过程和说理方法；当然，对罗马法无知无识的人来说，这一切都毫无意义。”

342 吾也有言，除开自然科学，受罗马法影响最为轻微的科学乃是

形而上学。原因在于,用以将形而上学之探讨落笔成文的是希腊语,起初他们不掺外文,后来才用拉丁语土话的句法浅白地表述希腊语观念。现代用语若要合于形而上学思想,当使用此等拉丁文土话,要不然就只好模仿它形成的原始过程。现代人探讨形而上学时所使用的语源乃是用拉丁语译出的亚里士多德的著述。且不论这些译文是否从阿拉伯语中转译而来,译书人是这样筹划的:他才不要找到对应的拉丁语表达,而是在拉丁语词根上新造了一些词组,使之等同于希腊哲学思想的表述。在此过程中,罗马法殊无寸功,最多有几个拉丁语法律术语得以变形,进入形而上学的话语里。同时,还有一点值得一提:无论何时,只要西欧人热烈探讨形而上学中的问题,他们的语言或思维都背离了法的本源。希腊人 343
从未被自由意志和强制力[46]这两个哲学大难题所深困,这个情况在思想史上给人留下了非常深刻的印象。我就此并不想佯作要草草解释几句,但我的以下观点似乎与前述情况有些干系,即,希腊人和使用希腊语进行思考和交流的人从未显示出其有哪怕一丁点本事,去创设出法学来。法学是罗马人创想出来的。当我们从法学的角度来思索形而上学时,自会蹦出自由意志的问题。[47]倘使万事万物以不变的顺序反复出现,它们是否出于强制力而具有相关性?——这,怎么会成为一个问题呢?我只能说,伴着罗马法的发展,它越来越倾向于将法律原因与法律后果通过一种强制力而联结起来。就此倾向性,一个最为鲜明的例证即是我反复援引过的罗马人给债下的定义,“使他人为一定给付的法锁”。[48]

---

〔46〕 原文分别是 Free - will 和 Necessity。Necessity 一词被韦氏词典认为具有 moral compulsion 之意。

〔47〕 自由意志与道德上的责任感紧密相关,而罗马人的债法观在发展到要物契约阶段时开始出现道德因素。

〔48〕 作者在前文解释债的含义时指出,债具有法律上的强制力,见边码 313。

不过,自由意志首先是一个神学问题,然后才成为哲学问题,而若说其专门性由法学所赋予,当是因为法学为神学所感知。未有前人对此处之重大问题做出过令人信服的解答。我们需要确定,人有否以法学为媒而查看神学之原理?法学的语言独特、推理方式独特、对生活诸事的解决之道也很独特,它有否为神学思想开
344 过新渠,使其外流和蔓延?要给出答案,当有必要思考,就神学原先吞食过的心智,它的食材若何,最好的学问家都已达成了什么共识。各方都已承认,基督教会最早使用的语言乃是希腊语,它最早面对的问题就是后世希腊哲学铺路以迎的问题。希腊形而上的(神学)文献别无他物,充斥着世人就属灵的人、属灵的物和属灵的自然[49]而借以深入论战的那般机锋和观念。而拉丁语和贫弱的拉丁哲学对这等营生的投入并不均等,相应地,在罗马帝国的西部,拉丁语部的人不加争辩,不加核查,便采纳了东人的理论成果。密尔曼教长说:"拉丁语部的基督教徒词汇量稀少而贫乏,它接受教义时,没办法找到恰当的术语。罗马以及西方对其的追附,大抵是被动默认了东方神学家用更精奥的神学理论所浸淫的教义,它对其神迹的探索没有朝气,没有原创。拉丁语部的教会是门徒,是亚大纳西[50]忠诚的党人。"但是,东西方分裂加剧,拉丁语部的西
345 罗马帝国人民有了自己的文化生活,此后,他们对东人三从四德之境况马上被翻转过来,因为他们自己激烈地讨论了大量的问题,而东人对此领域完全不知所措。"当希腊神学[密尔曼著:《拉丁语部的基督教》,自序,第5页]以更精致的妙曼持续对上帝以及基督之本性持续进行界定时"——"在羸弱的西罗马帝国,各个派别不断

---

〔49〕 原文分别是 The Divine Persons, the Divine Substance and the Divine Nature。

〔50〕 Athanasius(约293~373),早期基督教护教士,神学家。曾任亚历山大城主教。

抛出议题,不断延伸,永无绝时”,西方教会饱含热望地投身于由这般议题所生发的簇新教派之中,而相同的情形也发生在拉丁语部的教友之间,自始而今,各家各户的兴致高昂而持久。西人认为,人生来就是有原罪的,还会把这罪过传给子孙——罪过本由人,主却代赎之——因他代人身死,于是上帝与人达成了和解,这有其强制力和充足性——这些教义超越了自由意志与神意的外在对抗性——自此,西人探讨这全部的要义,跟从前的东人讨论更为特别之教条一样不亦乐乎。希腊语部和拉丁语部被一条线一分为二,两边的神学观点各成一排,它们何以泾渭分明?宗教史学家认为,东人讨论的老问题太过抽象,将基督教义撕裂成片,而西人探讨之新问题相对要“实际”一些。他们的看法已经很接近答案了,但据我所知,还没有一个切中要害的。我可以不假思索地确信,东西神 346
学思想的差异性当归因于以下实情:东学西渐之时,神学的氛围变了,由希腊式的形而上的转成罗马法式的。在神学问题还未上升为压倒一切的重要问题之前,在西罗马帝国,罗马人的全部认知行为只在法学上耗费,好几百年不变。彼时,他们全部的心思都被占据,只管将一套别致的法则加于一切;万事万物,有条有理。他们聚精会神,外国人的风尚或品味无法熄灭他们的注意力。为能继续这一劲头,他们保有了一个精准而丰富的词库、一种严密的推理方法、一组多少被实践验证过的一般品德观以及一套僵化的伦理学体系。若是基督教的文存之中提到的若干问题与罗马人所惯熟的理论体系比较接近,那么,他们有可能将之选为己用,但他们不可能借用自身的法律思维习惯来处理前述问题。任何人,只要他熟悉和认同罗马法上的刑法制度、因契约或侵权而设的债的思想、罗马人对债本身以及债的发生、消灭和转移方式的看法、罗马人就个体通过法律地位概括继承制度而得以续存的观念,我就相信他

347 可以告诉我们,其思维架构与西方神学如此意气相投,这种思维架构却又从何而来?他们在表述神学问题时,所用的术语却又从何而来?他们在解答神学问题时,其在推理过程使用的表述却又从何而来?我们只需要想想,那般融入神学理论的罗马法不是从其故城的故纸堆里来的,也不是从拜占庭皇帝的律法中裁剪出来的;当然,它更不能是那一堆绝多已经葬身于现代学说之中的法则——这堆法则已经烟消云散,却被冠上了现代民法的名义。我要说的罗马法仅仅只是由安东尼时代的伟大法学家所创的法哲学,对此,优帝后来在其《学说汇纂》中有可能部分重现。这一套思想体系堪称无瑕,若说它有缺憾,那就是它要求的典雅性、确定性和精确度超出了人力所及,而唯有在人力所及之内,人法才会想着去规制它。

英格兰人看轻了罗马法,他们对此予以坦然承认,有人甚至不以为耻,反以为荣。这造成了一个奇特的后果,即许多大名鼎鼎的英格兰学问家随波逐流,就世人在罗马帝国时期的心智状态,他们提出了许多矛盾之极的悖论。常常能听到有人大言炎炎,其口舌之快,似乎世上从无冒失论证之情事。他们说,自奥古斯都时代之
348 谢幕而始、至民众对基督教信仰初生兴味而止,在此期间,文明人遭了击打,他们的心力处于瘫软状态。其时,世上有两门学问——除了自然科学,这或是硕果仅存的两门——人心有动力,有能力去使用这两门。其中一门是形而上学;只要人心在思动,形而上学是无止境的。另一门是法学,人心所至之处,俱是法学的领地。当此期间,希腊语部向着一门,拉丁语部向着另一门。我并没有说亚历山大城和东方有什么理论成果,但我笃信,在其他心力缺位的情形下,罗马人和西方人的心力全为法学所占领,这足以填满他们的心。我还要说一点,就我们对西方人和罗马人的了解,他们孜孜以

求，事必躬亲，其产出可当其所付出。或许只有法学家能完全了解法学可以在多大程度上吸纳人众的心力之果，但凡人也不难领会，罗马之人心大都为法学所占，其领地竟有如此之大。“以长期而论[51]， 349
就一个特定之社圈，其法学是否昌明，取决于各自思想史之境遇，这与其他学科并无二致；而这又主要取决于国民心智的倾注程度和倾注时间。”[52]自《十二表法》的公布而至罗马帝国一分为二的全部期间，所有直接或间接的因素合力而为，推进和完备了罗马法，它们并未止歇，而是持续发力。这般因素既非时多时少，又非时有时无，而是不断加力，不断增多。你我当念及，朝气蓬勃的国民向学最早的学科当是法学。一旦国民的思维开始有意识地向着抽象而奋进，便要着手将寻常生活纳入通则和大道。刚开始，国家还年轻，万众一心向法学，关注它的人极多，而待到一定时期，人就没那么多了。法学笼罩人心的情状被分解了。人不再蜂拥而至，破晓之时就来聆听法学大家的教诲了。以前，英格兰出庭律师公会的学徒人数以千而计，如今只好以百而计。艺术、文学、自然科学、政治学，都要在国民之心智中争得一席之地。只有一个领域里的专家还在切磋法学。关注法学的人不能说太少，也不能说法学研究没出成果，只是，它此刻的吸引力有多大，一是取决于其回报有多大，二是这些专家对法学发自内心的推崇有多深。此时罗马 350
的变化比英格兰还要明显。到了王政期的尾声，法学成为唯一还向全部有识之士开放的孤地，但仕途之精英却对它置之不理。但是，仿佛我国的伊丽莎白时代一样，自奥古斯都时代而始，心智之进路上迎来了新气象。人人皆知其在诗词歌赋上的成就如何；但

---

〔51〕（作者页下注）本段引文摘自作者于 1856 年发表于《剑桥论丛》（*Cambridge Essays*）的一篇论文。

〔52〕 本段引文至何处而止，原书并未注明，因原书只有上引号，并无下引号。该下引号为译者自行判断而添加。

还要说明一点,有迹象显示,此时的罗马不仅仅在骈文上好生兴旺,它还要立马显示出新的取向,要去征伐自然科学之领地。然而,就在这一刻,罗马帝国的思想史不再与人类一般思想进路相并行。在诸多因素的影响力之下,短命的罗马文学突遭横死。有些原因还是有迹可循的,但在此处进行剖析并不合适。古老的思想急遽而有力地回归了原有的轨道。与往日不遑多让,法学再次成为有识之士的独占地;此时,罗马人鄙弃了哲学和诗学,认为只有稚气未脱的民族才去把玩之。当于帝政期,如一个人天资聪颖,要令他甘附法学家之骥尾,其外在吸引力何在?最好的理解是,他要考虑择业之机。他可以去讲授修辞学,可以去边陲要塞指挥兵马,
351 可以去专写谀辞。还剩下一条门路为他而开,那就是去搞法学研究。透过**那条**门路,康庄大道为他而铺,他可发家,可赢名,可上位,可任君王之幕宾——还有可能登上王座。

法学研究的回报如此丰厚,以至于罗马帝国的每一个畛域都有法科学校,甚至包括形而上学的领地。[53]虽说帝国让位给拜占庭之事给法学在东部的开疆拓土带来了不小的冲击,但是,法学一直孜孜以求,以致功成。它的语言是拉丁文,对东罗马帝国之分部而言,这是一套洋话。仅是在西罗马帝国,我们才敢说法学不但是仁人志士的精神食粮,而且是所有心智活动唯一的滋养品。对罗马的儒生阶层而言,希腊哲学从来都是一时风行的调味剂。人在帝国的东部设了新都,[54]并随后帝国一分为二,从此,西人与希腊哲学思想的割裂和对法学一心一意的投入也更决绝。他们不再继续呆坐在希腊哲学的山脚,而马上开创了自己的神学。证据表明,他们的神学思想中渗入了法学观念,并用法律术语予以表达。我

〔53〕 帝国东部。

〔54〕 330年5月11日,君士坦丁堡。

们确信,法学之基石深藏于西方神学之中。尔后,新式的希腊哲 352
学,即亚里士多德式的哲学取路向西,但其固有原则在此过程中几
乎全军覆没。不过,到了宗教改革运动,希腊哲学中的一部又挣脱 353
了固有原则之影响力的羁勒,激射而出,转瞬之间又找到了与法学共处的领地。很难说加尔文派和亚米纽斯派各自的教义中的法律特色是不是强烈了。

罗马人向现代法的相关部门所产送的特别契约制度取得了广泛影响力;与其说其影响力是作用于现代法学专著,倒不如说它作用于现代成熟法制。在博洛尼亚大学创建欧洲现代法学之前,世人似未感知它的力道。但在帝国沦陷之前,罗马人就已经完备地推进了其契约观。欧洲现代法学得以创建的许久以前,这一实际情况就已经有其厚重感了。我已经多次说明,封建制度是蛮人习惯法与罗马法的混合物;其他任何对封建制度的阐释都站不住脚,都不可理喻。封建时代的早期社会组织形态与人类文明初期的一般社会组织形态差别无几。在体系上,那般财产权和人身权杂糅无解的社会关系和封建时代的采邑关系分明就是一胎双生的兄弟。采邑关系与印度之村社关系和苏格兰之海兰氏族关系也大有共通之处。不过,在封建制度下,还是呈现出若干现象,这在初民自发形成的某些组织形态下时寻觅不到的。远古社圈之拢合,靠的不是明法,乃是情感或曰天性。这种天性从血缘中自然而然地迸发而来,外人要加入亲属社圈,须假设其是亲属的一分子。[55]但最早封建社圈之拢合,靠的既不是纯粹的情感,也不是法律上的拟制。牵系他们的是契约,他们通过彼此缔约而形成社会组织。领主与封臣关系的既定,最初仰仗的是明约。人若要移入采邑关系,

〔55〕 收养之拟制。

当通过**委身制**或**赐封采邑**而完成,这已成为明确共识:此乃他获得领主首肯的先决条件。由此,有了契约思想,他们之间笼罩了这一种气氛,而封建制度与原始社会的纯粹习惯法主要由契约思想所区分开来。领主与家长式的头人共有诸多特征,但领主的生杀大权受限于许多既定的习惯法,而这些习惯法都能追溯到采邑赐封之时他与封臣明确约定的条件。封建社会不类于真正的远古社会,其大异由此而浮现。这般大异要持久得多,其式样也多得多。它更持久,因明约比天性要坚固;它更多样,因人可以令其基础契
354 约适应最细微的情形,而人在委身领主或献出(自有)土地时,他所表明的愿望也都能透过契约而得到满足。思量之余,我们能想到,那般浮游于你我脑海里的有关现代社会之起源的粗浅观念多么需要大大修葺啊。人常说,现代文明的等高线参差不齐,层次繁多,这都归于日耳曼人纵性尽情、挥洒无度的奇思妙想,而这常常左于罗马帝国的循规蹈矩、刻板无趣。其实,罗马帝国向现代文明所遗赠的法律观念才是这等错落有致之现象的原因;若说蛮子的习惯和制度最鲜明之特征是什么,那就是,它们千篇一律。

第十章　不法行为与犯罪行为之远史

在古代世俗法体系之中，吾人能够精准把握 355
其本来维度的，只有条顿人的法，包括[1]盎格
鲁－撒克逊老祖宗的法。罗马人和希腊人的法
所现存之残片虽足以向吾人自证其一般体征，但
其所遗之部分尚不够令吾人核定其真切的尺寸，
或其体系中各个法律部门的比重。不过，总而言
之，已知的古代法之大全有别于成熟法的体系，
因它们都有一个特点，即刑民之比大异。在日耳
曼法中，较诸刑法，民事法律部门之维度不足道
也。德拉古所立的严刑峻法一直为人所褒贬，这
一野史似能显示该法也有同样的特点。唯《十二
表法》出台之时，罗马社会的法律气质更为浓郁，
民风更为和气，其中的民事法已经有点像现代民 356

〔1〕 作者使用“包括”一词，是因盎格鲁－撒克逊人是条顿人的一个大分支。从作者行文来看，当是将“条顿人”和“日耳曼人”当了同义语。韦氏词典也持同解。

法先驱的意思了;但是,其间有关纠正不法行为的相对场面不能说是宏大,但也可说大了。窃以为,似可下如此断语:法典越是古旧,其刑事法越是周严和详尽。人一直在研究这一现象,并解释说,这是由于,社会在刚开始将其律法浓缩成文之时,人人尚武;还说,彼时之立法者是根据蛮人在生活中事端类属的滋生率来分派自己的工作的。他们如此解释,无疑大抵是准的,但我认为还不周全。我们应当这样想,民法在古代法大全中相对贫瘠,这种现象与本书所探讨之古代法的其他特征具有一致性。为文明社会所践行的民事法律部门十有八九倒是由人法、物权法、继承法和契约法所构成。而我们越是接近社会关系的稚弱状态,这般法律部门的边界越是
357 要缩进。人法无非就是身份法,只要各种身份都能归于家长权之下,只要妻子无权以对其夫、家子以对其父、襁褓中的被监护人以对作为其监护人的宗亲,人法当被限定得无限的弱小。与此类似,只要土地和物事只在家内流转、只在圈子里分配,物权法和继承法无法变得丰满起来。但古代民法(与刑法)的巨大差距还是由于契约法缺位而造成的,有一些古法无涉契约制度,还有一些古法为一套精巧的神判法设了一席之地,于是它只好有力地证实了彼时稚气未脱的道德观——其契约制度便是以此为基石而创设的。而相应的理由不会造成刑事法律的羸弱,于是,即便我壮起胆子声称,在一切民族的稚弱期,满是无法无天的暴行,吾人也当领会,现代社会的刑民之比乃是古代法的反衬。

我已提及,古代法对**刑事**法律的重视超过了现代法。这样说只是为了表述的方便,其实,通过检视古代法,当发现这般篇幅过大的法律并不是真正的刑法。文明社会的法统不约而同地将对**国**
358 **家**的侵害行为与对**个人**的侵害行为区分开来,它们一分为二,分别

叫**犯罪行为**〔2〕和**不法行为**〔3〕;在此,我就不佯装它们在法学中的使用总是那样贴切了。行文至此,应当说古代的刑法并非有关犯罪行为的法,而是有关不法行为的法,或者,使用英文中的术语,它应该叫侵权行为法。一人受了人身侵害的,会依普通的民事诉讼程序状告不法行为人,他胜诉的,以金钱之损害赔偿金的方式获得赔偿补救。如若翻开盖尤斯的《〈十二表法〉评注》一书,看看他对以《十二表法》为基石的刑法有何认识,我们能看到,罗马法所认可的实在法上的头一个不法行为就是**盗窃**,现代社会决绝视为**犯罪行为**的侵害行为,被他们决绝地视为**侵权行为**。还不光是盗窃,罗马法学家将企图伤害〔4〕和暴力性的抢劫与非法侵入他人不动产或侵害他人人身财产〔5〕、书面诽谤〔6〕或口头诽谤〔7〕相关联。〔8〕如此这般的类型化行为都将产生债,或曰**法锁**,都以金钱之给付而清偿。然而,这等独特的看法还被大大输入了日耳曼人各族〔9〕的法之中。对于杀人行为,这些法律无一例外,都用长篇大论描述如何用金钱进行赔偿;而涉及轻微伤害时,它们大多也认为赔钱了事,只有少数例外。肯布尔先生〔10〕曾写道[《盎格鲁 - 撒克逊人》(第 1 卷),第 177 页]:"据盎格鲁 - 撒克逊法,每个自由人因其阶层的不同而有其命价。他是贵族也好,平民也罢,其民事权利受到侵害的,其身体遭受的每一处伤口都有相应的赔偿额;该赔偿额偶 359

〔2〕 作者分别用英文 crimes 和拉丁文 *crimina* 表述。

〔3〕 作者分别用英文 wrongs 和拉丁文 *delicta* 表述。

〔4〕 Assault,指意图伤害的殴击未遂,属于普通法上及制定法上的轻罪。《元照英美法词典》第 104 页。

〔5〕 Trespass.

〔6〕 Libel.

〔7〕 Slander.

〔8〕 前面罗列的行为并不与后者一一对应,而是有交织。

〔9〕 下文提到的盎格鲁 - 撒克逊人就是日耳曼人的支裔。

〔10〕 John Mitchell Kemble (1807 ~ 1857),英国历史学家。

会加重。”显然，这般金钱是彼时世人的宝贵收入来源；自有一套繁复的法则用以规制其权属以及持有时应该具有的责任心；[11]我也有机会表陈过，若是人身死而未能向他人赔偿这般本应由他来赔偿的金钱的，这般赔偿义务自有其继承规则[12]。倘若是个人、而非国家遭受了**不法行为**或曰**侵权行为**，而彼时调整这般行为的法恰恰认为遭受不义的是这个受害人，我们便可以断言，在法的稚弱期，公民想要免受暴力或欺诈之害，他们能仰仗的不是刑法，而是侵权行为法。

故在古代法中，侵权行为法得以大幅拓展。应当指出，渎神行为也是侵权行为法的领地。就日耳曼法而言，几乎不用作此强调之语，因这等律法乃由基督教之立法者收集、重塑并呈现给今人。不过，就违背教规和教令的特定积极行为或消极行为，基督教以外的古法统也确实规定了刑责。在雅典城邦，由亚略巴古山的贵族会议[13]颁行的律法或许就是一部特别神法。而在罗马，主教之祭礼书所包含的法显然在很早的时代就开始惩戒通奸行为、渎神行为，或许也惩戒谋杀行为。由此看出，雅典城邦和罗马国的律法确
360 实惩戒**渎神行为**。彼时，也有惩戒**侵权行为**之律法。人有了冒渎神灵之认知，便造了第一等的法令；人有了侵犯邻人的认知，便造了第二等的法令；人有了侵害国家或社圈的认知，却没有加紧造出真正的刑律。

我们不应该认为，原始社会的观念过于直白和粗粝，以至于人

---

〔11〕 家长作为家庭的法定代表人应当具有责任心照顾全家。

〔12〕 法律地位概括继承。

〔13〕 原文是 Senate of Areopagus。Areopagus 中译为亚略巴古山（《元照英美法词典》译之为阿雷奥帕古斯），其字面意义是“阿瑞斯的岩石”，在古典时期作为雅典刑事和民事案件的高等上诉法院。据称阿瑞斯因为杀死波塞冬的儿子哈利罗提奥斯，就是在此接受希腊众神的审判。Senate 类似于罗马的元老院。

认识不到对国家的不法行为；倒是应该说，正是由于人认识到了这种行为的不同，才真正阻挠了刑法的发展。无论如何，罗马国认为自身遭了侵害的，会将之类比于人对人的不法行为，并严格从表面上类比对方的责任，于是，罗马国的报复行为就是对不法行为人的个别行为。于是就出现了这样的后果，在国家的稚弱期，若是有人严重动摇社稷安危或益损，则通过额外立法以示惩戒。而这就是最早的**犯罪行为**——此类行为事关大体，国家并未将管辖权[14]留给世俗裁判庭或宗教审判所，而是针对人犯特别制定了法，叫作**特别敕令**[15]。故此，每一份公诉书就好比一份特别处刑法案[16]，而对**人犯**的每一个审判程序都非比寻常、光怪陆离，完全独立于既有法则和情境。其一，审判机构即主权国家本身；其二，人未对被规 361
制或禁止的行为进行分类，于是，出于这两个缘由，彼时并没有出现刑事**律法**，也没有出现犯罪学。（审理叛乱者的）程序与通过一项普通的法案殊无二致，它由同一群人在高度等同的庄重感之下而动议。还应注意，后世已有一般性刑法，也配备了刑事法院和法官以策刑法之施行，但，许是为了跟思想保持一致吧，人仍是严格维护和遵行前述之古老程序；不唯如是，虽说如此权变之策早已声名扫地，但为罗马人所深深倚重；对于谋反者，他们保有了自己的威权，通过特别法惩之。不需要我提醒古典学派，这些学者都记着，即便是寻常的刑事审判庭已经设立，雅典人还是让他们自身的特别处刑法案[17]继续存在。还有一个人人皆知，日耳曼各族中的

〔14〕 原文是英语 cognisance。

〔15〕 原文是拉丁语 *privilegium*。

〔16〕 原文是 a bill of pains and penalties。《元照英美法词典》对此的解释是，它是“在英国，通常由上院（有时也可由下院）提出，对某一（类）特定个人不经普通方式审判即处以刑罚的法案，此类法案包括两类，褫夺公民权法案和特别处罚法案……”

〔17〕 作者分别用英语 Bill of Pains and Penalties 和希腊语 εἰσαγγελία 为此表述。

自由人召开立法会议时，也扬言利用威权去惩戒特别的恶行或高等人所犯之罪行，而这便是盎格鲁－撒克逊人所谓“贤人会议”[18]之刑事管辖权的本质。

我说过古今刑法观存在差别。人或认为这种差别仅是口口相
362 传。人或言道，国家不仅通过立法来干涉和惩罚犯罪行为，并且很早就设了裁判机构，并干涉不法行为，以迫得不法行为人低头；而倘使国家确有此举，一定是因为不法行为人的侵害使得国家在某些层面受损。以现下而论，这番推理很是严密，但是，古人是否确实为此所说所蛊惑过，颇值得怀疑。国家受害之观念，与国家肇始**透过裁判机构**而介入（之实情），这二者的相干性有多么微弱？可以从以下这一有趣的情形中看出来：人起了私争的，通常会随意抓来一人仲裁，以平息争端。最初，衙官在行使审判权时，刻意高度模仿了前述民间争端解决程序。

为表明所言并非虚妄，我这就来论证。今人知悉最古老的司法程序乃是罗马法上的誓金之诉[19]，它有悠久的历史，可以证明，后世罗马之诉讼法就在它的基础上成长起来。盖尤斯曾对其议程予以认真描述。乍观之，这议程既无意味，又不类于常情，但，你我只用稍加留心，便能破解和阐释其内蕴。

讼争之物当呈上庭。该物为动产的，当将实物携至庭上。而
363 该物为不动产的，当携其部件或取样；譬如说，讼物是土地的，以一块土壤代之，是房屋的，以一块砖石代之。盖尤斯遴选了一案，是二人争一奴。程序开始，原告执棒而趋前；对此，盖尤斯明示道，这棒代表刺矛。此人揪住奴隶，口称：“**我声明这个人根据罗马市民**

---

〔18〕 盎格鲁—撒克逊时代的国家最高会议。其组成人员包括国王、贵族、领主、高级教士、郡长等。《元照英美法词典》第1420页。

〔19〕 原文是拉丁语 *Legis Action Sacramenti*。

法名正言顺地归我所有。"[20]他又以矛触这奴人,称:"**我把木棒放在你身上。**"[21]跟着,被告也完成了同样套路的动作和姿势。此时,裁判官介入,他吩咐这二位争讼者松手,说:"**你们俩人放开这个人。**"[22]他们就遵命照办。原告问被告为何要找裁判官干涉:"**我请你说你以怎样的名义提出诉讼要求。**"[23]被告重新主张权利,答曰:"**我在放置木棒时已经主张了权利。**"[24]听到这句话,第一名争讼人[25]提出,为审此案,不如赌一笔钱,唤作誓金[26]的,他说:"**由于你的要求是非法的,我要求同你赌500阿斯。**"[27]而被告接受这份赌注,他如是回答:"**我要求同你打赌。**"[28]接下来的程序无非就是正式审理,但应留意,裁判官会(要求双方)为誓金设保人,并通常将誓金充作国帑。

这就是古罗马每一宗诉势在必行的开场。窃以为,人不得不认同道,此乃对审判之起源的戏剧化处理。有二人持械相争一物。364
裁判官,**一位尽忠职守之人**[29],碰巧路过,便涉入以止其纷。争者向他陈情,同意让他仲裁。各方讲好,输家不仅要放弃所争之物,还要给仲裁人一笔金钱,以酬谢他的劳神和费时。这番阐释颇值

---

[20] 原文是拉丁语 *Hunc ego hominem ex Jure Quiritium meum esse dico secundum suam causam sicut dixi*。这句话和本段引号中的其他六句话的译文参考了黄风的译著,参见盖尤斯:《盖尤斯法学阶梯》,黄风译,中国政法大学出版社2008年版,第211~212页。此处Jure Quiritium原被译为"罗马法",实则其更严格的含义是罗马市民法,是裁判官法的相对概念,也是万民法的对称。译者在本处对黄风的译文稍有改动。

[21] 原文是拉丁语 *Ecce tibi Vindictam imposui*。

[22] 原文是拉丁语 *Mittite ambo hominem*。

[23] 原文是拉丁语 *Postulo anne dicas quâ ex causâ vindicaveris*。

[24] 原文是拉丁语 *Jus Perigi sicut vindictam imposui*。

[25] 原告。

[26] 原文是拉丁语 *Sacramentum*。

[27] 原文是拉丁语 *Quando tu injuriâ provocasti, D œris Sacramento to provoco*。

[28] 原文是拉丁语 *Similiter ego te*。

[29] 原文是拉丁语 *vir pietate gravis*。等于英语中的a man of much piety。

称道,因,盖尤斯所描述之议程乃是法定诉讼[30]中必须要走的过场,而巧的很,在荷马笔下,神祇赫菲斯托斯[31]在阿基琉斯之盾[32]的第一层[33]铸入了两个主题[34],其中之一[35]便与这议程大抵相当。若要明示原始社会之特征,那么实际上,在荷马所描画的审判图景中,人所争执的不是财产,而是命价。一人称他已经支付,另一人却称他并未收到。这般图景可与古罗马的司法实践相互印证,其标志性的细节乃是为各位判案人所预设的奖金。人将两塔

---

〔30〕 原文是拉丁语 *legis actio*。前文誓金之诉是法定诉讼的其中一种类型。

〔31〕 Hephœstus。宙斯和赫拉之子。火神,匠神。

〔32〕 由阿基琉斯之母忒提斯央求赫菲斯托斯为他打造。

〔33〕 盾面共五层。但作者所指第一层是否就是下文所说的婚宴与审判两个主题颇值得怀疑。

〔34〕 婚宴和审判。相关诗文见罗念生译的《伊利亚特》(第 18 卷)第 491 ~ 508 行[《罗念生全集》(第 5 卷),荷马史诗《伊利亚特》,上海人民出版社 2004 年版,第 478 ~ 479 页]:

一座城市里正在举行婚礼和饮宴,
人们在火炬的闪光照耀下正把新娘们。
从闺房送到街心,唱起响亮的婚歌。
青年们欢乐地旋转舞蹈,长笛竖琴
奏起美妙的乐曲,在人群中间回荡,
妇女们站在各自的门前惊奇地观赏。
另有许多公民聚集在城市广场,
那里发生了争端,两个人为一起命案。
争执赔偿,一方要求全部补赔,
向大家诉说,另一方拒绝一切抵偿。
双方同意把争执交由公判人员裁断。
他们的支持者大声呐喊各拥护一方,
传令官努力使喧哗的人们保持安静,
长老们围成圣圆坐在光滑的石凳上,
手握嗓音洪亮的传令官递给的权杖,
双方向他们诉说,他们依次作决断。
场子中央摆着两塔兰同黄金,
他们谁解释法律最公正,黄金就奖给他。

〔35〕 审判。

兰同[36]黄金摆在中间，哪位判案人的裁断理由最令看客心折，黄金就归谁。对照后世的涓滴誓金来看，这笔巨款似乎暗示，游移不定的习惯不同于溶于法律之后的习惯。诗人所言之图景又鲜明，又独特，但它也是偶发的；在文明变迁史的滥觞，英雄时代的这般 365
城市生活特征已升华至审判中反复出现的常态化议程。于是乎，在法定之诉中，酬谢判案人的金钱自然而然地缩减至一个合理的数额；还有，酬金不当因看客的鼓呼而给予一众仲裁人中的一员，而应交给由裁判官所代表的国家。虽然荷马所述之情事如此鲜活，而盖尤斯述之以非常生硬的特定用语，但我也无法质疑，这二者的意蕴大抵相同；更有甚者，人多留意到，到了现代的开端，在欧罗巴的审判习惯中有个特点，法院处以侵害人[37]的罚金本是**誓金**。此时，对于被告（杀人）的不法行为，国家（虽然已经开始）认为自身是受害人，[38]但并未从他身上收取命价，不过，从被告支付给原告的赔偿额中，国家抽取了一定额度，以作为它劳神和费时的合理价金。肯布尔先生明确认为盎格鲁－撒克逊人之**治安告示制度**或**破坏治安罚款制度**具有这般特点。

古代法中还有其他证据，表明最早的审判照抄了民事争端人的做法。判案人就以被侵害人可能采取的报复手段为指导，以此计算应当判定的损害赔偿金。如此才能准确解释，侵害行为正在 366
进行或甫一进行完毕，侵害人便被抓了现行的，古代法施于其身的处罚力度为何会异于他隔断时间才被发现时的处罚力度。罗马法

〔36〕“塔兰同是古希腊重量单位，荷马史诗中重量不定，后来一塔兰同约合 26.2 公斤。”同引前注罗念生的译书，第 484 页。

〔37〕在作者的语境中，犯罪行为和不法行为都是侵害行为，前者侵害国家，后者侵害个人。此处应当专指犯罪行为人。

〔38〕作者在前文讲到，在古代法中，只有谋反是犯罪行为，而杀人是不法行为。后世的观念发生了改变，杀人是对国家的侵害行为，于是被抽象成犯罪行为。

关于盗窃的规定就是这一奇特现象的奇特范例。《十二表法》似乎将现行盗窃与非现行盗窃区分了开来。根据侵害行为落到此名头或彼名头的不同,法律规定的处罚力度悬殊。现行盗窃犯是指入室行窃时被当场抓获的盗窃犯,或是携了赃物逃至安全场所时被擒获的盗窃犯;若这人本是奴隶,《十二表法》便将他处死;若他本是自由人,则发给物主为奴。非现行盗窃犯是除前述情形以外而被发现的盗窃犯;对于这一类侵害人,古法规定,他应以双倍于赃物之价款予以返还。[39]到了盖尤斯的时代,《十二表法》对现行盗窃犯的严刑峻法自然已经大为舒缓,可是,法律坚守旧制,处其以四倍于赃物价款的罚金,而非现行盗窃犯维持原样,只须付双倍。可以肯定,古时之立法者以为,若是被侵害的物主亲为报复,他(如在家当场抓住了小偷,)将血脉迸张,此时当大打出手;而当他隔段
367 时间才查获这人时,稍加惩戒,便能平复心气。出于这番考虑,法律上的不同处罚尺度便核定下来。后世之盎格鲁－撒克逊人的[40]法以及日耳曼人其他分支的法都完整遵循了这条等同的原则。盗窃犯携了赃物发现和擒获的,他们便将他当场绞杀或枭首,但若抓捕行为已经中断,但物主还是杀死了盗窃犯,他们便对物主处以极刑。这般古制上的区别对待带给令我国人民以强烈的感受:法律要去粗取精,其路途何其漫长。现代司法人员坦承,自己面临诸多艰巨的任务,其中一个便是,在同等特定用语之下,他将何以区分侵害行为之犯性的强弱。一人犯了非预谋杀人罪、偷盗罪[41]或重

〔39〕 此处存疑。作者在下文指代的是数倍于赃物价值的罚金,而非向物主支付的损害赔偿金。周枏所译《十二表法》第 8 表第 17 条如是表述:“对非现行盗窃犯提起的诉讼,处以加倍于被窃物的罚金。”周枏:《罗马法原论》(下),商务印书馆 1994 年版,第 1014 页。

〔40〕 盎格鲁－撒克逊人是日耳曼人的一大分支。

〔41〕 普通法上将偷盗罪和侵占罪、诈骗罪区分开来,英国《1968 年盗窃罪法》将这种区分废除,统一采取三罪合一的盗窃罪之称谓。《元照英美法词典》第 782 页。

婚罪的，一望而知，但要宣布他在伦理上有多强的犯性以及何以处之以当其罪，却难上加难。决疑派不会为此所惑。[42]若有谁能对其动机进行分析，也不会有何困惑。我们若是要尝试去精确地解决这一难题，也不希望遭遇这般困惑。相应地，现代法显现出越来越强烈的倾向，尽其所能以避免在此问题上制定实在法规则。在法兰西，陪审团可认定侵害行为是否伴有从轻情节；在英格兰，法官可以在刑期幅度内几乎不受限制地挑选刑罚力度；而若是法律审 368
判不公，所有国家都留有后手，它们的最终补救手段是赦免权，这一般是向行政首长提出。我们新奇地注意到，古人对此毫无顾忌之心；他们毫无保留地赞同道，被侵害人有权报复，而他在头脑发热时的报复行为并无不妥；他们原样照搬了他在情绪涨落时所掌握的不同惩戒尺度。我倒是希望可以这么讲，这种立法方式如今已经灭绝。可是，好些个国家的现代法都承认以下事实：若是不法行为过于严重，不法行为人被抓了现行（不法行为人因为被侵害人报复过度而起诉时），则被侵害人可以答辩，为其过度的惩戒行为正名。从表面上看，这似是常理，但我认为，这是一种建立在低度道德感基础上的（对被侵害人之报复恶行的）纵容。

我说过，古人至简的思忖最终在原始社会构建了真正的刑法。若是国家认为自己遭了不法行为的侵害，则公民大会对侵害人予以迎头痛击，这一运动过程与其立法行为相伴而行。在原始社会，刑事审判庭只是立法机构的一个分部或一个委员会；而在现代社会，实情并非如此，有机会我将对之予以指明。无论如何，这是两 369
大古国[43]的法律史衍生而出的结论；其中一国的明显性尚可，而

---

〔42〕 作者在上一章提到，宗教改革运动之后，决疑派为了给天主教的思想减负，讨巧地将不义行为大部归至作为下狱罪行对立面的可赎罪行，从而模糊了伦理和是非。

〔43〕 后文马上要提到，是古希腊和古罗马。

另一国的明显性十足。雅典城邦的古刑法将其对侵害行为的处罚权之一部授予各位执政官[44]，执政官似将其作为**侵权行为**予以惩处；将另一部授予贵族会议，贵族会议将其作为**渎神行为**予以惩处。这两部的管辖权最终都移交给了赫利亚[45]，即公民高等审判大会，而执政官或贵族会议的职司要么成为纯宗教性的，要么变得无足轻重。不过，“赫利亚”无非是公民大会的古语；在古典时代[46]，赫利亚只是为了审判目的而召开的公民大会，而雅典有名的迪卡斯特里法院[47]不过是其分部或陪审团。发生在罗马的变革与雅典遥相呼应，而关于它的变革则更好解释，因为罗马人的社会实验囿于刑法领域，此外，罗马人设立了具有民事管辖权的法院，但与雅典人一样，他们并未设立具有刑事管辖权的法院。罗马之刑法史开端于古老的民众审判大会。[48]据说该会由罗马王主持，仅以立法形式对要犯进行严正的审判。不过，民众大会似乎从远古时
370 代便偶尔将刑事审判权授予刑事审问处，其也可说是一个委员会。该委员会与民众大会的关系与（英格兰）下议院某一委员会与下议院本身的关系大抵相当，唯一的抵牾之处在于，罗马的审判官或曰委员不仅仅要向民众大会**汇报工作**，还要行使这一机构自身已经惯于行使的一切权力，甚或要对被告科刑。民众大会只有在审判某个特定侵害人之时才会任命一个刑事审问处，但世事不能阻止三两个处一同坐堂的情形发生。若是对国家的不法行为并发，同时出了几桩大案，民众大会有可能会同时任命好些个刑事审问处。

---

〔44〕 Archons.

〔45〕 Heliœa.

〔46〕 是城邦的繁荣时代（公元前5～4世纪中叶）。

〔47〕 Dikasteries. 实践中赫利亚分成几个迪卡斯特里法院，每个法院都代表赫利亚整体。

〔48〕 *Judicia Populi*. Populus 包括贵族和平民。

到处都有迹象表明，这般刑事审问处的性质接近于我国（下议院）的**常务**委员会，其共通之处在于，它们都是定期任命，而无须待到要案发生之机方才搭建班子，升堂断案。人们提及古老的**杀人犯审判官**一职时，常联想到，据上古之载录，民众大会授意他审判［而有些人在接令后，会先破案，再行审判］所有弑亲案和谋杀案。这一职位便是逐年定期任命的。论者亦多相信，**叛国罪二人执政官**是一个审理严重危害社稷行为的二人委员会，此委员会也是定期任命的。后世对这般官员的授权之情事又为我们往前带了路。之前，**当逢**有人危害社稷时，他们被任命（查办）；后来，他们便对**兴许**会发生的这一侵害行为拥有了一般管辖权，虽然该权力是临时性的。你我已经向一般性刑法靠近，而“杀人犯”和“叛国罪”等归纳 371
性术语对此也有所暗示，它们已经近似于对犯罪行为进行分类（的观念）。

而直至纪元前 149 年，真正的刑法方才出现，在那一年，皮索[49]颁行了一部制定法，曰《公职官员敲诈勒索审判法》。该法适用于收回金钱[50]之诉，即，就总督不当收取的钱款，各行省公民可据此主张返还。不过，这部制定法重大而持久的厚重感体现在它对常设刑事法庭的创举上。常设刑事法庭是一个**常设的**委员会，乃是偶设委员会和临时委员会的对称。它是一个日常的刑事裁判机构，兴于前述制定法对其的创设，止于另一部制定法对其的罢废。该委员会的委员非如古老的刑事审问处之审判官一般得到特别委任，该法自成一套支助机制，从特定阶层人士中遴选法官进行充任，并经由特定法则对这般人选予以更迭。此外，该制定法对侵害行为明确进行定名定义，以便识别。自该法对犯罪行为进行界定

［49］ L. Calpurnius Piso. 该年他任保民官。公元前 133 年任执政官。

［50］ repetundarum pecuniarum.

之后,任何人将来的行为落于其内的,新的审判官便有权对之进行
372 审判和科刑。由此,这种权力成为一般性的刑事司法权,他们执行的也是真正的刑法。

由此,原始社会的刑法发展史可划为四个阶段。你我已经了然于心,犯罪行为既不同于**不法行为**或**侵权行为**,亦不同于**渎神行为**。犯罪行为观的内蕴是,它是对国家或社稷的侵害行为;我们首次察觉到,国家机械地恪守了这种观念,它受了恶的侵害的,便径直插手,对为恶之人分别采取行动,自己复仇。此乃我们讨论的起点;每一份控诉就好比一份特别处刑法案,它就是一部对犯者特别进行定罪和量刑的特别法。要跨出**第二步**,须犯罪行为多发,迫得立法机构授权给刑事审问处或委员会,由它们对特定指控进行调查。倘若查明不假,可处罚特定来犯之人。**另一个**动向是,立法机构不再坐等所谓犯罪行为发生之后才偶任一个刑事审问处,而是定期委任一个专员,如杀人犯审判官或叛国罪二人执政官,以俟特定种类之犯罪行为的发生,而间或这类职司**或是**常设的。在**最后**一个阶段,定期或偶设的刑事审问处摇身一变,成为法官之常席或常设法院。此外,法官不再由特定某一部律法在任命委员会之时
373 而任命,在往后的全部岁月里,法官席位总是从特定阶层中通过特定方式而选任。不唯如是,若某一类行为经常发生而被称为犯罪行为,人将之用归纳性语言进行表述,并据相应的表述而对之处以一定的惩戒。

倘使常设刑事法庭的历史寿命能够更长一些,它无疑早被视作独树一帜的机构,它与民众大会的关系将恰似我国司法机构与英王的关系——在理论上,英王乃审判权之泉。可惜,人尚未将其起源抛诸脑后,帝国的专制主义就将之摧毁。而当乎其存续期,罗马人不过视此常委会为其委托之权力的受托人。他们认为,犯罪

行为的认定权天生就属于立法机构；在罗马公民的意识里，他们总是要从刑事审问处向民众大会东走西顾，永无止境。他们认为，在往昔，民众大会将本是其自身不可让渡的某些职能授权给了刑事审问处，供其活动三五下子。即便刑事审问处已经变成了常设刑事法庭，这种观念仍将之视为民众大会的一个委员会——他们认为这个机构只能侍奉上峰——这种观念产生了严重的法律后果，在迄今为止的刑法发展史上也留下了自身的印记。其中一个直接的后果是，刑事审问处设立良久之后，民众大会还在行使刑事管辖 374
权，还在出台一份又一份的特别处刑法案。尽管立法机构为利己便而同意授权给外人，但并未让贤。民众大会与刑事审问处争先恐后，都去审问和处罚来犯；在共和制消亡之前的年月，只要群情激奋，来犯之人定然要当着特里布大会[51]被提起公诉。

有赖于民众大会的刑事审问处，我们还能追溯出共和时代一个鲜明而别致的制度。罗马共和时代的刑事制度废除了死刑，此乃上个世纪学问家一度津津乐道的话题，他们喋喋不休地利用这个制度来指明若干具有罗马特色的学说或社会经济学理论。但他们就此所牵强附会的理由恰恰表明，这一废除不过是因缘际会。罗马之立法机构前后采取过三种形式，罗马人使用其中妇孺皆知的一种即森都里亚大会[52]—— 作为国家的代议机构，而它是军政思路的唯一体现。由此，森都里亚大会权倾朝野，而其一切威权都被稳妥寄放在号令三军的将军之手。对来犯之人，它有权如惩戒因违反军纪而活该受罚的兵卒一般比照处刑。于是，森都里亚大 375

〔51〕 由平民以氏族为单位组成的民众大会，它负责选举低级执政官、选任祭司、制定法律和审理案件。自其成立后，权力范围越来越大。《元照英美法词典》第 251 页。

〔52〕 设立于公元前 450 年，以百人队为单位，按军事组织的方式组成。它负责批准执政官的任命、选举某些高级官员、监督祭祀就职、联署收养和遗嘱文件。《元照英美法词典》第 251 页。

会有权判人死刑。库里亚大会和特里布大会却无此权。就城郭之内的罗马公民而言,其人身权由宗教和法律所赋,于是,这两个大
376 会的死刑判处权为此所累;不唯如是,就后者而言,你我确信,特里布大会至多能判处罚金,这已是成例。只要立法机够不放开刑事管辖权,只要森都里亚大会和特里布大会还在联行其权,那么,越是要犯,罗马人越是容易当着立法机构对他施加严刑峻法。不过,到了共和制的晚期,特里布大会变得愈发民主,它大抵取代了其他大会形式,成为一般性的立法机构。正是到了共和制的尾声,常设刑事法庭方才得以设立。在其日常会商之时,立法机构无力对来犯判处死刑,只好通过一批制定法来创建常设刑事法庭。进言之,这个常设的司法委员会掌握的是代理权,它的固性和能力由授权机构圈定。特里布大会无能为力者,它也无能为力;特里布大会不能判人死刑,常设刑事法庭也不能。由此滋生出了异象。古人并未如今人一般将这般异象视为利好之局面。罗马这一特色对其自身是否总体向好,此处存疑,但罗马此一制定法确实是大事不妙了。正如在历史的流水中陪伴了人类一路下行的其他制度一样,在文明进程的特定阶段,死刑制度也是社会的必要手段。总会有这样一个时期,谁要是试图废除死刑,都将压抑根植于一切刑法观念之中的两大人性。〔53〕若无死刑,社会民众既不会感觉已对来犯之人彻底进行了报复,也不会感觉对他的惩处足以震慑他人,以儆效尤。罗马的刑事法庭无力判处死刑,很显然,这就直接导致,隔三差五便产生骇人听闻的举义,人称之为“公告罪死者,籍没其家产”;〔54〕当彼之时,群众正渴盼报复,却无报复之出路,便聚而施暴,而就是出于这么一个简单的原因,他们正式搁置了整个法统。

〔53〕 杀人偿命观和杀一儆百观。

〔54〕 Proscriptions.

对消解政府对罗马人的治力而言，这一中止全部法律的动因之力道如此遒劲，无出其右者；而一旦他们求诸于此，你我可不假思索地断言，罗马自由之灭亡指日可待。若是刑事法庭为民众之激越之情提供了一个恰分的宣泄之口，其审判程序之情貌无疑会如我 377 国斯图加特王朝后期一般狰狞扭曲，恶名远扬；不过，他们的国民性所受之伤不会一深至斯，其社会机制的安定感也不会岌岌可危。

就同样的司法权学说所创制的罗马刑事制度，我还想谈谈它另外两个异样之处，（其一）罗马人的刑事法庭不胜枚举，以及（其二）纵观罗马的刑法史，他们对犯罪行为的分类又随意，又怪诞，此乃其一大特色。如前所言，每一个**刑事审问处**，常设也罢，临时也罢，都滥觞于其各自的制定法，它的威权也脱胎于创设它的制定法。法律既已给它许定了权限，它便严格遵照，未明文许它处理的犯罪行为，它便一概不碰。每因势急，或是群情激奋，或是社稷将倾，制定法便设建刑事审问处，以应付某一种类的犯罪行为，于是刑事审问处纷纷冒头，不一而足。这些制定法彼此之间毫无干系，也提炼不出共通的准则。故二三十部刑事法律可以并存，而这需要同等数量的刑事审问处来执行；当于整个共和期，无人曾一试身手，以将这些各自为政的司衙并成一处，也无人将这般派生和核定 378 其职司的法律予以梳理。此时的罗马，其刑事管辖权颇有些类于一段时间内英格兰民诉管辖权的情状，当时英格兰的各个[55]普通法法庭还没有在其（分别签发的）令状之中引入拟制之手段[56]以相互践踏彼此之特别领地。与罗马之刑事审问处相类，王座法庭、民诉法庭和财税法庭理论上都是更高权力的产儿，而人认为，是审

---

〔55〕 财税法庭、王座法庭和民诉法庭。

〔56〕 各个法庭各显神通，纷纷创设拟制之手段，以争得管辖权。参见第二章有关于此的阐述。

判权之泉[57]授予了它们各自管辖某一特定类别之案件的权力。不过,罗马的刑事审问处在数量上可远不止三个,较诸分辨威斯敏斯特宫三个法庭各自的管辖权,要辨明某个行为当落于罗马哪一个刑事审问处的管辖权,更是不易。要在不同的刑事审问处的权力范围之间描出精准的分界线自有其难处,这使得政出多门的罗马刑庭给人带来了极大的困顿;因为,吾人在翻阅史料时,当充满惊讶之情地发觉,他们很难不假思索地归纳和控诉一人之侵犯行为的类属,于是,一朝有一个或多个委员会认为自身有权能对他提起控诉,这人可能被提起一次控诉,或接二连三当着不同的委员会而多次被提起控诉;不唯如是,一处判这人有罪的,当排除了他处的管辖权,但即便如此,一处判这人无罪的,他处还能不由分说地
379 指控这人。此乃对罗马实在法准则的直接反动;你我可断定,刑事审问处所历之程暗淡沉郁,与其说它是一个矫正犯罪的常设机构,倒不如说它是既得利益集团为了一时之快而握在手中的利刃;若非如是,以罗马人对法之异象[换言之,罗马人的表述意味深长,他们视该法为**粗鄙**]的敏锐度,他们早就无法容忍其存在了。旋即,各位皇帝将司法管辖权上的政出多门和你争我抢予以蠲废;但很显然,这些帝胄并未移除刑法上与刑庭之数量息息相关的另一个异样之处。即便是在优帝的《国法大全》中,对犯罪行为的分类还是极尽恣意妄为。实际上,每一个刑事审问处都自我设限,唯审理发生在人许它的管辖权之内的犯罪行为。而犯罪行为的归类在原先的制定法中已经完成,因,在该法得以通过时,人碰巧就在吁请惩戒这等行为。其实,同一类的犯罪行为并无相干之处。不过,某一特别的刑事审问处在聆讯时,同一类的犯罪行为却含有相同的

---

[57] 君王。参见作者在上两段的比喻。作者还要在下文阐述这种比喻的由来。

审判，争议事项民众自然也注意到了这一实情，还有，在同一部制定法中，各个侵害行为交缠日深，故，即便当苏拉和奥古斯都大帝摩拳擦掌要正式合并罗马之刑事法律，立法者还是维持了侵害行为类聚的原样。苏拉和奥古斯都大帝颁行的制定法乃是罗马帝国 380
刑律之基石，他二人对若干犯罪行为之归类留下了颇不寻常的影响力。我仅需举一个简单的例证。**伪证行为**一般都与**谋杀**[58]**行为**和**投毒行为**归于一类，原因就在于，根据苏拉所立之《关于谋杀和投毒的科涅利亚法》，前述三类犯罪行为的司法管辖权都归于同一个常设委员会。他们对犯罪行为的归类如此随意，似乎也左右了罗马人的日常用语。世人自然而然地形成了这般习惯，将一部法律所列之全部罪名的第一个单挑出来，代指全部的侵害行为，这无疑令受命审判制定法所列之全部罪行的法庭得以类型化，如，不管通奸审问处聆讯了何等侵害行为，人一律管这般行为叫通奸行为。

我细细考察罗马式刑事审问处的历程和特质，因罗马刑法的由来过程能够启示世人，是绝无仅有的范例。最后一批刑事审问处是由奥古斯都大帝所平添，从此以往，罗马算是有了一套完整的刑事制度。伴着刑法的成长，罗马社会还在进行我在前文提出的不法行为转化为犯罪行为的类似进程，原因在于，就那般更为歹毒的侵害行为而言，虽说罗马立法机构并未就受害人的民事救济主张而代为清偿，但它施惠了一定的补救方法，而这更让受害人喜闻乐见；此外，即便奥古斯都大帝已经完成了刑事立法，罗马人仍将 381
某些被现代社会决然评价为犯罪行为的侵害行为视为不法行为；直至无从查证的后世某个时期，法律开始留意到，世人开始使用簇

〔58〕 原文是 cutting and wounding。据《布莱克法律大辞典》，苏拉颁行《关于谋杀和投毒的科涅利亚法》之时，针对的是匪徒为致人死命的杀人以及投毒、伪证、贿赂法官或陪审团等行为。该法颁行之后才扩大适用范围，将谋杀行为纳入。

新的用语来表述这些行为，据《学说汇纂》，它们唤作**特别犯罪行为**，至此，这些行为才具有刑法上的可罚性。从前的罗马法学说认为这类行为无非就是不法行为；社会主流观点认为，为非作歹之人应付出的最大代价无非是用金钱作为损害赔偿金偿付受害人，但主流观点越来越挣脱了前述看法，相应地，舆论认为，只要受害人乐意，通过有别于某些层面之常规程序的补救方式，他可以主张将这类行为追加为**特别**犯罪行为。自世人首次意识到这种**特别犯罪行为**之时而始，罗马帝国的犯罪行为名目才与现代国家一般长短。

在此没有必要考察罗马帝国行使刑事审判权的细枝末节，但请注意，罗马帝国之刑事审判权的理论和实践都对现代社会产生过厉害的影响力。各位皇帝并未立刻废掉刑事审问处，他们起初将刑事审判权广泛授予元老院。元老院表现得低声下气，这倒不假，但皇帝的身份在元老院仅具有象征意义，他与一众元老只是平
382 起平坐而已。不过，此时的君王已经开始索要一些无甚紧要的刑事审判权；世人对自由之国的幻想慢慢消散；以古老的刑事法院为代价，君王稳稳当当，渐渐得手。君王又逐步将犯罪行为惩罚权转而授予衙官，而元老院的特权被转至帝国枢密院，而该院也成为上诉刑案的终审法院。出于这般影响，“君王乃一切审判权之泉，是一切恩典的保管人”这一现代人熟悉的信条不知不觉就有模有样了。此时，罗马帝国的中央集权制已经完备，故，该信条能够诞生，主因并不是（朝中之人）溜须拍马以及奴颜婢膝（之现象）的与日俱增。刑事审判权学说从此点出发，又基本兜转回来。起先，人们相信，国家义不容辞，当亲自出手，以报复不法行为；到头来，有道是，君主是黎民之代表，他受权于民而以特殊的方式得享刑事审判权。新旧观念的相左之处主要在于，要守护审判权，似乎全赖君王一身，瞧这神气，好不吓人，好不威风。

罗马人后来认为君主与审判权具有这般关系,这就省却了现
代社会在这一系列如我所阐释的刑事审问处之变迁史中穿行一遍
的必要性。西欧一切民族的古代法基本上都残存着如是观念,认 383
为犯罪行为惩罚权归属于自由民大会;也有三两个国家——苏格
兰便是其中之一——其当代审判权观念的老祖宗可上溯到立法机
构的一个委员会。但普遍而言,刑法的推进步伐加快,取决于两大
成因,一是世人对罗马帝国的回望,二是教会的影响力。一方面,
神圣罗马帝国皇帝本就君威素著,其权势经查理曼王朝的一时风
光无两而得以巩固,故后世之君往往威震四方,蛮族的小头领难以
望其项背。于是这般传统也得以传承。至封建时代,君王再脆弱,
也具社会守护人和国家代表人的气派。另一方面,教会很是不安,
要压抑世间的腥风血雨,她亟思求得权力来源,以对元凶巨恶予以
惩处。她在《圣经》中得偿所愿;经文中说,上帝准予将惩戒权交由
世俗统治者。她翻阅到,《新约》中言之凿凿,称世俗统治者的存在
便是为了震慑为恶之人;《旧约》有言:“凡流人血的,他的血也必被
人所流。”我确信,现代刑法观乃是基于如下两点看法而成长的,并 384
教会在黑暗时代为进行过辩护:其一,圣保罗说过,据各个封建统
治者级别的不同而应当将他们相应类比于罗马时代的各级官员;
其二,封建统治者可以惩戒的犯罪行为乃是被选入“摩西十诫”的
禁止性行为,或是教会并未为她自身保留审判权的那般行为。一
般认为,异端行为属于第一诫和第二诫的内容,而通奸行为和伪证
行为属于教会管辖的侵害行为。唯为了对元凶巨恶科以更严苛的
刑罚之时,教会才应允与世俗力量联手。她又布道说,就谋杀行为
和抢劫行为而言,它们具有千变万化的形式,但管辖权都落于世俗
统治者之身,非因他们地位显赫而碰巧有此权力,这是天主明确的
神谕。

（肯布尔先生所著《盎格鲁—撒克逊人》一书）提到，阿尔弗雷德大帝［肯布尔书，第二卷，第209页］落笔成篇，格外透彻地分析过，就刑事审判权的来由问题，何以各种观点在彼时吵闹不休，遮云蔽日。可以看出，他将这番争吵一部归咎于教会的强权，一部归咎于贤人[59]的威势。而他个人主张道，在罗马人的王权法中就有准给背弃皇帝者以豁免权的一般性条款，不忠于君主者应享同权。他写道："自此，许多民族都信了耶稣，各地纷纷兴建教会；在信了
385 耶稣之后，英格兰民族的情形亦复如是。教友中既有虔诚的主教，也有尊贵的贤人。后来，他们立下规矩称，耶稣教诲过，世人要有恻隐之心，而正是出于这份恻隐之心，承蒙教会的允可，世俗的君主或会对黎民所触犯的每一个罪行以**赎罪金**代之，而不视为对神的拂逆；叛君的情形却不相同，他们怯于对背弃君主之人施以恻隐之心，因，凡鄙弃全能的天主的，天主从未将恻隐之心施与他；凡出卖和害死耶稣的，耶稣也未施与他；耶稣还说了，要像敬爱耶稣一样敬爱君主。"

［59］ 这里的"贤人"是作为"贤人会议"之成员的意义上使用的。

弗雷德里克·波洛克爵士后批

（略译）

索　　引[1]

A

收养之拟制　125

宗族之圣礼对收养制度的影响力　6、26

印度法上的收养　188

对新大陆的主权取得行为或自主占有行为　241

对拉丁词 *aequitas* 的定义　55，见“衡平法”词条

拉丁词 *aequus* 的含义　56

宗亲和血亲的差异　56、141

对宗亲的阐述　142、143

对罗马法上的允诺的分析　312

罗马人对租佃地的永佃　290

罗马人在莱茵河和多瑙河沿线设置的划界地　292

教宗亚历山大六世的诏书　242

对阿尔弗雷德大帝就刑事审判权之阐释的引用　384

物权让与在原始社会的难处　262

原始社会的物权让与议程　264

古日耳曼人的家产　221、273

美利坚合众国独立宣言　91

盎格鲁－撒克逊人的王制　104

盎格鲁－撒克逊人的继承法　271

盎格鲁－撒克逊人的刑事制度　358、361、367

雅典首席执政官的职司　9

贵族之治的起源　9

希腊、意大利和小亚细亚贵族　9

东西方贵族的区别　10、11

作为法的看护人和执行人的贵族　11

〔1〕 索引中的页码都是译本中的边码。

在文字发明之前，贵族在司法上的重要性　12
贵族的形成　127
亚里士多德《修辞学》　72
受让人在破产程序中的承受法则　175
雅典人的遗嘱继承制度　190
雅典刑事制度的端倪　369
奥古斯都大帝对罗马法的改造　39、40
奥斯丁《法理学的范围》　6

B

贝尔　119
侵入罗马帝国之首领所赐予的恩惠保有土地　222
恩惠保有土地变成可继承的采邑　223
孟加拉的遗嘱制度　191
边沁《政府片论》　9
边沁为何在英格兰具有影响力　75
边沁主义在古罗马的对应思想　76
边沁的法学思想　113
边沁对教宗亚历山大六世之诏书的谄媚　242
边沁和奥斯丁对契约之要义的提炼　312、313
威廉·布莱克斯通爵士有关法的基本原理的思想　110
布莱克斯通为"同父异母或同母异父亲属从继承人之列排除"之规则正名　146
对布莱克斯通之物权起源思想的引用　244
对布莱克斯通之物权起源思想的批判　246
罗马法上的财产占有权　204、205
布莱克顿剽窃事件　79
勃艮第人　100

C

尤利乌斯·恺撒在制定法上倾注的心力　40
雨果·卡佩之主权观的特点　104
作为现代国际法渊源的俘获物制度　239
作为古代法的俘获物制度　240
卡拉卡拉的安托尼努斯敕令就扩张家长权的效果　139
决疑派　338
对决疑派和格劳秀斯学派之理论体系的对比　339
决疑论的起源　340
帕斯卡尔对决疑论的沉痛打击　341
罗马法和英格兰法上的拟诉弃

权 279
为信托受益人创设的特别所有权 285
对御前大臣与罗马裁判官的比较 61、62
对英格兰御前大臣法庭的评论 42
御前大臣法庭司法体系的起源 42、43
查理曼大帝一统江山的志气 102
查理曼大帝对恩惠保有土地的赐分 222
罗马法中被剥夺继承权的子嗣 209
中国缘何困顿不前 24
东西方教会、西人对东人之神学观点不加分辨或核实便予以接受 344
西方教会存在的问题 345
西塞罗 58
西塞罗对罗马圣礼的提及 187
《拿破仑法典》对遗嘱设立权能的限制 171
古法典 1
希腊荷马史诗对法的认知源头 2
作为判决的法 3、4
《印度摩奴法典》 5
判例法和法典法之别 13
法典时代 13
《十二表法》 1、2、13
梭伦和德拉古所制之法典 13
法典在原始社会的重要性 15～18
古罗马具有相对严格形式的买卖婚之世俗婚姻形式 149
共系亲属 141、142
共同继承人的权利和义务 176
罗马法中共同继承人的权利 220
罗马之农奴 224
农奴的起源和境遇 290
古罗马之遗嘱在卡拉塔大会上订立 193
卡拉塔大会遗嘱的终结 197
森都里亚大会的权力 374
卡拉塔大会的权力 375
罗马法律人的评注 34
一度是不成文法的英格兰普通法 12
作为英格兰普通法的判例法与法典法之别 13
判例法及其变形 30
英格兰判例法与罗马法上的法学家的解答的相似性 32
作为古罗马宗教婚姻形式的共食婚 149
君士坦丁大帝对法的推动 41

君士坦丁大帝对家长权的修正　188
从身份到契约的社会运动　164
契约之远史　295
契约与政治经济学　296
卢梭的初民社会契约学说　299
孟德斯鸠关于穴居人的寓言　301
关于契约的初始观念　303
罗马法上的契约　304、305
古代法中专生出契约观念的过程　306
契约和物权让与的历史关联性　308
铜秤式买卖的变迁　308
待履行买卖契约　311
物权让与和契约的原始关联性　311
古今之契约原理　313
罗马法上的债　313
罗马法上对契约的分类　315
口头契约　318
文书契约　320
要物契约　321
诺成契约　322
契约法的转型　326、327
契约法的演化史　321
准契约　332
契约法与采邑　352
罗马法上的遗嘱与物权让与的关系　197
前述关系产生的结果　199
对要式买卖式遗嘱的补救　200
契约和物权让与的历史关联性　308
印度人的共有制　252、253
在罗马法上具有例外性和短暂性的共有　253
集合法人　181
独体法人矫矫不群的特性　181
优士丁尼《国法大全》　65
英格兰衡平法官对优帝《国法大全》的借鉴　42
希腊人对尘世之构成的哲学化阐释　52
古代法赋予债权人以过大的权力　311
克罗地亚村民的共有制　259
罗马法上的男孤监护制度　156
习惯法　5
荷马史诗中有关习惯的专门表述　5
习惯法的由来　8
习惯法时代以及特权阶层对习惯法的看护　12
荷马笔下的库克洛普斯族人　120

D

罗马共和时期死刑的废除　374
该时期无死刑的缘由　374、375
死刑在社会若干发展阶段存在的必要性　376
古代法缘何对债务人尤其严苛　311
《伪教令集》作伪者的动机　79
侵权行为与犯罪行为之远史　355
古代法中的刑事制度　355
侵权行为与犯罪行为、犯罪行为与不法行为　358
侵权行为与犯罪行为、罗马法上的盗窃　358、366
古代法均予以调整的不法行为与渎神行为　359
犯罪观的古今之别　361
罗马法上的誓金之诉　362
荷马对原始社会法律审判的描述　365
古雅典人的刑事制度　369
古罗马人的刑事制度　369
刑事审问处　369、370
杀人犯审判官　370
叛国罪二人执政官　370
罗马第一部真正的刑法　377
对犯罪行为的随意归类　379
苏拉和奥古斯都的制定法　380
后世之刑法　381
特别犯罪行为　381
罗马帝国刑事审判管辖模式　382
犯罪学说的现代化进程　384
阿尔弗雷德大帝对刑事管辖权的阐释　384
被视为物权取得模式的发现新大陆国际法中的所有权制度，其本质、界限、取得方式、守御方式　98
罗马法上的所有权　307
嫁接至西欧习惯法中的寡妇地产法则　218
德拉古所立之法典的粗糙　15
德拉古的刑法　355
杜穆兰　82
杜蒙安排出版的《无序的诡辩》　88
叛国罪二人执政官　370

E

罗马法上的裁判官告示　39、54、60、61、63、203、284
现代埃及的王位继承法　235
艾尔登勋爵担任御前大臣　66

埃尔芬斯通《印度史》　255
永租权制度　289 页以下[2]
永租人的权力　291
英格兰现今的土地法　220
一度是不成文法的英格兰普通法　12
英格兰普通法法官在宣告新原则时的犹疑之心　38
人人平等原则　88
罗马法学家所理解的人人平等原则　89
人人平等原则在现代化进程中的含义　89
对路易十世之人人平等观的援引　90
独立宣言中的人人平等原则　97
格劳秀斯学派对人人平等原则的设想　97
衡平法的远史　24
作为法得以适应社会需求之工具的衡平法　27
衡平法之词义　27
衡平法与法律上的拟制之差别　27
衡平法与制定法的差别　27、28
对自然法和衡平法的阐释　42 以下
英格兰御前大臣法庭　42
英格兰御前大臣法庭司法体系的起源　42、43
古罗马的衡平法　43
“衡平法”一词的起源和变迁史　55
拉丁词 *aequitas* 和希腊式等分原则(ἰσότης)的含义　55
“衡平法”一词向罗马人展示的精神维度　57
对御前大臣与裁判官所适用的衡平法的比较　62
罗马衡平法上升力道的耗尽　65
英格兰和罗马衡平法中共通的特点　65 以下
普通法与衡平法在所有权观念上的分野　284
罗马法上的债观对伦理学的影响　336
决疑派的伦理学　338
格劳秀斯学派的伦理学　339

F

古罗马法语境下家产之含义　201

[2] *Et seq.*

家产买受人的功能 199
家产买受人的权利和义务 199
对家产买受人之用语的解读 201
原始社会中的家庭 128
家庭的分解 163
被视为法人的家庭 179
作为社圈基本组织体的家庭 227
海兰族首领制下的家庭 227
古代法调整的是家庭而非个人 250
涉及家庭财产时的印度法、沙俄法、克罗地亚法、斯拉沃尼亚法 252～261
封建法下的物权观 286
封建制中的役务 294
封建制与领土主权观的联系 102
封建架构 102～103
作为封建制度之意外果实的现代遗嘱制度 217、218
封建制与契约法 353
法律上的拟制 20、22
法律上的拟制之远史 22
古罗马法中拟制的含义 24
人使用拟制工具的目的 25
从英格兰法和罗马法中援引的拟制之实例 25
拟制在过去的有用性和现今的无用性 26、27
法律上的拟制与衡平法之别 27
法律上的拟制与直接立法之别 28
法律上的拟制之实例 30
罗马法上的信托遗赠制度 217
恩惠保有土地逐步转化为可继承的采邑 223
采邑最初的保有年限 223、224
采邑法 353
外邦人移入罗马的原因 44、45
罗马共和制的初期对外邦人的排斥 46
法兰西的法律人和法学 77 以下
法律人与国王结盟对法兰西之国运的影响 77、78
习惯法地区和成文法地区的差异 81
自然法给法兰西带来的优势 82
卢梭 84
法国大革命 88
法兰克人 100
法兰克人不了解罗马法上的家长权制度 138
希腊人不懂自由意志和强制力问题 295
罗马法上的偷窃 358

G

盖尤斯 50

盖尤斯对家长权制度的描述　131
盖尤斯对妇女终身监护制的描述　148
所有权二元论　286
加拉太人的家长权制度　131
对罗马宗族和印度村社的对比　256
宗人在无遗嘱继承法上的权利　214
日耳曼人的继承法　271
古日耳曼人的遗嘱继承制度　190、192
日耳曼人的刑事制度　3
日耳曼人的家长权制度　138
日耳曼人的早期物权法　192
日耳曼人有关家产的古法　272
希腊的贵族　10
希腊人的自然法思想　50、51
希腊人引以为傲的法的平等性　56
希腊人糅合法律与事实的倾向性　72
希腊人关于诅咒具有可继承性的观念　123
希腊人在罗马法成型过程中所起的作用　14
希腊人对家长权的限定　131、132
希腊人的形而上学　343、344
希腊人缺乏创设法哲学的能力　343
格罗脱先生的著作《希腊史》　4、9
胡果·格劳秀斯及其国际法传承人　92
格劳秀斯的学说　96
格劳秀斯《战争与和平法》取得的成功　107
格劳秀斯的自然状态思想以及与之意气相投的思想　110
格劳秀斯的伦理学及其学派　339
格劳秀斯伦理学与决疑派的对比　340
罗马法上的妇女终身监护制　148
印度法上的监护制　148
斯堪的纳维亚法上的监护制　148

H

法律地位概括继承的定义　175
继承人的权利和义务　176、184、220
同父异母或同母异父亲属　146
根据诺曼底习惯法而生的同父异母或同母异父亲属法　146
日耳曼人的家庭协议　225
罗马法上继承人的权利　127、184、220
海兰族首领权的继承　227
海兰族特色的长子继承制　233

《印度摩奴法典》 5、16、17
印度习惯法 6
印度继承法 271
印度人对继承物和取得物的区别 272
印度之妇女终身监护制 147
印度人在继承逝者财产时的权利 186
印度之圣礼 186
印度之殉节 187
印度法用收养制度替代遗嘱继承制度 187
印度长子权 221
印度的公职或政治权力适用长子继承制,但物权却不适用 226
印度法上的物权形态、印度之村社 252
印度法上的共有 253
村社中至简的物权形态 254、257
印度人对继承物和取得物的区分 272
霍布斯之法的起源说 110
荷马笔下的库克洛普斯族人 120
荷马对原始社会法律审判的描述 365
荷马史诗中讲述的原初法律观 2、3
荷马关于"判决"的用词 4
荷马关于"习惯"的用词 5

I

印度的英雄时代和贵族时代 9、10
《印度摩奴法典》 5、6、17
印度习惯法 6
印度没能逾越的法律史阶段 22
作为一种概括承受形态的遗产继承 172
法律地位概括继承在罗马法上的定义 176
古罗马法上的法律地位概括继承 183
印度人对继承物和取得物的区分 272
御前大臣法庭所签发的禁制令 284
罗马法律人的法学阶梯式著述 34
现代人对国际法与万民法的混淆 50
自然法在孕生现代国际法上所起的作用 50
国际法成型过程中的假定 92
格劳秀斯及其传承人 92
所有权 98
领土主权 99
在格劳秀斯国际法体系形成之前

的国际法与万民法　105
民众在接受格劳秀斯国际法体系之前的思想准备　106
格劳秀斯《战争与和平法》取得的成功　107
现代国际法与领土主权观的联结点　108
俘获物取得模式的思想渊源　44
希腊人的等分原则　55、58
意大利的贵族　9
意大利城邦出现的各个法典　16
古意大利社会跌宕　45
意大利行省的领土主权观　103

J

犹太人的遗嘱制度　191
裁判官优利安努斯的告示　61
裁判官优利安努斯采取的措施对裁判官告示的作用　63
罗马早期的法学家　36~38
罗马晚期的法学家　40
罗马法学家的自然法思想　73
罗马法的黄金时代　55
罗马法学家时代　63、65
万民法的起源　45以下
万民法起源的情状　48
罗马人如何看待法学家　49
现代法律人如何看待罗马法学家　49
万民法与自然法之别　50、51
万民法对现代文明的影响　99
作为罗马国际法的宣战与议和法　50
自然法　50
自然法与万民法之别　50
希腊人观念中的自然和自然法　51
古老的万民法与自然法的连结点　55
自然法的现代化进程　70
罗马法学家眼中的自然法　73
边沁主义在古罗马的对应思想　76
自然法对现代社会之影响力的广泛性　76
自然法史　77以下
自然法给法兰西带来的优势　82
自然法在18世纪中叶的境遇　83
卢梭　84
法国大革命　86
人人平等思想　89
自然法在孕生现代国际法上的作用　92
现代国际法上的俘获物制度之缘起　239
对优士丁尼《法学阶梯》的援引　44

对优士丁尼《法学阶梯》的提及 55
优士丁尼《学说汇纂》 64
优士丁尼《国法大全》 65
优士丁尼对家长权制度的变革 138
优士丁尼时代的无遗嘱继承之衡器 213

K

君权神授思想的由来 334
英雄时代王权的起源 9

L

古斯巴达的王权 9
英格兰现今的土地制度 220
英格兰法对土地和动产的区分 274
罗马人垦殖大块私有土地的方式 289
社会需求和观念总要比法律超前 28
法与社会的协调工具 24
古代法 109
自然状态说以及与之意气相投的学说体系 109
格劳秀斯、布莱克斯通、洛克和霍布斯的法学思想 110
孟德斯鸠的法学思想 111
边沁的法学思想 113
学界对法学现状的不满 114
适格的法学研究方法 115
父权思想 118
收养之拟制 125
原始社会的家庭法 128
罗马的家长权制度 130
宗亲和血亲 141
妇女监护制度 147
古罗马婚姻制度 149
家主和奴隶 157
蛮族法 288
苏拉的科涅利亚法 39
奥古斯都的朱利亚法 39、40
对罗马法上誓金之诉的阐释 362
制定法时代 24
制定法作为法律适应于社会需求的工具 28
制定法与法律上的拟制之差异 27、28
作为罗马第一部真正刑法的《公职官员敲诈勒索审判法》 371
《普勒托里亚法》的旨趣 156
日耳曼农奴 224
地邻接触原则的政治功能对社圈之发展境遇的作用 128
约翰·洛克 84
约翰·洛克关于法之起源的学说 110

对法王路易十世之敕令的援引 90

M

伊斯兰继承法 285
罗马法上成年人和未成年人的含义 156
罗马法上的要式买卖 48、198、269、307
要式买卖作用于交付的方式 270
罗马法上的权力(夫权) 307
古罗马婚姻制度 149
罗马后世的婚姻制度 150
家主与奴隶 157
罗马法上的家主与奴隶 157
美国法上的家主与奴隶 158
《印度摩奴法典》 5、6、17
墨洛温王朝时法兰克人的王 100
南欧的分成保有人 291
法国大革命时期的《世界箴言报》 88
对孟德斯鸠《论法的精神》的评语 83
孟德斯鸠的法学思想 111
孟德斯鸠《波斯人信札》中的穴居人寓言 301
人类早期的伦理法则 122
御前大臣法庭为抵押人创设的特别所有权 285
摩西律法并未创设遗嘱权能 191

N

那不勒斯君王的领土主权观 104
万民法(国际法) 92 以下
希腊人的自然和自然法观念 51
古罗马人的铜秤式买卖 46、305
铜秤式买卖的变迁 306
诺曼底习惯法 146
荷马史诗中并无古希腊法律(Νόμος)观罗马法上的口头宣布 198

O

罗马法上的债 313
债的权利和义务 314
作为物权取得自然模式的先占 238、243
从未有过所有权人的物 238
现在没有所有权人的物 238
俘获物 239
发现新大陆 241
对一般的先占说的驳斥 248
对路易十世敕令的援引 90
罗马法上的男孤监护制度 154

P

法兰西的家庭协议 225
帕斯卡尔《致外省人信札》 341
原始社会的家父 227、228
罗马法上的家长权制度 130

加拉太人的家长权制度　131
希腊人的家长权制度　132
家父之于子嗣的人身权由严苛而至缓和　136
家父所承担的责任　140
家父和家子之人身权的一致性　140
家父的权利和义务　140、141、227、228
家长权制度无法持续　141
古代法中的父权思想　118
圣经中的父权思想概要　118
荷马笔下的库克洛普斯族人　120
成文法地区与习惯法地区的差异　81
罗马法上的特有产　137
军人储蓄　137
准军人储蓄　132
古代法上的刑法　355
罗马人何以惩罚伪证行为　380
在英雄时代和贵族时代用以凝聚波斯各民族的王制　10
老实的古代波斯人　299[3]
希腊的法律（Νόμος）观念　51
罗马法上的平民遗嘱　195
《十二表法》将平民遗嘱合法化　196
平民遗嘱对现代文明的影响　197
人类早期的政治学观念　124
贵族的形成　127
政治经济学与契约法　296
一夫多妻制对长子继承制的影响　235
罗马法上的占有令状　282
裁判官之职司的起源　59
裁判官告示　39、54、60、63
罗马之裁判官与英格兰之御前大臣的比较　61、62
对裁判官的掣肘　62
裁判官既是重要的衡平法法官又是重要的普通法法官　64
外事裁判官的职司　60
罗马法上的裁判官告示　39、54、60、63
永久告示　60
优利安努斯的告示　61、63
裁判官告示的补救作用　284
裁判官法上的遗嘱　202
对裁判官法上的遗嘱的阐释　203
物权法上的时效制度发展史　275以下

〔3〕 原书错写为第3页。

长子继承制引起的继承法之变　218
长子继承制几毁于《法国民法典》起草人之手　219
《法国民法典》继承制度带来的后果　219
印度长子的权利　221
长子继承制之远史　222
恩惠保有土地　222
恩惠保有土地渐变为可继承的采邑　223
法兰西和日耳曼的家庭协议　225
长子继承制开枝散叶的原因　225
印度的公职或政治权力适用长子继承制,但物权却不适用　226
长子继承制的原始情貌　228
长子继承制为何逐步取代了其他继承原则?　228
长子继承制的前世今生　229、230
印度法上的长子及其卑血亲所适用的长子继承制　232
凯尔特人的长子继承制形貌　233
伊斯兰法上的长子继承制形貌　234
一夫多妻制对长子继承制的影响　235
被羁绊的更广泛的人群　74
物权之远史　237
物权取得的“自然模式”　237
先占　238
俘获物　239
新大陆的发现原则　241
物权原始取得说的变迁史　243
布莱克斯通关于先占作为物权原始取得的阐释　244
萨维尼有关物权之创设的法谚　247
对先占之通说的驳斥　248
印度法上的共有　252
罗马之宗族和印度之村社的比较　256
沙俄村社之共有　258
克罗地亚和斯拉沃尼亚的家庭财产共有制　260
古代法上物之流转的难处　263
物的自然分类　265
物之流转的原始模式　268
要式转移物的定义　269
物的交付　270
要式转移物和略式转移物的分野　270
印度法上的继承物和取得物　272、273
《法国民法典》上的动产制度和土地制度　274
英格兰法上的动产制度和土地制

度 274
时效取得 275
普通法院为待转让之物而为的拟诉弃权 279
普通法院及其物权诉讼程序造成的影响 280
物权和占有权的区别 281
在罗马法和英格兰法上,普通法和衡平法所有权观的区别 253
封建法上的所有权观念 286
罗马法和蛮族法上的所有权 287
罗马法上的土地永租制度 289
罗马之农奴和南欧之分成保有人 291
永租人的权利 291
莱茵河和多瑙河沿线的划界地 292
公告罪死者,籍没其家产 376
现代法上的监护制度 156
现代法上的监护制度之于罗马法上的孤儿监护制度 156

Q

准契约 332
准契约在罗马法上的含义 333
"准"在罗马法上的含义 333
罗马法上的常设刑事法庭 371
刑事审问处的思想 373
刑事审问处造成的后果 377、378
古罗马的杀人犯审判官 370
古罗马的撤销遗嘱之诉 209
罗马市民法 46
罗马市民法的原则 56
罗马市民法和万民法的差异 56

R

罗马法和英格兰法上的拟诉弃权 280
根据法兰西规范王位继承的习惯法而生的摄政制度 233
日耳曼人的转嫁费 273
要式转移物和略式转移物 266、271
要式转移物的定义 269
罗马法上的无主物 239
罗马法学家的解答 32
罗马法学家的解答与英格兰判例法之相似性 32
法学家解答制度的败亡 39
自然状态思想对法国大革命的效应 88
大祭司的职司 9、59
罗马法 1
《十二表法》 1、2、13、32
圣礼对收养制度和遗嘱继承制度的影响 6
罗马《十二表法》归于何类 14
希腊人对罗马法可能施予过的援

手　14
拟制的含义　24
对拟制之实例的援引　25
对法学家解答的阐释　32
罗马共和期之衙官的法律职能　34
罗马法缘何没有大众化　35
罗马法出类拔萃的根本原因　36
法学家解答的败亡　39
裁判官告示　39、54、60、63
科涅利亚法　40
后世的法学家　40
对罗马制定法的评述　40～42
对罗马衡平法的评述　42、43
罗马法的黄金时代　53
罗马衡平法　55、64
英格兰和罗马衡平法的共性　65 以下
国际法极大地归因于罗马法　93
罗马法上的家长权　132 以下
宗亲和血亲　141
妇女终身监护制　147
罗马婚姻制度　149
男孤监护制度　154
人法——家主与奴隶　156
遗嘱继承法　167 以下
在卡拉塔大会上订立的遗嘱　193、194
古罗马法上的无遗嘱继承　193
罗马法上的遗嘱　195
要式买卖　198
口头宣布　198
裁判官法式的遗嘱　202
法律史上首次出现作为真实性证明的盖印　209
罗马法上对子嗣继承权的剥夺　209
罗马法上的无遗嘱继承　212
罗马法上的信托遗赠　217
共有人的权利　220
先占　238
人法与物法在罗马法上的区别　251
罗马法上进行人法和物法之分类的影响力　251
罗马法成熟期视共有制为例外和偶发　253
罗马之宗族与印度之村社的比较　256
要式转移物和略式转移物　265、266、269
要式买卖　269
时效　275
拟诉弃权　279
物权和占有权的区别　281
罗马法与蛮族法　286

罗马法上的契约 304 以下
四种形式的契约 315
神学与罗马法的关联性 343
罗马法进步的原因 349
东罗马帝国的罗马法 351
罗马实在法上的不法行为 358
誓金之诉 362
古罗马的刑事制度 369
罗马刑事审判庭数量的繁多 377
刑事审问处造成的历史结果 377、378
缘何斯多葛主义在罗马迅速走红 58
斯多葛主义在提升罗马法上的作用 54
外邦人移入罗马 44、45
共和制初期对外邦人的拒斥 44
将世俗领导权归于罗马教廷之趋向的缘起 103
罗马在国际问题上抵制宗教的影响力 106
罗马人早年的政治学思想 128
卢梭之著述的影响力 84
卢梭有关原始状态下的社会契约说 299、300
先占人在沙俄村社的共有权 258

S

罗马人的圣礼 6、26、185、186
印度人的圣礼 186
古罗马誓金之诉 46
萨利克法的起源 152
萨维尼关于占有权和物权的学说 281、282
萨维尼关于物权之创设的法谚 247
库尹特·穆齐·斯卡沃拉的罗马市民法手册 39
斯堪的纳维亚国家的妇女永久监护制度 147、154
斯拉沃尼亚的家庭财产制度 260
法律史上首次出现作为真实性证明的盖印 209
决疑派对可赎之罪行和下狱之罪行的区分 340
古代法上的罪行 359
古代法上的奴隶制 157
罗马法上的奴隶制 157
美国的奴隶制 158
英格兰的农役保有土地 225
卢梭有关原始状态下的社会契约说 299、300
对惠威尔博士之原约说的援引 335
停滞型社会和改革型社会 21
停滞型社会与改革型社会之别 22

促进法与改革型社会之和谐的工具　24
原始社会之险境　72
原始社会　116
人类早期的道德观　122
人类早期的政治学思想　123
收养之拟制　125
贵族的形成　127
地邻接触原则　128
原始社会的家庭　129
家长权　130
宗亲和血亲　141
妇女监护制度　147
古罗马法上的婚姻制度　149
家主与奴隶　157
改革型社会前进步调的一致性　163
家庭的解散　163
从身份到契约的社会运动　164
概括承受　172、174、176
原始社会与概括承受　178
原始社会的家庭好比一个法人　178
原始社会非为人的集合,乃是家庭的集合　121
梭伦《雅典城邦法典》　15
对杜蒙安排出版的《无序的诡辩》的评述　88
君主是审判权之泉的起源　382
国际法命题上的领土主权　98、99
氏族主权　100
查理曼大帝的大一统思想　102
作为封建制支脉的领土主权观　102
罗马教廷的主权观　103
雨果·卡佩的主权观　104
盎格鲁－撒克逊王公的主权观　104
那不勒斯、西班牙和意大利的主权观　104
威尼斯共和国的主权观　104
领土主权观与现代国际法的联结点　108
西班牙国王的领土主权观　104
从身份到契约的社会运动　164、165
罗马制定法　40、44
斯多葛主义的原则　52
斯多葛主义在罗马的迅速走红　52
罗马法学家与斯多葛主义的结盟　53
印度习惯法上的继承法　6
印度习惯法上的遗嘱继承制度　166
继承之远史　166

教会维持遗嘱之神圣性的后果 168
英格兰继承法 168
遗嘱具有的特点 169
设立遗嘱的自然权利 171
《拿破仑法典》对遗嘱权能的限制 171
遗嘱的本质 172
概括承受制度上的权利和义务 172
罗马人对法律地位概括继承的定义 176
现代遗嘱继承法与古罗马法之别 177
被视为家庭的法人 178
古罗马法上的遗产和遗嘱观 183
遗嘱在原始社会的客体 184
罗马人的圣礼 185
印度人的圣礼 186
罗马人创设的遗嘱制度 188
罗马人的继承观 189
无遗嘱继承比遗嘱继承更远古 189
遗嘱制度在原始社会的运行方式 190
古日耳曼人的遗嘱 190
犹太人和孟加拉人的遗嘱 191
古罗马遗嘱的签署方式 193
对古罗马遗嘱制度的阐述 194、195
古代平民遗嘱对现代文明进程的影响 197
要式买卖式的遗嘱 198
遗嘱与物权让与的关系 198
铜秤式遗嘱 198、207
铜秤式遗嘱与物权让与之相关性所造成的后果 199
裁判官对铜秤式遗嘱的补救 200
原始社会的遗嘱是不成文的 201
对家产买受人的评述 201
裁判官法上的遗嘱 220
财产占有权和财产占有人 204
遗嘱之古制的进步 205、206
遗嘱和继承的古今观 209
对子嗣继承权的剥夺 209
与封建制同样古老的遗嘱观念 217
对寡妇地产制原则的简介 218
罗马法上的继承人和共同继承人 220
无遗嘱继承 189
古罗马法上的无遗嘱继承法 193、212
优士丁尼时代的无遗嘱继承之衡器 213
罗马人无遗嘱继承的顺位 214

罗马人对无遗嘱继承的恐惧　216
逝者之全体子嗣在罗马法上的权利　220
概括承受　172、184
概括承受的内蕴　172、184
概括承受人　176
古罗马土地转让仪式　184
印度之殉节　187
苏拉对罗马法的促进　40

T

《十二表法》　1、2、13、32
对《十二表法》之各种阐释性意见　33
《十二表法》有关平民遗嘱的立法性内容　210
刻印在碑文上的法　13
塔西佗《日耳曼尼亚志》一书对原始社会的载录　116
人们对塔西佗《日耳曼尼亚志》一书精准度的疑虑　117
塔昆氏被逐所带来的法律运行方式的变化　59
罗马法上的土地永租制度　289
古罗马法上的偷窃　298、366、367
偷窃在现代社会对信赖之心的破坏　298
荷马史诗中的“判决”一词的单数和复数形式　4、120、121
神学与罗马法的关联性　343
对三十年战争的恐惧之心所导致的格劳秀斯《论战争与和平法》的成功　107
侵权行为法　258
罗马人践行的物之交付　269
要式买卖给物之交付带来的实际效应　269
物权让与的原始模式　268
穴居人　301
土耳其王位继承法　235

U

乌尔比安试图道出自然法与万民法之别　50
法律上的集合物之内蕴　173
罗马法上的时效取得原理　205
时效取得制度变迁史　276
时效婚是古罗马形式松散的世俗婚　149

V

汪达尔人　100
威尼斯人对氏族主权观到领土主权观之观念史的逆动　104
印度之村社　242、254
西哥特人　100
伏尔泰　84

W

交战法之原始情貌　240

日耳曼法上的赔命价　272
对惠威尔博士之社会契约说的援引　335
惠威尔博士对伦理学的见解　336
遗孀就先夫之地产的份额　218
日耳曼法上寡妇再嫁时收取的转嫁费　273
宗礼制度对遗嘱继承法的影响　6
有关妇女身份的各种法律　147
罗马法上的妇女终身监护制　147
印度法上的妇女终身监护制　148
斯堪的纳维亚法上的妇女终身监护制　148
罗马法上的妇女监护制度　147
印度法上的监护制　148
斯堪的纳维亚法上的妇女监护制　148
古罗马婚姻制度　149
后世的罗马婚姻制度　149
御前大臣法庭所创设的特别所有权　286

Z

宙斯不是一名立法者，而是一名审判官　4

图书在版编目(CIP)数据

古代法 / (英) 亨利·梅因著 ; 郭亮译. -- 北京 : 法律出版社, 2019
ISBN 978-7-5197-3289-9

Ⅰ. ①古… Ⅱ. ①亨… ②郭… Ⅲ. ①法制史 - 研究 - 世界 - 古代 Ⅳ. ①D909.9

中国版本图书馆CIP数据核字(2019)第050611号

古代法
GUDAIFA
[英] 亨利·梅因
郭 亮 译

责任编辑 韩满春
装帧设计 贾丹丹

开本 A5
版本 2019年3月第1版
出版 法律出版社
总发行 中国法律图书有限公司
印刷 永清县金鑫印刷有限公司

印张 11.125 **字数** 251千
印次 2019年3月第1次印刷
编辑统筹 学术·对外出版分社
经销 新华书店
责任印制 陶 松

法律出版社/北京市丰台区莲花池西里7号(100073)
网址/www.lawpress.com.cn
投稿邮箱/info@lawpress.com.cn
举报维权邮箱/jbwq@lawpress.com.cn
销售热线/010-83938336
咨询电话/010-63939796

中国法律图书有限公司/北京市丰台区莲花池西里7号(100073)
全国各地中法图分、子公司销售电话:
统一销售客服/400-660-6393
第一法律书店/010-83938334/8335 西安分公司/029-85330678 重庆分公司/023-67453036
上海分公司/021-62071639/1636 深圳分公司/0755-83072995

书号: ISBN 978-7-5197-3289-9 **定价:** 68.00元
(如有缺页或倒装, 中国法律图书有限公司负责退换)